# 金剛般若經

# はしがき

金剛般若経が般若部類の経典として、大般若経六百巻のうちに、第九会能断金剛分として包摂されていることは、ここに改めていうまでもない。しかし、この大般若経十六会十六分に至る過程を顧みれば、八部般若や五部般若などの部党説があり、必ずしも十六会十六分の般若ではなかったことが知られる。そして、その八部や五部の般若のうちに、この金剛般若経は含まれていたのである。しかし、さらに溯って四部般若や三部般若の部党のうちには、含まれていない。だから、この金剛般若経は部党史の上では、五部般若のうちに位置づけられて、四部般若や三部般若の部党には溯れない。しかし、だからといって、この金剛般若経が四部般若や三部般若より、その成立が遅いということはできない。むしろ、同類でありながら独立して存在していたことを意味する。これに対して、四部ないし三部般若は、いわゆる大小二品の関係として、大品を先在経典として小品はそれを縮小していったか、あるいは逆に小品を先在経典として大品はそれを増広していったかに溯り、それを出発点として三部ないし四部般若の部党説が展開し、ついで五部ないし八部般若から、その部党は十六会十六分の大般若経六百巻に至って完結することとなった。

この大般若経の根源的な把握は、大般若経十六会十六分の比較から、部党説をうちに顧み、大小二品のうちに、その先在経典の認識を必然的のものにする。しかも、その先在経典の認識は、そのうちに、より根源的な原始形態の存在を指し示している。もとより、そのような原始般若経は現存するものではない。が経典のうちに純粋定本を求めつつ、そのうちに必然的に本質として、根源として、認識せらるべきものを、わたしは、かつて原始般若経と名づけた。したがって、それは歴史的現実としての原始 Anfang でも、原典 Urtext でもない。それは認識の根源 Ursprung であって、それがまた認識の anfängliche Realität として現実の認識を実現せしめるのである。しかし、その認識は、かつてあった歴史的現実とは異なるものであろう。たといそうであっても、その同一性を要求しなければならない。要求しても、ついに歴史的現実は事実としては得られない。しかし、理念としては、その要求が必然的なものである。そのような意味に於て、わたしは『原始般若経の研究』を出版した。——それは未熟ではずかしいものではあったが——今も、その時の姿勢はもち続けて、般若経研究の一連の書として、ここに金剛般若経を出版するに至った。

したがって、天台・華厳・法相・禅などの各宗祖師の理解を参照しながら、三論の吉蔵の疏をとおして、無著や世親の論書に溯り、さらに金剛般若経の成立当初に立ち帰り、その具体的な歴史的状況に於て、この経の存在の意味を問わんとした。問題提起によって章別したのはそのためである。そして阿含や部派佛教を顧慮しながら、後の資料もこの経の成立当初の歴史的状況の解明に役立つものは拾うことに努めた。もとより、そのような歴史的状況は原始般若経の存在と内面的に深いかかわりをもつものであったに違いない。決して相互に無関心な存在ではなかったはずである。このような意味で、歴史の深いところから醸成されてきた「内秘菩薩行、外現是声聞」が、今や共に相呼応し「外現菩薩行」として問題を提起していったところに、この金剛般若経の成立を見たのであろう。それはわたしの恣意によるものではなく、すでに吉蔵もその疏のうちに指摘しているところである。しかし、相呼応して成立した経の存在が、佛教史の転機をなすことになる。それにもかかわらず、歴史の実体は依然として声聞であった。それがどのような意味をもつかは佛教の問題史の解答にまたなければならない。けれども、ただ声聞の佛教である限り、あるいは佛教は日本に伝わらなかったであろうということは考えられる。しかし、この書が佛典講座であるという性質から、それらの問題に対する深入りすることはさけた。その意味では中途半端なものに終始してしまった。その上、わたしの未熟と蕪筆から理解しにくいものになってしまった。しかし、もし、この書が根源的認識への一礎石となるなら、それは望外の幸せだとも思っている。

最後に、本書の成るは、大蔵出版社長の長宗泰造氏、塩入良道氏をはじめ、遠藤正信・桑室和幸両氏の厚い配慮の賜物である。ここに謝意を表する次第である。

昭和四十七年七月

梶芳光運

# 凡例

一、底本は『大正新脩大蔵経』巻第八所収の羅什本によった。
一、梵文はマックス・ミュラー本、南條文雄博士の『梵文金剛経講義』、E・コンツェ氏の梵本などの諸本を参照した。
一、流支訳『金剛般若波羅蜜経論』の中の偈の梵文は、G・ツッチ博士出版の梵文により、その必要な箇処を参照した。

目次

# 本　論

## 第二編　正宗分

題字　谷村憙齋

# 序論

# 第一章　金剛般若経の諸本について

## 第一節　漢訳諸本について

今、この金剛般若経は、大正新脩大蔵経を定本とすることになっているが、しかし、そのうちには、後に挙げるように何本かが存在している。従来は、そのうちで羅什本を定本として依用するならわしになっているが、いままでも、羅什本だけで、こと足りたわけではなかった。ましてや梵本やチベット本などの資料のそろった現今では、それらも充分考慮に入れないわけにはいかない。そこで、われわれは漢訳諸本から見ていくことにしたい。

金剛般若波羅蜜経　一巻　弘始四年（四〇一―）羅什訳

この経は『金剛般若経』とも、あるいは「舎衛国本」とも呼ばれている。その訳出年代については、各経録には、『出三蔵記集』以下ただ「弘始年間訳」としているだけで、何年であるかは、はっきりしない。しかし『大周録』だけは弘始三年としている(1)。この弘始三年説をとるものに、天台大師説といわれる『金剛般若経疏』があり(2)、さらに、弘始四年説をとるものに、嘉祥大師の『金剛般若疏』や宗密の『金剛般若経疏論纂要』がある(3)。してみれば、羅什の長安にきたのが、弘始三年であるといわれているから、この年か、あるいはその翌年に訳出されたということになる。

しかし、羅什が長安についたのは、弘始三年であっても、その年末の十二月二十日であることが、僧叡の数多くの経序や、その他の文献に伝えられている。したがって、この弘始三年説をとるとすれば、わずか十日程の間に訳出されたことになる。もっとも、羅什が二十日に長安について、二十六日には、すでに僧叡が禅経を受けたことになっている(4)。そして、それが訳出されたのは、翌四年の正月五日のことであり、弘始九年の閏月五日に重ねて校正して、はじめてその訳は完成したといわれている。しからば、十二月二十六日から正月五日までは、この経に費やされたものと考えなければならないであろう。しかし、なお二十日から二十五日までがあるから、その間に訳出がなかったとは、必ずしもいい得ない。けれども『開元録』などには——これは『出三蔵記集』によるものであろうし、記は明示していないが——その『開元録』によれば「什は弘始四年壬寅から十四年壬子に至る間に、大品、小品、金剛などの七十四部三百八十余巻を訳す」(5)といっているから、いずれも訳時を明示しないが、弘始四年以後とすることは明らかである。

では訳時は三年説と四年説とのいずれに定めるべきであるか。そのうち三年の訳経については、天台大師説の『仁王護国般若経疏』に『仁王般若経』を羅什が弘始三年に、逍遙園別館で訳出したといって(6)、この三年説を円測も良賁も同様にとっている(7)。しかし、この『仁王般若経』は、すでにシナ撰述であるともいわれているから、ただちに依用することはできない。

このようにして、三年説にただちに同調することはできない。また経録による限り、実際には訳時不明といわなければならないであろう。ただ、われわれは羅什の長安についた二十日から二十五日までのわずかの間とするよりも、嘉祥や宗密のいう弘始四年以後とする方が、一般的にも認められているので、今はこれにしたがうのである(8)。

この羅什訳と以下の諸本についても、拙著『原始般若経の研究』にもすでに述べられている。

(1)『大周刊定衆経目録』巻第二、大正蔵経五五・二八二ページ上。
(2)天台大師説『金剛般若経疏』、大正蔵経三三・七六ページ上。
(3)吉蔵撰『金剛般若経疏』巻第一、大正蔵経三三・九〇ページ上。
宗密述、子璿治定『金剛般若経疏論纂要』巻上、大正蔵経三三・一五五ページ中。
(4)関中出禅経序『出三蔵記集』巻第九、大正蔵経五五・六五ページ上。
(5)『開元釈教録』巻第四、大正蔵経五五・五一四ページ下。
(6)天台大師説『仁王護国般若経疏』巻第一、大正蔵経三三・二五四ページ中。
(7)円測撰『仁王経疏』巻上本、大正蔵経三三・三六一ページ中。
良賁述『仁王護国般若波羅蜜多経疏』巻上一、大正蔵経三三・四三〇ページ中。
(8)宇井伯寿著『唯心の実践』一九八ページ。
宇井伯寿著『大乗佛典の研究』七ページ。

金剛般若波羅蜜経　一巻　永平二年(五〇九)　菩提流支訳

この菩提流支訳は、上述の羅什本と題名が同じであるが、その経首の字句によって、『静泰録』以下「婆伽婆本」とも呼んで、羅什本と区別している。『歴代三宝紀』には、「永平二年に、胡相国第に於て訳す。これ第二出にして、僧朗筆受す。秦の世の羅什出だすものと小異にして、法上録に見ゆ」(1)とあり、これは『開元録』などの依用するところとなっている(2)。したがって、菩提流支が洛陽にきた翌年に訳出されたのである。しかし、流支は同年に、『金剛般若経論』を訳出しており、そのうちに金剛経の全部が訳出されているから、実際は、経と論とがともに訳されたのである。

ところで、この流支訳『金剛般若経』は、大正蔵経には二本収録されている。その第一本は、麗本・元本・明本にあるもので、他の一本は宋本にあるものとせられている。その第一本の最後の記には、「思渓経本に於て流支三蔵の訳本を失い、真諦訳のものを誤って重出し、その一を流支訳、他を真諦訳としたが、今ここに、流支訳の『金剛般若経論』の中から経を録出してのせた」といっている(3)。この記は、元の至元十八年辛巳(一二八一)に書かれたもので、思渓経本というのは、宋の紹興二年(一一三二)に湖州の思渓の円覚禅院で、王永従一家が大蔵経を開板した思渓版、また南宋版という大蔵経の中のものをいうのである。この時、すでに流支訳の金剛経は失われていたというのである。しかし、それよりも古い北宋本においても、また思渓経本と同じであることが、大正蔵経によって知られるから、流支訳の金剛経を失って、真諦訳のものを代用したことは、思渓経本よりも古く行なわれ、その時以来誤っていたのであって、思渓経本もそれを受継いで、それを元の世祖の大蔵経刊行の際に復元したのである。しかし、麗本は正しいものを伝えている。このようにして、現在の菩提流支訳の金剛経は、その経論の中から録出したものであるから、流支訳ははじめから論の中で経を訳し、その経だけを独立させたことになる。しかし、真諦訳を流支訳本に代用したことは事実で、現今でも大正蔵経や縮刷大蔵経は、真諦訳を流支訳として保存し、それとならんで真諦訳を重出しているが、それは（大正蔵経No.236流支訳第二出）省くべきであろう(4)。

（1）『歴代三宝紀』巻第九、大正蔵経四九・八五ページ下。
（2）『開元釈教録』巻第六、大正蔵経五五・五四〇ページ下。
（3）菩提流支訳『金剛般若波羅蜜経』後記、大正蔵経八・七五七ページ上。
（4）宇井伯寿著『大乗佛典の研究』八、九ページ。

金剛般若波羅蜜経　一巻　天嘉三年（五六二）　真諦訳

この経も前述のものと区別して「祇樹林本」といっている。経の後記によれば(1)「真諦が梁安郡に於て、太守王方賒の請を受けて、陳の天嘉三年五月一日から九月二十五日までかかって訳出したものである」といっている。しかも、この訳出は婆藪、すなわち世親の釈論によったものであるから、その文義十巻というのは、『金剛般若疏』十巻を指すのであろう。したがって、『金剛経』一巻と「文義」十巻とを訳出したのであるが、『内典録』などは、『金剛経』と『金剛般若論』と『金剛般若疏』合十一巻の三種を真諦訳として挙げている(2)。これは同時訳としての経一巻と文義十巻とを開いたものであって、もし、これを合わせるなら、『金剛般若疏』合十一巻で足りるのである。しかし、文義十巻がどのようなものであったかは明らかでない。

(1) 真諦訳『金剛般若波羅蜜経』後記、大正蔵経八・七六六ページ下。
(2) 『大唐内典録』巻第五、大正蔵経五五・二七三ページ中―下。

金剛能断般若波羅蜜経　一巻　隋開皇十年(五九〇―)　笈多訳

この経は、古くは、「直本」と呼んでいる。直訳本という意味である。

明本には、この経の訳時をいっていないが、宋・元二本には大業中(六〇五―六一六)訳としている。しかし、宗密の『金剛経疏論纂要』を釈した長水の『金剛経纂要刊定記』には開皇十年訳としている。笈多は隋の開皇十年(五九〇)十月に洛陽にきて、訳業にしたがったのである。しからば、大業年中と開皇十年との二説あることになる。大業年中(六〇五―六一六)とすれば、開皇十年よりは十余年も後のことであるから、この点について訳時に開きを見るのであるが、笈多が洛陽にきたのは、開皇十年であるから、その年の訳出といっても矛盾はない。しからば、いずれを訳時とすべきか。これについては彦琮のいう笈多伝には「初め笈多は金剛断割般若波羅蜜経一巻、普楽経十五巻を翻じたが、未だ練覆に及ばず、重ねて修(文)するいとまあらず」(1)といっている。したがって、現存の訳文に照合して、笈多初期の訳出であることが知られる。もしこのように考えるなら、先の二説のうちで、開皇十年説をとるのが妥当のように考えられるのである。

実際、『続高僧伝』や『開元録』や通理の『金剛新眼疏経偈合釈』を見ると、「この『金剛断割般若波羅蜜経』の断割によっては、あまりに質に過ぎるので、能断を以てこれにかえ、金剛能断般若波羅蜜経とした。梵文と対訳して、語に倒詞多く、意《こころ》は佛の旨にそむかずとはいえ、習うて時機にそむくことあり、句は難解にして、義は覚りがたい」といっている(2)。

笈多は開皇十年冬十月にきたが、後に大興善寺に移って訳業にしたがい、煬帝が大業元年(六〇五)に洛水の南浜上林園に翻経館を置いた時、そこで独立に訳業に従事することとなった。その間、闍那崛多とともに伝訳に従事していた。しかし、仁寿の末年に、崛多が擯せられて東越に去ってから、笈多は独立に訳すこととなり、大業初年からその末年（六一六）に至る。沙門行矩などが筆受した。その翻訳のうちに『金剛般若論』二巻がある。それはすでに立派な訳文となっているから、彼の金剛般若経の翻訳は、その初期の直訳であることが知られる(3)。

（1）『開元釈教録』巻第八、大正蔵経五五・五五二ページ中。
（2）清通理述『金剛新眼疏経偈合釈』上巻、大日本続蔵経第一輯、第三九套、第三冊。二四五枚表上—下。
（3）宇井伯寿著『大乗佛典の研究』一〇、一一ページ。

能断金剛般若波羅蜜多経　一巻　顕慶五—竜朔三年（六六〇—六六三）玄奘訳

この経も他の訳本と区別して「室羅筏城本」といっている。経録によれば、玄奘はこの金剛経を二回訳したことになっている。

第一回の訳出は、『内典録』などによると、永徽年間とし、『開元録』などによると、貞観二十二年としている。そのいずれも二回訳したことを認めることにかわりはないが(1)、さらに、『貞元録』によるも、『開元録』と同じく貞観二十二年訳としている。この『貞元録』は『開元録』とともに、「内典録に見ゆ」といって、貞観二十二年訳としているから、『内典録』の永徽年間訳を採用しなかったであろう。『貞元録』によれば、羅什訳・菩提流支訳・真諦訳・玄奘訳・義浄訳の五経を挙げ、これを同本異訳として、「その第四本の能断金剛般若は貞観二十二年に沙門玄奘が駕に従って、玉華宮弘法台に於て訳した。後に顕慶五年に至り、玉華寺に於て大般若を翻ず。すなわち、第九能断金剛分にあつ」といっている(2)。この訳出は、『慈恩伝』によれば、貞観二十二年の九月に太宗が玄奘に金剛経の文義が備わるや否やを問うたのに対して、玄奘は羅什訳本は、表題について能断金剛の能断を欠き、内容においては三問あるべきに一問を欠き、二頌のうち一頌を、九喩のうち三喩を欠く欠点があり、菩提流支訳本は少しく可なりと答え、さらに、太宗が梵本によって訳出するように乞うたので、ここに新たに『能断金剛般若波羅蜜多経』を訳出した、という(3)。

おそらく九月中には訳本にとりかかったであろう。しかし、慈恩大師の著といわれる『金剛般若賛述』には、玄奘の第一出を貞観二十三年と記し、『唯識枢要』もこの二十三年説をとるが、前者の『賛述』は後世の偽作ともいわれているから、それだけ資料としての価値に難点があることになる(4)。このようにして、貞観二十二年訳とするなら、先に挙げた『慈恩伝』には、訳出月日を明記していないが『開元録』によれば「内典録に見る。第四出にして、姚秦羅什等の出だすものと同本なり。貞観二十二年十月一日に坊州宜県玉華宮弘法台に於て訳す」(5) といっている。第四出とするは、笈多訳が記録されていないからであろう。そして十月一日とするのは『慈恩伝』にも「冬十月車駕還京」とあるから、九月中にはじめられて、少なくとも十月一日には訳出がなったものであろう。玄奘の弟子の基の『金剛般若論会釈』には「未だ闘飾を入ざるに、すでに世に行なわれる」とあるから、訳出して、すぐ太宗に奏し、太宗はただちにそれを世に行なわしめたのである。

さらに、『慈恩伝』に、羅什訳本には三問中一を欠くというのは、

| 羅什訳(6) | 玄奘訳(7) |
| --- | --- |
| 1、応云何住 | 1、応云何住 |
| 2、云何降伏 | 2、云何修行 |
| | 3、云何摂伏其心 |

の第二問を欠くのをいったものであろうし、三頌中一を欠くというのは、

| 羅什訳(8) | 玄奘訳(9) |
| --- | --- |
| 若以色見我　以音声求我 | 諸以色観我　以音声尋我 |
| 是人行邪道　不能見如来 | 彼生履邪断　不能当見我 |
| | 応観佛法性　即導師法身 |
| | 法性非所識　故彼不能了 |

あと一頌を欠くの意であろう。

第三に、九喩中三を欠くというのは、羅什本が夢・幻・泡・影・露・電の六喩を挙げているのに対して、玄奘訳が星・翳・燈・幻・露・泡・夢・電・雲の九喩を挙げているのを指しているものであろ

う(10)。

このようにして玄奘訳第一出は羅什訳と多少の相違が認められるが、さらに、慈恩大師の『金剛般若論会釈』によると(11)、「何以故、若菩薩衆生想、則不名菩薩者、……何以故、若衆生想・命想・人想転不名菩薩者」の衆生想・命想・人想の三について、

此本及流支説三、謂衆生・命・人。羅什本四、増我。能断説八。唯説三者、但説所化別有三世三界等異、他三界身三世身多異故、不説自我。説有四者、順上下文、自他総別通説故。四説有八者、依貞観年中玉華所訳杜行顗本、説有八故。後顗慶年於玉華寺所翻大般若勘四、梵本皆唯説四。

と菩提流支本は三を説き、羅什本は我想を加えて四を説き、玄奘訳第一出は八を説いている。この点においても異なったところがあったのであるが、後さらに、梵本を勘定するのに皆四をいうのみであるから、それによって更出したのである。したがって玄奘訳第二出としての『大般若経』中の第九分とは同一本ではなかったのであろう。同じく上の文の次にはこういっている。

以此准知。経本自有広略中異。杜顗広本能断文是略、于闐本羅什文同、中者是天竺本、与真諦流支本同。玉華更訳文亦相似。今於慈恩梵経台具有諸本、但以前帝勅行能断未容閏飾、巳行於代、恐更極謬。遂後隠於玉華復訳。所以諸本増減不同、学者知矣。

といっているから、杜行顗筆受の第一出に、さらに、『大般若経』第九分として第二出が更訳されたのである。第一出が旧訳書と相違するところは前に述べた通りであるが、第二出に至っては、真諦や菩提流支本と相似るという。したがって、衆生・命・人想の三については菩提流支本のみが三を説くから、玄奘訳第二出はこの点では羅什本および真諦本と同じように四を説いたことになり、二頌と九

喩とについては、羅什訳のみひとり異なり、他は全く同一となる。しかるに、玄奘訳第二出である『大般若経』第九能断分の大正蔵経所載の文は、衆生・命・人・我想の四を説かず、杜行顗本にいう八を説いている。したがって、これらから考えられることは、大正蔵経にのせる大般若第九分は玄奘訳の第一になるものであるということである。しからば、大日本続蔵経などは玄奘訳本を第一出、第二出と別本として入れているが、大正蔵経は第一出が大般若経第九分としてあり、他は省いている。しかし、大日本続蔵経などの玄奘訳の二本を比較してみると、全く同一本であって、上に述べた衆生・命・人・我の四想はいずれも八想であって同一文であることを示している。したがって、大正蔵経のように、大日本続蔵経などの同一本を去って一本とする理由がある。しからば、上に述べた『金剛般若論会釈』などによる限り、玄奘訳第二出はいつしか失われて、杜行顗広本といわれたものだけが現存していると考えらるべきであろう(12)。

(1)『大唐内典録』巻第六、大正蔵経五五・二九二ページ下。
『開元釈教録』巻第八、大正蔵経五五・五五五ページ下。
(2)『貞元新定釈教目録』巻第二〇、大正蔵経五五・九一一ページ下—九一二ページ上。
(3)『大慈恩寺三蔵法師伝』巻第七、大正蔵経五〇・二五九ページ上。
(4)大乗基撰『金剛般若経賛述』巻上、大正蔵経三三・一二五ページ中。
宇井伯寿著『唯心の実践』二〇六ページ。
(5)『大唐内典録』巻第五、大正蔵経五五・二八二ページ中。
『開元釈教録』巻第八、大正蔵経五五・五五五ページ上。

(6) 大正蔵経八・七五二ページ上。
(7) 大正蔵経七・九八〇ページ上。
(8) 大正蔵経八・七五二ページ中。
(9) 大正蔵経七・九八五ページ下。
(10) 大正蔵経八・七五二ページ中。
大正蔵経七・九八五ページ下。
(11) 唐窺基撰『金剛般若論会釈』大正蔵経四〇・七三〇ページ上—中。
(12) 宇井伯寿著『大乗佛典の研究』一二ページ参照。
拙著『原始般若経の研究』一三七ページ。

能断金剛般若波羅蜜多経　一巻　長安三年（七〇三）　義浄訳

この経も他のものと区別して「名称城本」と呼んでいる。訳者義浄は斉州の人で、法顕や玄奘の高風を慕って、十五歳にして入竺求法を志し、ついに咸亨二年（六七一）三十七歳にして、広州から波斯の船に乗って印度に向い、途中、室利佛逝（Śrivijaya, Palenbang 地方）、羯荼（今のスマトラの北岸 Kadaha か）、裸人国（Balus, Andamon 諸島）などを経て翌年二月東印度の門戸耽摩立底につき、それより中印度の那爛陀寺に留学すること十年、垂拱元年（六八五）ようやく帰途につき、羯荼を過ぎて室利佛逝についたが、ここで梵経の蒐集抄写にしたがって帰唐の準備をしている間に船は出港するという手違いがあって、心ならずも、永昌元年（六八九）七月に広州につき、同年十一月に再び室利佛逝に行き、証聖元年（六九五）五月洛陽に帰った。則天武后は親しく上東門外に迎えたという。彼の将来した梵本は四百部五十万頌におよび、それははじめ佛授記寺に安置されたが、証聖元年に大遍空寺で、実叉難陀が『華厳経』を訳しはじめていたので、その訳場に列し、後に訳場が佛授記寺に移って聖暦二年（六九九）には、その八十華厳が訳了した。したがって、翌久視元年からは義浄が独立で東都福先寺、あるいは西京西明寺において訳業に従事し、長安三年（七〇三）に至るまでに『金光明最勝王経』『根本説一切有部毘奈耶』などおよそ二十部を訳した。今、ここにいう『金剛経』もそれらの訳出のうちに数えられているもので、長安三年十月四日西明寺で訳出したという(1)。

しかし、その後義浄は景雲二年（七一一）に大薦福寺翻経院で、無著菩薩造『能断金剛般若波羅蜜多経論頌』一巻と、無著菩薩造頌、世親菩薩釈『能断金剛般若波羅蜜多経論釈』三巻を訳出している。先の経とこの論釈とでは、訳時において十年近い開きがあるが、経の訳出にはこの論釈が参照せられたと見られるところがある。

またこの義浄の訳出は、漢訳最後のものであるにかかわらず、最初の羅什訳に近いところもあって注意せらるべきものである(2)。

（1）『開元釈教録』巻第九、大正蔵経五五・五六八ページ中。
『貞元新定釈教目録』巻第一三、大正蔵経五五・八六九ページ上。
『宋高僧伝』巻第一、大正蔵経五〇・七一〇ページ中。
（2）宇井伯寿著『大乗佛典の研究』一二、一三ページ。

## 第二節　梵本について

### Max Müller 梵本

梵本（Vajracchedikā-prajñāpāramitā-sūtra）は西暦一八八一年に Max Müller 博士によって校訂され、オックスフォード大学から Anecdota Oxoniensia の Aryan Series, vol, l, part l. として出版され、同本はまた、わが国では、南條文雄博士によって、『梵文金剛経講義』と題して、明治四十二年に東京光融館から出版された。南條博士によれば、この梵本は日本とシナとチベットとの三国から得て、Max Müller 博士が校訂したものであるという。そのうち日本の梵本は二部あって、その一は金松空賢氏が河内の高貴寺の蔵本から写したもので、梵文を直書し、その右の行に漢字の直訳を附記し、左の第一行には漢字の音訳を附記し、その次の二行には羅什本と笈多本の二訳を並書したもので、これは慈雲律師の『梵学津梁』第三二〇巻であるといい、その二はイギリスの Satow 氏から、Müller 博士に贈られた写本で、ただ梵文だけを横書している。これは高貴寺主伎人戒心氏が手写したものであろうといわれる。

次に、シナ伝来の梵文はイギリスの Wylie 氏が北京で得たと聞く木版の梵文経典集のはじめにある。またチベット伝来の梵文も木版で貝葉形であり、チベット字の音訳チベット訳とを並書しているが、丁付に漢字を用いているところから、シナで出版せられたものであろうという。

これら三国から得た梵文のうちで、日本伝来のものは、往々シナ・チベットの梵文と異なるところがあり、また短いところがあるので、Müller 博士はシナ・チベットの梵文を主として、時に日本のものを参考にし、かつシナ訳と比べてその意義を明らかにし、この校正梵文を出版したという。

ところで、この Max Müller 本は、Buddhist text from Japanとして、はじめに序文を書き、(pp. 1—12)、ついで第一に Vajracchedikā from Japan として写真二葉をのせ、漢字を横に書き、第二に from Tibet(Imperial Russian Academy)としてチベット字を下に置き、第三に from China (Mr. Wylie's copy) として梵字の写真を附している。

しかし、この Max Müller 梵本は、

一、連声法が正確でない。これは基づいた諸本をそのまま転載したものであろうが、同一であるべきところに、あるところでは正確に、他のところではそのままというように不統一である。

二、あるべき文字が脱していたり、不要な文字が入り込んでいたりして誤植が目につくが、Sacred Books of the East の第四九巻の英訳には正しく訳されている。

三、漢訳を参照しないため誤った読み方をしているなどが指摘される(1)。

最近下記のように、E. Conze 氏が英訳と語彙をつけて、梵本をローマから出版した。

（1） 宇井伯寿著『大乗佛典の研究』四ページ。

## 中亜梵本について

さらに、この Max Müller 梵本に対して、別系統のものが出版された。それは A. Stein 蒐集の MS., no. D. 111. 13b. および同じく Stein M., ch.00275. の整理出版であって、Rudolf Hoernle らによって一九一六年オックスフォード大学から出版された Manuscript Remains of Buddhist Literature found in Eastern Turkestan. vol. 1. のうちにのせられている。すなわち、その一は F. E. Pargiter により、他は Sten Konow によるものであって、前者は梵本を、後者は梵語と于闐語とを対照し、その下に Max Müller 本を出して、その異同を対照している。

Pargiter によると、この写本は五世紀の終りか、あるいは六世紀のはじめのものであろうというから、羅什の訳出からそう隔たってはいない。そして内容も羅什訳に近いから、羅什が訳出の際省略して簡潔にしたなどとはいうことができない。だから、先に挙げた羅什が二頌あるべきを省いて一頌しか挙げないようにいわれたが、むしろ一頌は後の発展にかかるものといい得るかもしれない。

### Gilgit 本について

さらに、Giuseppe Tucci 博士の Minor Buddhist Texts. part 1. Rome, 1956. Section 1, Appendix 11 に The Gilgit text of the Vajracchedikā by N. P. Chakravarti がある。ギルギット発見の金剛経の断片である。一九三一年にギルギット北方三マイルの山間部の塔廟で発見されたという。Folio 1—12 のうちで、Folio 1—4 までと、Folio 6 とを欠いている。そして、Folio 5 は Max Müller 本の二九ページの一の五の taḥ bhagavān āha から、三二ページの一の一の sarvasaṃjñā varjayitvā まで、Folio 7 は同じく三ページの一の二の（pa）rimāṇena からはじまっている。年代については、他の写本に比べて成立が早く、したがって五世紀の終りか六世紀のはじめより早いといっている(1)。

(1) G. Tucci : Minor Buddhist Texts, part 1. Serie Orientale Roma IX. Roma, Is. M.E.O. 1956. pp.175—182.

## 第三節　チベット訳本について

Ḥphags-pa śes-rab-kyi pha-rol-tu phyin-pa rdo-rje gcod-pa shes-bya-ba theg-pa chen-poḥi mdo (Ārya-vajracchedikā-nāma-prajñāpāramitā-mahāyāna-sūtra)

チベット訳は玄奘訳よりも後のものであり、一八三七年に、I. J. Schmidt によって、Mém. Ac. Imp. des Sciences de St. Petersburg, IV に出版された。

さらに、昭和三十一年に『影印北京版西蔵大蔵経』甘殊爾、般若部一〇のうちに西蔵大蔵経研究会から出版された。

このチベット文からの邦訳に、次の三氏のものがある。

1 寺本婉雅　2 青木文教　3 阿満得寿

### 対照本

まず、サンスクリットとチベット対照本として、

武田義雄編『梵蔵合璧佛説能断金剛般若経』プリント版、丁字屋書店、昭和十二年。

橋本光宝・清水亮昇編『蒙蔵梵漢合璧金剛般若波羅蜜経』丁字屋書店、昭和十六年。

サンスクリット・漢文対照本として、漢訳七本と梵文とを対照したものに、次のものがある。

春日井真也・横山文綱・香川孝雄・伊藤唯真共編『金剛般若波羅蜜経諸訳対照研究』大阪少林寺、一九五二年（謄写版）。

## 第四節　諸国語訳本について

第一、コータン語訳には、次の諸本がある。

1 E. Leumann : Zur nordarischen Sprache und Literatur. Schriften der wissenschaftlichen Gesellschaft in Strassburg, 10 Heft. 1912.

2 S. Konow : The Vajracchedikā in the old Khotanese version of Eastern Turkestan. in Hoernle. 1916.

このコータン語の『金剛経』では、経名の金剛について「金剛に等しいすべての業と障碍を断ずる

故能断金剛と名づける」といって、経の勝れていることと如来の護念付嘱を説き、書写の功徳を力説しているという(1)。

(1) 伊藤唯真著「ウテン文金剛般若経に於ける二三の問題」『印度学佛教学研究』第二巻第二号、昭和二九年。

第二、ソグド語訳については、

1 4a.1 ch. 3,4. H. Reichelt: Die Soghdische Handschriftenreste des Britischen Museums, vol. 11, 1931.

2 14b. ch. 32. Stzb. Berl. AK. Wiss., 1934.

3 F. Weller: Bemerkungen zur Soghdischen Vajracchedikā. Acta Orientalia XIV, 1936.

第三、蒙古語・満州語訳については、

前に挙げた橋本光宝・清水亮昇共編のものと、E. Conze の一八ページを参照。

第四、英訳については、

1 Max Müller が一八九四年に Sacred Books of the East の第四九巻にのせている。

2 E. Conze: Vajracchedikā Prajñāpāramitā. ed. and tr. with introduction and glossary.

Serie Orientale Roma. XIII. Roma. Is. M. E. O. 1957.

第五、佛語訳については、

C. de Harlez, Journal Asiatique, 8 ième série, tome 18, 1891, pp. 440—509.

第六、独語訳については、

Max Walleser : Prajñāpāramitā. Die Vollkommenheit der Erkenntnis, 1914. Göttingen.

第七、邦語訳については、

1 南條文雄著『梵文金剛経講義』東京、光融館、明治四二年。
2 萱原時保著『金剛経講義』大蔵経講座第三巻、東京、東方書院、昭和八年。
3 渡辺照宏著「現代語訳金剛般若経」『在家佛教』昭和三一年、第三〇号以下。
4 中村元・紀野一義著『般若心経・金剛般若経』岩波文庫、昭和三五年。
5 宇井伯寿著『大乗佛典の研究』岩波書店、昭和三八年。
6 長尾雅人訳『大乗佛典』第一巻「般若部経典」、中央公論社、昭和四八年。

# 第二章　註釈書について

## 第一節　インドの諸註釈について

この金剛経は簡明であるところから、多くの註釈書が存する。まず、インドでは、

**1**　無著菩薩造『能断金剛般若波羅蜜多経論頌』一巻、唐、義浄訳。

この書は下に挙げる義浄訳論釈三巻から見れば、その中の七十七の頌だけの訳出である。そして、この書はチベット訳も存する。近年この書の梵本が発見され、チベット訳・漢訳・英訳を附して対照し、G. Tucci 氏によって一九五六年 Serie Orientale Roma IX の Minor Buddhist Texts. part 1 のうちに、Section 1 として、The Triśatikāyāḥ Prajñāpāramitāyāḥ Kārikāsaptatiḥ by Asaṅga が出版せられた。これはツッチ博士がネパールとチベットを旅行中たまたま発見したもので、ネパール起源の小さい palm-leaf manuscript の三葉に書かれたもので、第二と第三、特に第二葉の右辺が虫に喰われたらしく欠けているという。しかし、これを漢訳、チベット訳と対照し、英訳して、Kamaśīla の金剛経の釈のチベット訳のものと世親の金剛経の釈、般若七門義釈とを比較研究している。

2　天親菩薩造『金剛般若波羅蜜経論』三巻、元魏、菩提流支訳。

これは訳出にあたって、各節ごとに経文を挙げ、結局経文の全体を含んでいる。そして1の義浄訳と同じように、弥勒菩薩と尊崇せられたマイトレーヤという人から七十七偈を教えられた無著が、それを弟の世親に教え、世親がその教えにしたがって釈論を作ったとせられている(1)。

この書の異訳として、

無著菩薩造頌、世親菩薩釈『能断金剛般若波羅蜜経論釈』三巻、唐、義浄訳。

がある。これに関して義浄述として『略明般若末後一頌讃述』一巻には(2)、

西域の相承にいう——無著菩薩、昔、覩史多天の慈氏尊の処に於て、親しくこの八十頌を受く。これ般若の要門を開き、瑜伽の宗理に順じて、唯識の義を明らかにしたるもの、ついに教えをインドに流布せしむ。……この能断金剛経には、西方に多くの釈あり。その初めを考うるに、この頌、最も先にあり。即ち世親大士自らこれを釈す。かつて神州に於て訳し訖ると雖も、しかも義に闕如あり。故にまた親しく談筵にしらべて、重ねてその妙を詳かにし、ただしく釈意に符し、あらためて本経を訳す。

世親菩薩はまた般若七門義釈を造る。而して那爛陀寺に盛んにその論を伝う。ただ義府幽沖のため尋ねる者測ることなし。師子月法師ありて、この論の釈を造る。また東インドの多聞の俗士のその名、月官なる者あり。遍ねく諸家を検して、また義釈を造る。これらは意は三性に符せざることなく、中観に同じからず。更に別の釈あり、しかも竜猛に順うのみにして、瑜伽に会せず。

瑜伽は則ち真有俗無、三性を以て本となし、中観は乃ち真無俗有、まことに二諦を先となすも、般若の大宗はこの両意を含む、と。

おそらく、ここにいわれていることは、義浄時代の那爛陀寺における伝説であろう。そして八十頌というのは、実際は帰敬偈が二、結偈が一、計三偈が釈論作者のものであるから、本偈は七十七になる。そしてこれが弥勒から無著に授けられたといわれる七十七頌を指すことはいうまでもない。

さらに、般若七門義釈というのは、世親の金剛般若経の七門義釈のことである。これに師子月(Siṃhacandra)の論釈があり、月官(Candragomin)の義釈がある。義浄当時に至るまで、那爛陀寺を中心として、中観派と瑜伽行派とは対立していたが、般若の大宗はこの両派の意を含むものとせられていた。

この世親の七門義釈はチベット訳の七義広註であるから、次に挙げる達摩笈多訳の金剛般若論二巻と同じものである。

(1)　宇井伯寿著『大乗佛典の研究』第二部金剛般若経釈論研究。

(2)　大正蔵経四四・七八三ページ上—中。

3　無著菩薩造『金剛般若論』二巻、隋、達磨(摩)笈多訳

この書は同じく達摩笈多訳として、無著菩薩造『金剛般若波羅蜜経論』三巻を大正蔵経の釈経論部に収めている。経題も巻数も菩提流支のものと同一である。したがって、同一人の笈多の訳に二巻本

と三巻本との二つがあることになる。しかし内容を比較してみると、二巻本は釈の中に経を引用する場合、短文を挙げて全文を挙げていないが、三巻本は釈する前に各節に経の全文を挙げ、かくして経の全文を挙げることになっている。そして全体の金剛経の本文は菩提流支訳のもので、達摩笈多訳のものではない。今大正蔵経の二巻本の脚註を見るに——この金剛般若論上下二巻は宋・元・明の三本の金剛般若波羅蜜経論上中下三巻に相当す。ただし内容は大いに異なる。今、宋・元を以て明本と対校し、別に巻末に附すといっている。そして三巻本の脚註には——この論の明本は宋・元二本と対校すといっている。しかし、これはおそらく大正蔵経が麗本を底本とし、宋・元・明三本には三巻本があるのでこれをとり、その場合、明本を主として宋・元二本と対校し、先の脚註を附するに至ったものであろう。

次に、唐の窺基撰に『金剛般若経賛述』二巻がある。これは偽作ともいわれているが、同じく基に『金剛般若論会釈』上中下巻の三巻がある。これは達摩笈多訳の金剛般若論を釈しており、二巻本によっている。

さらに、唐の圭峰宗密（七八〇—八四一）の述として『金剛般若経論疏纂要』二巻がある。これは羅什本の金剛経を釈している。その中で会釈の無著論は二巻本によっている。現行本は宋の長水子璿の治定したものであるが、その子璿（—一〇三八）に、纂要に複註したものとして『金剛経纂要刊定記』七巻がある。これは纂要とは違って無著論の三巻本によっている。

これらによって、唐代の八四一年圭峰宗密の寂年頃までは二巻本が用いられていたが、八四五年武宗の会昌の破佛があり、八四七年には宣宗勅して佛寺を復すが、この頃から宋の太宗（九七六—九九七）、真宗（九七八—一〇二二）頃までには三巻本が用いられるようになったに違いない。

かくて、唐末から宋代にかけて二巻本に菩提流支訳の経本全体を入れ、その際多少の整備を加えて三巻本となすに至ったものであると考えられている(1)。

ところで、この笈多訳無著菩薩造『金剛般若論』二巻は、チベット訳でも伝えられているが、その題名は、Ḥphags-pa bcom-ldan-ḥdas-ma śes-rab-kyi pha-rol-tu phyin-pa rdo-rje gcod-paḥi don bdun-gyi rgya-cher-ḥgrel-pa.（Āryabhagavatī-prajñāpāramitā-vajracchedikā (yāḥ)-saptārthaṭīkā）『聖、薄伽梵般若波羅蜜多金剛能断七義広註』といわれ、世親（Dbyig-gñen, Vasubandhu）の著述とせられているが、東北目録 No.3816にしかない。

（1）宇井伯寿著『大乗佛典の研究』一二七—一四二ページ。

4　世親菩薩造、金剛仙論師釈『金剛仙論』十巻、元魏、菩提流支訳。

この書によると、世親は金剛般若経論を著わし、さらにこの論をもって金剛仙論師に教うといっているから、世親の弟子であり、梵名は Vajrarṣi あるいは Vajrasena と推定されている。しかし、コンツェは Vajrashri としている(1)。

この書は、菩提流支の訳であるが、彼の訳経としていずれの経録にものせられていない。しかし、写本としてわが国にのみ伝わり、大日本続蔵経においてはじめて刊行され、また大正蔵経に収められた。後者の底本は聖語蔵に存する平安時代の写経を主にし、徳川時代の他の写経を校合したものである。中国において、すでに隋末唐初に、嘉祥大師吉蔵が『金剛般若疏』に、また西明円測は『解深密経疏』に『金剛仙論』を引用し、しかもそれが現存のものと違わないところから、菩提流支訳として当時存在していたことが類推せられる。

しかし、『開元録』第十二巻には、——又『金剛仙論』十巻有り。文理を尋ね閲するに、乃ち是れ元魏三蔵菩提留支の所撰にして、天親の論を釈す。既に梵本の翻伝に非ず。所以に此の中に載せずといっている(2)。また、慈恩大師の『金剛般若経賛述』には、『金剛般若論』について——今、唐の国には三本有り、世に流行す。一に謂く、世親の制するところにして、翻じて或は両巻、或は三巻となる。二には無著の所造にして、或は一巻、或は両巻となる。三には金剛仙の所造なり。即ち南地呉人と謂う。真の聖教に非ず。これは或は十一巻、或は十二巻となるともいっている(3)。しかし、『金剛仙論』には第五、六、九巻の題下に、それぞれ「魏の天平二年（五三五）菩提流支三蔵洛陽に於て訳す」と記されている。『開元録』のいうように、全部菩提流支の撰述とのみはいい得ないかも知れない。あるいは原本として梵文註釈書があり、それをもとにして、菩提流支が撰文して十巻になったものであるかもしれない。もしそうだとすれば、その点から、訳ともいえるし、所撰ともいえるのである(4)。

（1） E. Conze : Vajracchedikā Prajñāpāramitā. p.20.
（2） 『開元釈教録』巻第一二、大正蔵経五五・六〇七ページ中。
（3） 唐、窺基撰『金剛般若経賛述』巻上、大正蔵経三三・一二五ページ下。

（4） 宇井伯寿著「菩提流支の翻訳と金剛仙論」『大乗佛典の研究』一四二—一四八ページ。

5　功徳施造『金剛般若波羅蜜経破取著不壊仮名論』二巻、唐、地婆訶羅等訳。

大周録によると、訳者地婆訶羅（Divākara）、すなわち日照が永淳二年（六八三）に訳すとして——「金剛般若波羅蜜経破取著不壊仮名論一部二巻三十九紙 右大唐永淳二年九月十五日三蔵地婆訶羅、西京西太原寺帰寧院に於て訳す。新たに録に編入す」と述べられている(1)。しかし、日照の伝記は必ずしも詳かではないが、京兆崇福寺僧沙門法蔵集の『華厳経伝記』巻第一には——「日照は中天竺の婆羅門種で、出家して摩訶菩提寺や那爛陀寺に学び、後に玄奘三蔵が中国に帰って教えを伝えたのを受けて中国に来たり、永隆の初歳に京師につき、訳業に従った。時に賢首法師は華厳経に欠けるところがあって、備わらざるをなげき、ついに往って日照に問い、請うて新文を訳し、旧闕を補うことを得た」といっている(2)。また『開元録』にも日照の伝記をのせている(3)。

著者功徳施については明らかでない。しかし、上に挙げたように、義浄は『略明般若末後一頌讃述』のうちで——「那爛陀寺には、世親の金剛般若経七門義釈があり、師子月の釈と、月官の義釈とがあり、これらは瑜伽に順じて中観と同じではないが、しかし、別に中観に順じて龍樹に従う金剛経の別釈がある」といって、その具体的な書名などは挙げていない。今、この『破取著不壊仮名論』を見るに、龍樹の中論の旨にしたがって、瑜伽を会通するところがない。たとえば、論のうち、いたるところに、第一義諦と俗諦の二諦によって釈し、終りに——「われ、今、功徳施は、諸の迷取を破せんが為に、中観門を開き、此の経義を略述す。願わくは諸の衆生類、見聞若しくは受持して、真を照らして、俗を壊せず、心無礙を明了せんことを」といっている。これらのことから、義浄のいう別釈にあたるであろうとも想像せられている(4)。

著者功徳施の梵名を『南條目錄』は Guṇada と推定しているが、Minor Buddihst Texts, part 1, p. 21. に、Tucci 博士はチベットの記述に基づいて Śrīdatta とし、宇井博士は Guṇadatta としている(5)。

(1) 『大周刊定衆経目録』巻第六、大正蔵経五五・四〇六ページ下。
(2) 『華厳経伝記』大正蔵経五一・一五四ページ下。
(3) 『開元釈教録』巻第九、大正蔵経五五・五六四ページ上。
(4) 『金剛般若波羅蜜経破取著不壊仮名論』大正蔵経二五・八九七ページ中。
(5) 宇井伯寿著『大乗佛典の研究』一七〇ページ。
dPal sbyin corresponds exactly to Śrīdatta : and the Chinese rendering quite agrees with this original, because 功德 corresponds not only to guṇa, anuśaṃsā, but also to Śrī. G. Tucci : Minor Buddhist Texts, part l. p. 21.

6 チベット訳にのみ伝わる註釈書として、蓮華戒 (Kamalaśīla) の Ḥphags-pa śes-rab-kyi pha-rol-tu phyin-pa rdo-rje gcod-paḥi rgya-cher ḥgrel-pa. (Ārya-vajracchedikā-prajñāpāramitā-ṭīkā) がある。

彼には般若系のものとして『聖般若波羅蜜七百頌広疏』や『般若波羅蜜心と名づくる経疏』などがあり、その他に中観派のものと瑜伽行派のものがあり、両派の調和をめざしていると解されている。

## 第二節　中国・朝鮮・日本における諸註釈について

中国における註釈書はここに挙げることはできないほどの数にのぼる。それらについては『佛書解説大辞典』第三巻に譲るとして、その主なるものを挙げることにする。

1　晋、僧肇（―四一四）『金剛経註』一巻は羅什が経を訳してから、註釈書としてはその最初のものである。したがって、後代のもののように、本文が分段に分かれてはいない。

2　隋、智顗（五三一―五九七）説『金剛般若経疏』は羅什訳本に註したものであるが、たとえば教相とは、「一に摩訶、二に金剛、三に天王問、四に光讃、五に仁王と般若の五部党」をいうが、まだ五時八教の教判が構成されていないなどの理由から、智者大師初期のものを誰かが筆録したものか、あるいは後人の仮託書であるともいわれている。

3　隋、吉蔵（五四九―六二三）撰『金剛般若疏』四巻は『金剛般若経義疏』ともいわれるが、金剛経の註の中で、大品般若その他の経典にあたり、羅什その他の底本を参照し、開善その他の先徳の主張を挙げ、比較研究を試みている。はじめに十重の玄意を開いて、一に説経の意を述べ、二に部党の多少を明かし、三に開合を弁じ、四に前後を明かし、五に経宗を弁じ、六に経題、七に伝訳、八に応験を明かし、九に章段を分かち、十に正しく文を釈している。

4　唐、智儼（六〇二―六六八）述『金剛般若波羅蜜経略疏』二巻があり、元魏の菩提流支訳の金剛経によっている。

5　唐、窺基（六三二―六八二）撰『金剛般若論会釈』三巻は、無著が世親に授けたといわれている笈多訳『金剛般若論』二巻に慈恩大師が無著論を主として、世親論をとって会釈を加えたもので、次に挙げる賛述とともに性相家にとって、金剛般若の研究に必須のものとせられた。

同じく慈恩大師基撰『金剛般若経賛述』二巻がある。その序によると、般若について――「この経、天台宗祖智者大師に疏一巻あり。華厳宗祖至相大師に疏二巻あり。三論宗祖吉蔵法師に疏四巻あり。今、この疏は即ち法相宗祖基法師の撰する所なり。則ち四家大乗師の疏なり。これを得て恰も完し。窃かに思う。わが社諸子この経疏によって研尋すれば、則ち一乗三乗の教義、性相二宗の法門は坐してこれる得べし」といっている。

しかし、慈恩大師の真撰ではないともいわれている。というのは、この賛述には玄奘が金剛経を訳したことをいっているにもかかわらず、著者の基はこの玄奘訳を用いず、羅什訳によっているのはいかなる理由によるのであろうか。

この他に、基には『金剛般若経玄記』十巻があったという。『東域伝燈目録』巻上や『諸宗章疏録』第一によると――「秋篠の善珠（七二三―七九七）の唯識肝心記に云う。玄記とは、基師の記する所にして、無著の金剛般若論の疏これなり。今、世に行はる云々」といっているが、現存してはいない。

**6**　唐、宗密（七八〇―八四一）述、宋、子璿治定『金剛般若経疏論纂要』二巻は、圭峰宗密が羅什訳本を釈したのを、後に長水子璿が治定したもので、金剛経の註疏中で重要なものの一つであって、後に挙げる刊定記とともに、宋以後金剛経を読む者の間に珍重にされた。

このように宗密は羅什本によって、諸論を参照しながら註釈を施したが、特に無著と世親の論によって、経の正宗分における佛と須菩提との問答二十七種の断疑にそって科段を設定した。先の基著述の詳細なのに比べて簡略ではあるが、二十七種の断疑によって節を分けたところに宗密のこの書の特色がある。

**7**　宋、子璿《しせん》（―一〇三八）録『金剛経纂要刊定記』七巻は、上に挙げた纂要をさらに釈したもので、金剛経を講読する場合、多く纂要によったので、本書も愛用され、明・清においてこれら二書を合会した疏記科会が出るに至っている。

**8**　南宋、善月（一一四九―一二四一）述『金剛経会解』二巻は、趙宋佛教の時代傾向である諸教融合の思想にしたがって、華厳・天台・禅・唯識の四宗の教理を融合せしめて解釈を施しているが、主な教理は天台の三観三諦を中心としている。

9　明、宗泐、如玘同註『金剛般若波羅蜜経註解』一巻は、跋によると、洪武十年（一三七七）十一月に、明の太祖が僧徒に令して、昼は心経、金剛、楞伽を講説し夜は禅定を修せしめるとともにこの三経の古註を研究してその説を一定せしめようとして、宗泐らが勅を受けて日夜努力し、翌十一年正月二十二日になるという。先の刊定記とともによく依用されたものである。

この註解は、羅什本により、世親の二十七種の断疑をもって節を分かち、解釈を施している。しかし、「この経を三十二分に分かつことは梁の昭明太子に始まると相伝えているが、元の訳本にないし、また本論（無著、世親の論書）の科節と同じからず、経の意を破砕す。故にこれを取らず」といって三十二分を依用していない。

10　明、元賢（一五七八―一六五七）述『金剛経略疏』一巻は、著者が巻首に述べているように、無著や世親の論および古来の多くの註釈のいずれにも満足することができず、ついに自己独特の立場に立ってこの経を理解するに至ったといっている。したがって、この書のうちに幾多の勝れた彼の見解を見ることができる。

以上は註釈書の数種を列挙したに過ぎない。明の洪蓮編に『金剛経五十三家註』四巻があり、太宗の命を受けて五十三家の註から精要をとって羅什本を編註したものであるが、五十三家に止まらず、なお多くの註釈書のあったことは、敦煌地方から発見された写本によっても知ることができる。

これらの諸家のうち最も注目せられるものは菩提達摩の系統である。この達摩大師は二入四行を主旨とする四巻楞伽をもって如来心要の法門として二祖慧可（四八七—五九三）に授け、四祖道信（五八〇—六五一）に至って般若を依用したことは、『続高僧伝』巻第二六の釈道信伝の下（大正蔵経五〇・六〇六ページ中）に、城中賊に囲まれ、水の乏しくなった時、ただ般若を念じて、遂に群賊を退散せしめたことによっても知ることができる。五祖弘忍（六〇二—六七五）は金剛経をもって見性成佛の祕典とし、六祖慧能（六三八—七一三）は『宋高僧伝』巻第八の慧能伝によれば、幼くして父を失い、日々薪を売って生活す。たまたま店肆の間に金剛般若経を誦するを聞き、心をこらして垣の間を去り得ず、遂に誰が辺にてこの経を受学するやを問う。曰く、弘忍禅師に従ってこの法を受持し、見性成佛を得ると。慧能これを聞き、遂に東山の弘忍の下に走り究心した。咸亨（六七〇—六七四）の初め、弘忍が弟子に所悟を偈によって呈せしめた時、神秀（六〇五？—七〇六）の掲げた偈に対して、慧能これに和したので、認められて衣鉢を継ぐという。これによって五祖弘忍の下、慧能と神秀の二人から、いわゆる南頓北漸の二派となるのである(1)。

この慧能の『金剛経解義』は、『金剛経注解』『金剛経口訣』『六祖解義』『六祖口訣』ともいわれ、続蔵所収本によれば、巻末に、宋の神宗元豊七年（一〇八四）六月十日に完本を求め、杭、越、建、陜四州の四本が最も善本であったので、校訂に努め、ここに本書を鏤刻し流通せしめると縁由を述べている。ついで清の世祖順治十年（一六五三）銭塘の湯翼聖の重刻の跋をのせ、終りに清の聖祖の康熙六年（一六六七）正月周超諫の重刻の跋をのせているので、本書の流通を知ることができる。このように金剛経の註疏は唐代から明、清に至るまで続けられたことは、大蔵経の収録によっても知り得よう。

朝鮮には、得通の『金剛般若波羅蜜経五家解』があり、傅大士《ふだいし》の賛、六祖慧能の口訣、圭峰宗密の纂要、宋の道川の頌、宗鏡の提綱の五家解を合わせてのせている。

わが国における金剛経の註疏に、弘法大師空海に『金剛般若経開題』一巻があって、密教の立場に立つものとして注目されるが、智証大師円珍（八一四—八九一）の『金剛般若経開題』は現存していない。しかしこの金剛般若の依用されたのは、鎌倉期に入って、禅宗が伝来した以後のことにかかる。しかも、それは『金剛経老川頌』あるいは『金剛経川老註』によるものであった。この書は六祖慧能の『金剛経解義』二巻に宋代の道川が、さらに世親論の意をとって、頌と著語とを附し、また新註を加えたものであるから、『金剛経解義』に基づくものである。

（1）宇井伯寿著『第二禅宗史研究』第二、六相慧能伝、参照。

以上概観したように、この『金剛般若経』は一宗一派に限られたものではなかった。すなわち、瑜伽行派の無著や世親に釈論があり、菩提流支や達摩笈多らが訳出し、この方面の法相唯識の立場に立つ窺基に賛述二巻があった。これに対して中観派の系統にあるものとして、羅什門下の僧肇に疏一巻、三論の吉蔵に疏四巻がある。天台の疏一巻はその門流に多くの註釈家を出だし、華厳の智儼の系統からは宗密、子璿などが出た。そして真言に弘法大師があるが、他方教外別伝の立場からは六祖慧能に解義二巻があって、この系統はわが国に伝承されて現在に至っている。

# 第三章　分科について

## 第一節　智顗説十二分

この金剛般若経の分科については諸説があって必ずしも一致しない。今、その主なものについて見るに、まず、天台の智顗説『金剛般若経疏』では――後魏の末、菩提流支、論本八十偈を訳す。弥勒が偈を作り、天親の長行がある。総じて三巻を釈するに、文を十二分に分かつ。一に序文、二に護念分、三に住分、四に修行分、五に法身非身分、六に信者分、七に校量顕勝分、八に顕性分、九に利益分、十に断疑分、十一に不住道分、十二に流通分なり。この一経について開いて三段とする。序、正、流通である。序に通あり別あり、正説は前後二周である云々、といっている(1)。おそらくその十二分に分かつというのは、流支訳とせられた『金剛仙論』によるものであろう。

(1)　隋、智顗説『金剛般若経疏』大正蔵経三三・七六ページ上。

## 第二節　吉蔵の二周説

これに対して三論の吉蔵撰『金剛般若疏』では、上に挙げた十二分は北土の相承として、流支三蔵が具さに経を開いて、十二分となして釈すという(1)。しかし、それは十二に分かつといえども因果を出でない。今、その始末におよそ四周があり、第二の護念付属分から第四の修行分までは因を明かし、第五の法身非有為分は果益を弁ずるもので、以上が一周の因果を明かすものである。第六の信者分から第七の格量分までは因であって、第八の顕性の果を感得するのである。これ二周の因果を明かすものである。すでに佛性を明かした。この性による修行は因の義で、因あるが故に果を得る。すなわち、第九の利益分である。いわゆる三周にして因果を明かすのである。第十の断疑分を因とし、第十一の不住道分を果とするは、すなわち四周の因果を明かすものであると。このような解釈は北地に盛んに行なわれ、相承して多くの年序を経、多くの人々も、これを承認するところとなっている。

しかし、考えるに、この十二分は、(金剛)般若の経文より出で、世親の論釈となすが、今、経論を調べてみるに悉くこの意はない。問う。この分段はなんらの過失があって非とせられるか。今、数過を挙げて、その通と塞とを示そう。まず、序文を一経の通序とし、護念付属などの十分を正説中の別段としているが、なぜ、経の通文をとって正説の別段とするか。これは失の大なるものである。また格量分の分かち方も、経の始終を知らない誤りである。また、(金剛仙)論に(第五)法身非有為分以下は断疑といいながら、「須菩提、重ねて問う」以下をとって、ひとり断疑分とするか。かつ経に両周のあることは(金剛)経論の判じているところである。ところが、なぜ、前周の説をとって多分に開き、後周の説を合して一分とするか。これ、大を抑えて小となすもので、過患の甚だしきものであるといい、さらに、文に至ってまさに具さに顕わすといっている(2)。

その文に至って具さに明かすというところから、吉蔵の後の文を見ると(3)、その時、須菩提、佛に白しての下は、二周説法中の第二である。(金剛仙)論師の十二分によらば、これは第十断疑であるが、今は用いざるところ。なぜか。(金剛仙)論に、(第五)如来非有為分以下は皆これ疑を断ずと。然るに、第十に至ってはじめて、これを断疑というのかといって二周の相違に移っている。

今、吉蔵は流支の十二分によるといっているので、これを『金剛仙論』について見ると、「自此以下一切修多羅、示現断生疑心等」の一段は、生起する(以)下の経を論ずる。およそ二意がある。はじめは、疑心の生ずるを断じ、次は生起する第五段以下の経の終りまでの疑に通ずるものである。「須菩提、於意云何。可以相成就、見如来不」は、第五如来非有為相分と名づくといっている(4)。これは流支訳『金剛般若波羅蜜経論』巻上七八二ページ下の文と対応するものである。さらに『金剛仙論』の第七巻を見ると、「爾時、須菩提、白佛言、云何菩薩発三菩提心、云何降伏其心」など以下はおよそ十六段の経文がある。今、これを第十断疑分とする。それは、第三段(住分)以来、すでに広く疑を断じてきた。しかし、それまで断疑の名を与えず、この第十段で独り断疑の名を与えるゆえんは、衆生があるいは著心によって法を聞いて疑を生じ、第三段住分から第九段(利益分)に至った。その間、逐次、疑を断じてきたが、その明かす所は必ずしも同じではないので、別に名を立てて、等しく疑を断ずるといえ、断疑分とは名づけなかった。この第十段以下の第二周も第一周の文と経文はほぼ同じではあるが、疑に異なりあり、答意も異なる。故に独り断疑の名を得るといっている(5)。

このように『金剛仙論』も第十断疑の名称について釈明しているから、この点に関する限り、吉蔵が依用しないとはいっても、名称の立て方の相違に帰するであろう。

しかし、十二分に開くことに、吉蔵は承認しかねたのである。それは吉蔵だけではなかった。だから、吉蔵は有人の言として、「十二分にこれを開く、既に解し難し。その見易きを取って六章となす」といって、六章の解説に移っている。すなわち、六章とは一に序分、二に護念付属分、三に住分、四に修行分、五に断疑分、六に流通分である。この分別は学の劣れるもので、過ちは前と同じである。

また人あり、金剛般若に注して三門を開く。因縁門と般若体門と功徳門とである。しかし、この解釈も流通分が何門に属するべきかが明らかでない。

また人あり、開いて序説、正説、流通説の三段となすという。これは理において妨げるものではないが、ただ開善（智蔵）の徒はこの三説の起尽を知らない。だからそこに失が認められる。今はこの三の中におのおの二段を開く。序に通序と別序と。正文に第一周広説と第二周略説と。流通に一、佛の経究竟を説くと、二、時衆の歓喜奉行とであるといって、吉蔵はこの第九釈章段を終って、第十正釈文に移り(6)、「如是我聞」から「洗足已」までを序分とし、「敷座而坐」以下「応作如是観」までを正説般若分とし、「佛説是経已」以下を流通分とする。特に「敷座而坐」以下は般若を説こうとするから、三昧の準備として座を敷き、ついで坐ってまさしく三昧に入るのである。そして「時長老須菩提」以下を、開善（智蔵）はなお序分に属するものとしているが、そうではない。また、北地論師は、この文は十二分中の護念付属分としているが、これもそうではない。

そこでこの正説（正宗分）を開いて二周とする。第一周は利根の人のために広く般若を説き、第二周は中・下根・未悟の者のために般若を説く。いまなにゆえに二周とするかを験するに、経によれば、善吉（須菩提）に前問後問があって、二問はほぼ同じであり、如来の前答後答の二答も相類するのである。だから、この経は二周にわたって説いていることが知られる。今、論（流支訳、経論三巻）をもってこの証明を試みるに、論は前経を解釈して、はじめに四問に答え終り、後、次第に生起して玄疑や伏難を解釈することが蟬聯《つらな》ってくるし、同様にまた、後問を解釈し終って次第に生起し玄疑や伏難を解釈することが相接していたるのである。だから、両周となっていることを知るのである。このように経と論の両証があるから、あに虚構といわれようか。あるいは一軸の経に二周の煩長があり得ようかというでもあろう。しかし、両周はその趣旨が違っているから煩長ではない。大品般若の両周では、その前周が実慧を、後周が善権（善巧方便）を明らかにしているように、この金剛経の前周は縁を浄め、後周は観を尽《なく》すのである。それは経と論とによって知られるのである。すなわち、前周では、経に正しく菩薩に無所得の発心を教えて、有所得の発心を破し、ないし、無所得の修行によって有所得の修行を破しているのは、縁を尽すものであるし、後周で発菩提心の人なく、また修行人もないというているのは、観を尽すものである。また（流支訳、経論）論偈に、「内心の修行に於して我を存して菩薩となさば、心を碍げて不住道にたがう」といっている。このように経も論もいっているのだから空称とはいえない(7)。まさしく観を止息せしめ、観主を尽《なく》すものであることは、文義に昺然《あきらか》である。これぞ二周を貫くこの経の大意であるばかりでなく、また方等（大乗）の旨帰でもある。

　このようにして、もし論なき経には十五章あるが、論ある経にはおよそ十六章あるといって(8)、後周の十五章を解釈している。

（1）　隋、吉蔵撰『金剛般若疏』巻第一、大正蔵経三三・九〇ページ下に「自北土相承流支三蔵具開経

作十二分釈」といい、また、巻第四、大正蔵経三三・一一八ページ上には「爾時須菩提白佛下、二周説法中此是第二。依論師十二分、此是第十断疑」とあり、さらに、巻第一、大正蔵経三三・八五ページ上には「復次有婆藪盤豆弟子金剛仙論師、菩提流支之所傅述」ともいっている。

(2) 大正蔵経三三・九一ページ上—中。
(3) 大正蔵経三三・一一八ページ上。
(4) 菩提流支訳『金剛仙論』巻第二、大正蔵経二五・八一〇ページ中—下。
(5) 菩提流支訳『金剛仙論』巻第七、大正蔵経二五・八四六ページ中。
(6) 隋、吉蔵撰『金剛般若疏』巻第一、大正蔵経三三・九〇ページ下—九二ページ上。
(7) 隋、吉蔵撰『金剛般若疏』巻第一、第四、大正蔵経三三・九九ページ下および一一八ページ中。
(8) 隋、吉蔵撰『金剛般若疏』巻第四、大正蔵経三三・一一八ページ下。

## 第三節　昭明太子の三十二分節

次に慈恩大師の『金剛般若経賛述』によると、この経の始終を三分し、はじめの「如是我聞」から「敷座而坐」までを由致分とし、「時長老須菩提即従坐起」以下「応作如是観」までを発請広説分とし、「佛説是経已」以下「信受奉行」までを喜悟修行分と名づけ、世親の論釈によって小科に分かっている(1)。

さらに唐、至相寺の智儼述の『金剛般若波羅蜜経略疏』によれば、流支訳本によって、一に明教興所由、二に明蔵摂分斉、三に明所詮宗趣及詮教体、四に釈経題目、五に分文解釈の五門分別を作り、第五の分文解釈において、経文を序、正宗、流通の三に分かち解釈している(2)。

また唐、宗密述、子璿治定の『金剛般若経疏論纂要』においては、今、羅什訳本によって分科を施すにあたり、世親の釈義により、また、無著のものを兼ねた。そしてかたわら余論を求め、諸疏を採集して、纂要と題すといっている(3)。

同様に、羅什訳本によって、明の宗泐と如玘とが奉詔同註した『金剛般若波羅蜜経註解』は、すでに述べたように、この経を三十二分に分かつことは梁の昭明太子の所立といわれているが、もとより訳本にはないものであり、かつ経の意を破砕するから採用しない。そこで、この註解は専ら慈氏、天親の偈論に基づき、その意をとって、悉くその語を用いることはしなかった。それはその語がむずかしいので、初学に便ならしめるためであるといっている(4)。

このようにいわれているが、経は多く羅什本により、その分節は昭明太子のものが中国、日本で用いられてきた。サンスクリット原本もまた、南條文雄博士の『梵文金剛経講義』もこの昭明太子の三十二分節によっているし、E. Conze の梵本も三十二に分節されているので、今は、これにしたがって、羅什本を用い、三十二の分節になるの便をとることにした。

そこで、この金剛般若は弥勒――無著――世親の論釈を中心にして理解されてきた。そして、後には三論・天台・華厳・法相・禅・真言などの各宗の立場からの理解に発展していったことは、ここに改めていうまでもない。したがって、今は羅什本を中心にして、その三十二分節と弥勒――無著――世親の論釈を比較し、その対照表を掲げて、その理解に資することは、われわれがこれから羅什本の内容を知ろうとするにあたって欠かすことができないのである。

(1) 唐、窺基撰『金剛般若経賛述』巻上、大正蔵経三三・一二六ページ上。
(2) 唐、智儼述『金剛般若波羅蜜経略疏』大正蔵経三三・二三九ページ上。
(3) 唐、宗密述、宋、子璿治定『金剛般若経論疏纂要』大正蔵経三三・一五五ページ中。
(4) 明、宗泐・如玘同註『金剛般若波羅蜜経註解』大正蔵経三三・二二八ページ中。

## 第四節　三十二分と無著・世親の偈・釈との比較対照

| （羅什本） | （七十七偈） | |
|---|---|---|
| 第一法会因由分 | 第一偈 | 第一義種性不断 |
| 第二善現起請分<br>第三大乗正宗分 | 第二偈 | 第二義発起行相<br>第三義所行住処の中<br>一、発心（第一摂住処） |
| 第四妙行無住分 | 第三—五偈 | 二、波羅蜜相応行（第二波羅蜜浄住処） |
| 第五如理実見分 | 第六偈 | 三、欲得色身（第三欲住処） |
| | | 四、欲得法身 |
| 第六正信希有分 | 第七—十四偈 | 1、言説法身 |
| 第七無得無説分 | 第十五偈 | 2、証得法身の智相 |
| 第八依法出生分 | 第十六、十七偈 | 同証得法身の福相 |
| 第九一相無相分 | 第十八偈 | 五、於修道得勝中無慢（第四離障碍住処） |

- 第十荘厳浄土分
  - 第十九偈 — 六、不離佛出時
  - 第二十偈 — 七、願浄佛土
  - 第二十一偈 — 八、成熟衆生
- 第十一無為福勝分・第十二尊重正教分
  - 第二十二偈
    - 九、遠離随順外論散乱
    - 十、色及衆生身摶取中観破相応行
    - 十一、供養給侍如来
- 第十三如法受持分 — 第二十三偈
- 第十四離相寂滅分・第十五持経功徳分・第十六能浄業障分
  - 第二十四、二十五偈 — 十二、遠離利養及疲乏熱悩
  - 第二十六—三十五偈 — 十三、忍苦
  - 第三十六—四十一偈 — 十四、離寂静味
- 第十七究竟無我分
  - 第四十二偈 — 十五、於証道時遠離喜動
  - 第四十三、四十四偈 — 十六、求教授
  - 第四十五、四十六偈
    - 十七、証道（第五浄心住処）
    - 十八、上求佛地（第六究竟住処）（第七と第八は一切住処に通ず）
  - 第四十七、四十八偈 — 1、国土浄具足
- 第十八一体同観分・第十九法界通化分
  - 第四十九—五十一偈
    - 2、無上見智浄具足
    - 3、福自在具足

- 第二十離色離相分——第五十二、五十三偈
  - 4、随形好身具足
  - 5、相身具足
- 第二十一非説所説分
  - 第五十四偈
    - 6、語具足
    - 7、心具足
  - 第五十五偈——a、念処
- 第二十二無法可得分 / 第二十三浄心行善分——第五十六、五十七偈——b、正覚
- 第二十四福智無比分 / 第二十五化無所化分——第五十八—六十一偈——c、施設大利法
- 第二十六法身非相分——第六十二—六十四偈——d、摂取法身
- 第二十七無断無滅分 / 第二十八不受不貪分——第六十五、六十六偈——e、不住生死涅槃
  - f、行住浄
- 第二十九威儀寂静分——第六十七、六十八偈——イ、威儀行住
- 第三十一合理相分 / 第三十一知見不生分——第六十九—七十四偈
  - ロ、名色観破自在行住
  - ハ、不染行住
  - 甲、説法不染
- 第三十二応化非身分——第七十五—七十七偈——乙、流転不染
  - 第四義——対治
  - 第五義——不失
  - 第六義——地
  - 第七義——立名

以上の対照表は、世親が『金剛般若論』において、経の内容を解釈した七義と、弥勒、無著の義釈を再現して経の趣意をまとめたとされる『金剛般若経論』における七十七偈（頌）と羅什本との対照表であるが、これはすでに、上に述べたように慈恩大師の『金剛般若経会釈』や、宗密述、子璿治定の『金剛般若経疏論纂要』に試みられており、近くは宇井博士の『大乗佛典の研究』のうちにも試みられているので、今さらに、ここでとり挙げる必要もないが、流支訳、笈多訳、義浄訳などの煩雑な対照をさけて、羅什本を中心にして簡素化した。

そこで羅什本から見れば、七義といっても、経の本文を解釈するのははじめの三義だけで、第四義の対治は経全体における邪行と共見正行との対治を意味し、第五義は増益と損減との二辺を離れて対治において失のないことを意味する。したがって、佛法は非佛法なりというのは、増益の辺を離れしめ、これを佛法なりというのは、損減の辺を離れしめるというようなことを意味し、第六義の地というのは、修行の段階のことで、先の表でいえば、第三義所行住処の十八種住処のうちで、第一の発心から十六の求教授の住処までが信行地で、十七の証道の住処が浄心地、つまり初地で、十八の上求佛地が究竟の住処を意味する。そして第七義の立名は金剛と能断との意味から経名を解釈している。

そして、これを七十七偈と比べて見れば、七十七偈が疑を断つものとして二十七種の断疑を挙げているが、その第一の断疑は七義のうちの第三義十八種住処を説く第三の欲得色身からで、第六偈からに対応する。したがって、七義と七十七偈との間には、経の分科の上でくい違いのあることがわかる。そこに、この二十七種の断疑が、慈恩大師の会釈や、宗密の纂要において会通の試みられる理由もあったのである。

このようにして、七十七偈も、その内容から、第一の綱要と第二の断疑の二つに大別されることになる。今、その概略を見れば、

第一　綱　要

（1　序　分）

（2　善　護　念　分）

第一偈　善護念と善付属を説く。

（3　住　分）

第二偈　広大、第一、常、不顚倒の四種心を有するに至った菩薩は大乗に住すると説く。

（4　如実修行分）

第三偈　布施波羅蜜が六度を摂すという。

第四偈　相に住せずして布施すべきであると。

第五偈　心を降伏するは三輪空寂の布施である。

第二　断　疑　（二十七種）

1　断疑　相に住せず布施すべしというが、佛菩提に布施せば、相に住することになるとの疑を断ずる。

（5　如来非有為相分）

第六偈　佛の非相を知って布施する菩薩は、法に住せずして布施するものである。

2　断疑　相に住せずして布施するは因の深義、佛が有為の体でないのは果の深義、そこからは、信心を生じないであろうとの疑。

（6　我空法空分）

第七偈　このような因と果の深義を説くは悪世時に空しからず。菩薩は持戒と功徳と智慧とを得て信心を生ずるからである。

第八偈　過去に戒を持し諸佛を供養したから戒と功徳とを得たのである。

第九偈　我と法との相をとらないのが智慧を得たことで、この二相は八義となる。

第十偈　我相、衆生相、命相、寿者相が我の四相である。

第十一偈　法相、非法相、相、非相が法の四相である。

第十二偈　菩薩は信解によって、声の如くにとるのではないから、正説されたものを受持する。

第十三偈　佛は果を見て知るに非ず。願智によって知る。

第十四偈　筏の譬喩を説く。

3　断疑　佛は有為相を離れた無相ならば、なにゆえに法を説くかの疑。

第十五偈　佛に三種あり。一法身佛、二報佛、三化佛である。釈迦佛は化佛で、この佛は菩提を証せず、法も説かない。説者は法・非法を二と説かず、聴者も、法・非法にとらわれてはいけない。なんとなれば、法は真如で、言説を離れているからである。

（7　具足功徳校量分）

第十六偈　法の受持と演説とは菩提に趣く。

第十七偈　菩提とは法身のことで、それは無為性であるから、報身化身の福徳の勝因となる。
4　断疑　四果は自果をとり、また証を説く。これは取と証とになるとの疑。
第十八偈　不可取、不可説は自果をとらないことである。四果も果を得たとの念いはないから、そこに須菩提の無諍行がある。
5　断疑　釈尊は然燈佛のところで法を受け、然燈佛は法を説いたから、不可取、不可説でないとの疑。
第十九偈　然燈佛のところでは、言語によって証法をとらなかったから、非可取、非可説が成り立つ。
6　断疑　佛土荘厳は不可取に反するという疑。
第二十偈　浄土とは諸佛の実智よりする唯識の所現であるから、非荘厳を荘厳というのである。
7　断疑　所得の報身は離著というが、不可取に反しはしないかとの疑。
第二十一偈　須弥山王の如く、報身も無分別で無上法王を得たから、取なく、諸漏と有為法を遠離する。
第二十二偈　さらに福徳の多いのを譬説するのは、一層勝れたことを示すのである。
第二十三偈　所説の処が制底(caitya)塔となり、その所依身が持経の人となるが故に、ともに尊重せられる。
第二十四・五偈　この法門の持と説との功徳が福徳に勝ることを説く。
8　断疑　持と演説とにも菩薩は苦行を行ずるから、また苦果を得るとの疑。

第二十六・七偈　我相も瞋恚相もないから、苦なることもなく、ただ慈悲があると説く。
第二十八偈　菩提心を起こして修行し、よく忍辱波羅蜜を成ず。
第二十九偈　修行は衆生を利益する因であるが、しかも衆生の相をとらない。
第三十偈　五蘊を衆生と名づく。その五蘊に衆生の体なきをもって、我・法の二想の無なることを明かす。
9　断疑　証道の果の中に言教がなければ、言教は証法の因とはならないという疑。
第三十一・二偈　果は言説道に住しないが、言説道は証法の因となる。諸佛は実語者であるから、その智に四種がある。説法は実を得るのではないから非実、しかし、実に随順するから、非妄である。
第三十三偈　諸佛所説の法を、その言の如くに証をとるを対治するを説く。
10　断疑　真如の体は一切時処に遍ずるなら、有得無得の別なからんとの疑。
（8　一切衆生有真如佛性分）
第三十四偈　真如は、一切時一切処に存するも、住ある者には得られない。無智なるが故である。智あって住なければ得られる。
第三十五偈　無智は闇、智は明の如く、対法と対治との得と失とが現前する。
第三十六偈　法の修行と福徳を得ると業の成就を説く。
第三十七偈　受持と読誦と演説との義を明かす。
第三十八偈　それは自の成熟と他衆生の成熟においてであり、事と時との大なるによって福徳勝る。

(9 利益分)

第三十九――四十一偈　かの修行の業用とは、十種の勝業が法における修業であると説く。

11 断疑　安住、降伏というは、かえって我相を存しているのではないかとの疑。

(10 断疑分中の第一段)

第四十二偈　われ大乗に住して、かくの如く修行し、かくの如く心を降伏すと分別を生ぜば、菩薩行を碍げ、不住道に違う。

12 断疑　菩薩がなければ、釈尊は然燈佛所でなにゆえ菩薩行を修業したかの疑。

(10 断疑分中の第二段)

第四十三偈　後時の授記の故に、然燈佛のところにおける修行は最上のものではなかった。

13 断疑　菩提がなければ、佛法もなからんとの疑。

第四十四偈　かの相なきを相となし、不虚妄をもって説く。この法は諸佛の法にして、皆非有を相となす。

(10 断疑分中の第三段)

第四十五・六偈　佛は法身なるをもって大身に譬えられる。遍満性の故である。

14 断疑　菩薩なければ、佛道なく、衆生も涅槃に入らず、国土荘厳もなからん。菩薩はなんのために、発心修行して佛国土を浄むるかとの疑。

(10 断疑分中の第四段)

第四十七偈　法界を了せずして衆生を度せんとし、国土を浄めんとするは顛倒である。
第四十八偈　菩薩と衆生とにおいて、諸法無我を知れば、聖に非ずとも、皆菩薩と名づく。
15　断疑　諸佛は諸法を見ないであろうとの疑。
　（10　断疑分中の第五段）
第四十九偈　諸法を見ないといえ、眼なきに非ず。諸佛には五種の眼がある。虚妄の境を見るからである。
第五十偈　種々の心が流転して、念処から離れたるが故に、彼は持なく常に転ず。故に虚妄となすのである。
16　断疑　住心は顛倒なら、福徳も顛倒ならん。何を善法というかとの疑。
第五十一偈　佛智は根本で、顛倒に非ずして功徳である。この福徳の相をもっての故に重ねて譬えを説く。
17　断疑　諸佛は無為法をもって名を得るなら、なにゆえ諸佛は三十二相、八十種好ありて、佛といわれるかとの疑。
　（10　断疑分中の第六段）
第五十二・三偈　法身は色身の成就でも、また諸相の成就でもない。それは非身と説かれる。この二は佛にないのではない。いわゆる色身成就と諸相成就と、この二種は法身を離れないから、如来には相好がある。
18　断疑　佛が色身成就でも諸相成就でも見ることができないとすれば、佛は法を説くとはいえないであろうとの疑。
（10 断疑分中の第七段）
第五十四偈 佛の如く説法もまたそうである。法身を離れないから無自相である。
（10 断疑分中の第八段）
第五十五偈 能説と所説との甚深を信ずるものがないのではない。かれら、衆生と非衆生とは、非聖と非不聖とのことである。如来が非衆生と説くは、凡夫衆生に非ず、故に衆生なりと説く、聖人衆生なるをもって、故に非衆生なりと説く。
19・20 断疑 佛が無上菩提として得べきものなしとすれば、どうして修証ありやとの疑。
（10 断疑分中の第九段）
第五十六・七偈 一法も名づけて菩提となすものがないから、菩提は無上である。法界は、平等にして増減なきと、清浄無差別なると、無上の方便とあり。漏法を離れるから、無上である。
（10 断疑分中の第十段）
第五十八・九偈 説法は無記性であるが、しかもなお菩提を得る。故にこの法宝は無量の珍宝に勝る。
21 断疑 法は平等で高下なしとせば、佛が衆生を度すとはいえないとの疑。
（10 断疑分中の第十一段）
第六十・一偈 法界は平等なれば、衆生を済度しない。もし、済度すると執せば、我執と過《とが》は同じである。

22　断疑　如来は色身をもって見るを得ない。法身を体とするというも、それは声色を離れないではないかとの疑。

（10　断疑分中の第十二段）

第六十二・三偈　如来は色身によって比知せられない。なんとなれば、智を自性とする法身であるから。

（10　断疑分中の第十三段）

第六十四偈　色を見、声を聞くのみでは、佛を知ることはできない。この真如法身は識の境ではないからである。

23　断疑　福徳によって菩提が得られないなら、菩薩は福徳業を失するとの疑。

（10　断疑分中の第十四段）

第六十五・六偈　福は菩提を証しないというも、福業と果報を失す。忍を得た者には断絶がない。勝れた福徳の相を示して譬喩を説く。

24　断疑　菩薩がこの果報を受けないなら、衆生はどうしてその福徳を知って受用しようかとの疑。

（10　断疑分中の第十五段）

第六十七・八偈　この福徳の応報は衆生を化するためであり、自然に、このような業を、諸佛は十方に現ずるのである。法身は如不動で、去来するのは化身佛である。

25　断疑　法身は無去来、化身は来去であるならば一異の見あり、これについての疑。

（10　断疑分中の第十六段）

第六十九偈　世界を微塵となす喩えは、法界を明かすもので、砕いて末となすのは、煩悩の尽を示す。

第七十偈　聚と集とに非ざるが故に、ただこれ一のみに非ざるの喩えを示す。

第七十一偈　音声のみにしたがって、凡夫は顚倒に執す。我法の二種を断ずるも、覚を証するに非ず、無なるが故である。

第七十二偈　我を見るのは見ではない。無実を虚妄と見るから。我法の二種の見は微細の障であり、真如を見れば遠離する。

26　断疑　化身佛の説法は福がないであろうとの疑。

第七十三偈　世俗と勝義の二智と、その依止である三昧とで遠離を得る。この故に重ねて勝福の譬喩を説く。

第七十四偈　諸佛は説法する時、化身であるとはいわないから、その説は真実である。

27　断疑　佛は常に世間に住して説法するといわば、どうして涅槃に入るかとの疑。

（11　不住道分）

第七十五偈　諸佛の涅槃は有為でもなく、またその他でもない。涅槃を得るも、化身は説法し、世間行を示して衆生を利益する。

第七十六偈　化身が説法する有為法は九種で、妙智の正観である。

第七十七偈　この九種の有為法において、相と受用と三世の事を観じて、有為の事の中において、無垢の自在を得るのである。

（12　流　通　分）

以上は『金剛般若論』などによる七義と、『金剛般若波羅蜜経論』などによる七十七偈と、その内容の概観および『金剛仙論』による十二分段との分科の対照であるが、三者が必ずしも軌を一にしているものではない。そのうちで、十二分段は天台大師や吉蔵の著述に挙げられていることは、すでに述べたとおりであるが、吉蔵は北地に流行していることを告げ、すでに述べたように、それを採用していない。

# 第四章　純粋定本の認識

以上は主として無著の『金剛般若経論』における七十七偈を中心として、その内容を概観し、世親の『論』と七義、および『金剛仙論』の分科とを対照し、羅什訳本に基づく昭明太子からの三十二分段とを比較表示した。そして、その間に分科に関して異説の存することも指摘しておいた。

これに関連して、『金剛般若経』の経本そのものについても、諸訳本の間に不同のあることが指摘された。すでに述べたように(1)、『金剛新眼疏経偈合釈』によれば(2)、

第一に、羅什本と菩提流支本との間に、一、起問不同、二、有無不同、三、答問不同、四、詳略不同、五、立分不立分不同の五種を挙げ、

一、起問不同として魏本には一問「云何発心」、二問「応云何住」、三問「云何修行」、四問「云何降心」の四問があるが、秦本では四問を合して、「応云何住」と「云何降伏其心」となっている。

二、有無不同として、魏本は後半に「爾時、慧命須菩提、乃至、衆生とは、如来は衆生に非ずと説く、これを衆生と名づく」(3)という一段がある。しかし、秦本にはもとなかったので、後人が襄陽の石刻によって補入した。蓋し什師の訳漏であると。

三、答問不同として、秦本の後半に「佛、須菩提に問う。三十二相を以て如来をみるべきや、いなや。須菩提答う、かくの如し、かくの如し。三十二相を以て如来を見たてまつらん」(4)とあるが、魏本では、「相を以て見たてまつらず」(5)と答えている。後の四訳本も皆、この魏本と同じであるが、

秦本をもって是とすべきであると。

四、詳略不同として、一には、魏本の偈に「若以色見我、以音声求我、乃至法体不可見、彼識不能知」の八句があるが、秦本はただ前の四句をとり、八句中の前四句をもって後の四句を反顕する。他の四訳も皆魏本と同じである。什師は反顕して足るとしたから後四句を略したのであると弁明につとめ、二には、秦本の偈に「一切有為法、如夢幻泡影、如露亦如電、応作如是観」とただ六喩だけであるが、魏本には九喩があり、他の四本も魏本と同じである。什師は六喩だけで略すとはいえ、義の上からは諸法を摂している。九喩は詳しいが、義の上からは同じであり、かつ四句だけで摂し切れるものではない。だから、すべてを摂収し尽すことはできない。

五、立分不立分不同として、魏本はこの経を十二分に分かつが、前後の五訳は皆、分を立てない。今、秦本は三十二分であるが、梁の昭明の立てたものである。

以上五点の他に、小異があるが、意味の上からは同じであるから、ここに具さに述べることはしない。

第二に、什本と真諦本との間には、四種不同があるとする。すなわち、

一、起問不同としては、秦本は一問「云何応住」と二問「云何降心」の二問だけであるが、陳本には一問「発菩提心行菩薩乗、云何応住」と、二問「云何修行」と、三問「云何発起菩薩心」との三問がある。余本も皆降心を問わない。だから、あるいは真諦が降心を誤訳して発心となしたのみと。

二、有無不同としては、秦本前半巻の内「於我従昔来、所得慧眼、未曾得聞如是之経」(6)という下に、陳本には、「何以故。世尊、説般若波羅蜜、即非般若波羅蜜、故説般若波羅蜜」(7)の三句を加う。

しかし、魏本は前の二句だけしかない。他のものも魏本と同じである。

三、答問不同として、秦本には、「若以色見我」の偈の後はただちに「須菩提、汝若作是念、如来不以具足相故」と続いて、中に別文はないが、陳本は「須菩提、於意云何。如来可以具足相得菩提不、乃至如来不以具足相得菩提」の一段を加えていると。

四、詳略不同は魏本と同じである。

第三に、什本と笈多本とについては、彦琮のいわゆる「未及練覆」(8)のため、多くは読まれなかったであろう。しかし、その直訳は他本の疑を解くのに役立ったものと見えて「余本と大同小異で、これを蔵して、かたわら参考とする。余本に疑があり決しかねる時は、これをとり、通ずるのであるから、その功は滅びない」といっている。

第四に、什本と玄奘本とについては、秦本とは起問相似て一問「云何応住」、二問「云何修行」、三問「云何摂心」の中間の一問が多いし、また、秦本は四相を説くが、奘本は有情想・命者想・士夫相・補特伽羅想などの八想を説き、四八の開合やや異なるといい、また、秦本には「如来者即諸法如義」とあるが、奘本では「如来者即是真実真如増語、即是無性法性増語、即是永断道路増語、即是畢竟不生増語」といって答問不同であるという。また、奘本は、魏本と同じように「色を以てわれを見、声を以てわれを求める」偈は八句で、偈の後に文を加う。後の偈の九喩もまた、魏本と同じである。余は秦本と大同であるが、ただ奘本は浮濱の文が過多で、什本が直捷《てみじか》で人をして楽しく読ましめるが如くでないのに似るという。

第五に、義浄本については、経名も起問処も玄奘本と同じであるが、秦本との相違は、秦本は「若是経典所在之処、則為有佛若尊重弟子」(9)の下に別に奉持の一段があって、魏・陳・隋・奘の四本は大略同じであるが、この義浄本は「ただちに説法は無説で、塵界も非界である」などの文となっている。そして「妙生（須菩提）はこの深き義趣を解し、涕涙悲泣して、未だかつてこのような深い経典を聞いたことがない。この経典は何と云い、われらはいかに奉持すべきか。佛は妙生に、この経典は般若波羅蜜と云う」(10)となっているが、五訳とは相違している。また、秦本では、「色見声求」の偈の後に、断滅の見を立てることを恐れて、「この念いをなすことなかれ。如来は相を具足せるを以て菩提を得るのではない」と、諸法の断滅を説いて、上を承け下に接しているのは、理を得るとなすに似る。しかも、魏・陳・隋・奘の四本もそれぞれ余文を添えてはいるが大同小異である。しかし、この義浄本に至っては、ただちに、句の後に「菩薩乗に発趣する者には、そのあらゆる法は、これ断滅なるや、否や」といっている。すでに、什本と符合しないが、余本を見るに、また欠けているようである。その他の文義は奘本と大同であるが、浮詞を除去すれば、什師の妙を得るであろうといっている。

このように、羅什、流支、真諦、笈多、玄奘、義浄の諸訳本について、羅什本をもとにして、その間の異同が吟味された。しかも、その間に、甚だしい相違は認められなかった。それは、すでに指摘されているように、般若経のうちで、小品系の諸本の間、大品系の諸本の間、および小品系と大品系との諸本の間、これらの間の甚だしい異同と比較する時、金剛般若経の諸本の間に異同が僅少であって、この金剛般若経と大小品般若経とでは、その間に雲泥の相違のあることに思いをいたすであろう。このことは、金剛般若経と大小品般若経とに対する初期大乗の人々の態度、したがって歴史的、社会的な事情を物語るものと考えることができよう。そして、このことは大乗佛教がどのような展開を遂げていったかを、われわれが認識する重要な契機となるものであろう。これらについて明らかにすることは、ここでは不適当と思われるので、別の場所に譲ることにしたい。しかし、大小品系の般若経で、社会・歴史的事情を顧慮しながら、純粋定本の認識を要求していった困難さに比べれば、この金剛般若経の純粋定本の認識は、すでに上に挙げた先達によって、ほぼ達成されたといってもよい。大小品系般若経の純粋定本の認識は、その困難さの故に、道安、支道林が、そこに手をつけただけで、その課題は現今にもちこされたのである。三論の吉蔵に『大品経義疏』があるが、『大智度論』の立場を踏襲したものに過ぎなかった。このように大小品系般若経と比べて、金剛般若経の純粋定本の認識が要求せられたのは、この金剛般若経が三百頌の小品であり、その成立以来変動の少なかったことによるものであろう。

しかし、現今では、上のような漢訳異本の比較だけでは不充分であることはいうまでもないことである。したがって、梵本ならびにチベット訳本とも比較しなければならない。しかし、この書の性質上、今ここで、それに立ち入ることは、ふさわしくないので、経文解説のところで関連して説くことにした。

(1) 拙著『原始般若経の研究』一四一ページ。
(2) 清、通理述『金剛新眼疏経偈合釈』上巻、大日本続蔵経、第一輯、第三九套、第三冊、二四五枚。
(3) 元魏、菩提流支訳『金剛般若波羅蜜経』大正蔵経八・七五六ページ上。
(4) 後秦、羅什訳『金剛般若波羅蜜経』大正蔵経八・七五二ページ上。

(5) 元魏、菩提流支訳『金剛般若波羅蜜経』大正蔵経八・七五六ページ中。
(6) 羅什訳『金剛般若羅蜜経』大正蔵経八・七五〇ページ上―中。
(7) 陳、真諦訳『金剛般若波羅蜜経』大正蔵経八・七六三ページ下。
(8) 清、通理述『金剛新眼疏経偈合釈』上巻、大日本続蔵経、第一輯、第三九套、第三冊、二四五枚。
(9) 後秦、羅什訳『金剛般若波羅蜜経』大正蔵経八・七五四ページ上。
(10) 唐、義浄訳『佛説能断金剛般若波羅蜜多経』大正蔵経八・七七三ページ中。

# 第五章　問題の提起とその断疑

このように、純粋定本の認識を要求した。かくして、この認識に基づいて経の構成を見る時、まず第一に、この経は大きく二分されることである。第二分のはじめの経を挙げて、賛述に窺基は(1)、――その時、須菩提、佛に白して言う。世尊よ、善男子善女人ありて、阿耨多羅三藐三菩提の心を発《おこ》さんに、いかんが、まさに住すべきや。いかんが、その心を降伏すべきや。述に曰く、世親は、これ第二周の説と云う。謂ゆる、上来、未だ発心を解せざる者に教えて修行せしめ、未だもろもろの障げを伏断すること能わざる者に教えて降伏し竟る。今、この一周は、すでに発心せる菩薩が、――われよく発心せりと言い、乃至第三のすでに障げを断ぜる者が、――われよく断ぜりと言うが為なり。分別を生ずるによるが故に、則ち菩提に障げとなる。分別とは、いわゆる、所知の障げ、まさに不住道に障げとなるなり。謂ゆる、もし発心し修行する等の時、無分別智を以て真理に冥契《かな》い、分別を生じて、われよく然りと言わざれば不住道と名づく。生死及び涅槃に住せざるが故なり。もし、分別あらば、証に非ずとなすが故に、名づけて障げとなすなり(2)、といっている。

また吉蔵は、すでに上に挙げたように、この正説について、開いて二周となす。第一周は利根人のために、広く般若を説き、第二周は中下根のいまだ悟らざるもののために、略して般若を説く、と明瞭に二分している。このように、第一周のはじめに提起された発菩提心が、再び提起されて経が展開されたことは、第二周として、はじめに提起された「云何発心、応云何住、云何修行、云何降心」の四提題が実践されていく過程で、なお、依然として内心に我を存して真証への障碍となるので、再びこの四問が再提出されたといわれる。このことは経の前半、すなわち第一周が、この経典の思想構成の上で、少なくとも論理的に先行条件となっていることが判る。しかし、それがまた、歴史的に先在する形態であったと推定するには、なお多くの論証を必要とするであろうから、ここでは、それに立ち入るべきではないと思うので、他の適当な場所に譲ることにしたい。

このように、この経典を第一周と第二周とに分けることにし、さらにこの経を思想構成の上から見れば、すでに上にも述べたように、二十七の問題提起と、その提題の解決という点から分類するのが、この経の理解には最もふさわしいものと考えられる。これはまた、伝統的な理解を顧慮するものでもある。しかし、昭明太子からはじめられたといわれる三十二分節も、経の理解の上からは便利であるから、そしてまた、梵文の分節も、それを参照する上に便利なところから、いずれもその分かち方にしたがいながら、二十七種の問題別に分けることにした。今、この二十七種の問題別を列記すると、はじめに総標として、「云何発心、応云何住、云何修行、云何降伏心」の四提題があり、次にその提題に対する二十七種の断疑が展開する。

## 第　一　周

第一断疑　佛を求むるために布施を行じ相に住することになる。この疑問を断ずるもので、この疑は経典の「もし、菩薩、相に住せずして布施せば、その福徳は思量すべからず……」

よりくる。

第二断疑　因果倶に深くば、悪世の人は信を生ぜざらんとの疑問で、「相に住することなくして布施を行ずべし」と、「佛を見るに身相を以て得べからず」の両経文からくる。

第三断疑　無相ならば、いかんが説くことを得んやとの疑問。これは第一疑問中の、「身相を以て如来を見ることを得べからず」よりくる。

第四断疑　佛弟子声聞の得果は、これ取ではないかとの疑問。これは第三疑問中の、無為法不可取からくる。

第五断疑　如来は然燈佛所において授受の実を得るやの疑問。これも第三疑問中の、不可取不可説からくる。

第六断疑　荘厳佛土は不取に違わざるやの疑問。これも第三疑問中の、不可取からくる。

第七断疑　報身の受得は、これ取ではないかとの疑問。これも第三疑問中の、不可取からくる。

第八断疑　身命を捨するの福報は、これ生死の苦因であり、持と説との福も苦果を脱しないのではないかとの疑問。これは第七疑問中の、捨身布施からくる。

第九断疑　これは佛が無所証にして証し、無所説にして説くというならば、能証は無体非因ではないかとの疑問。これは第八疑問中の、衆生を利益し布施を行ずるよりくる。

第十断疑　真如は有得なるか無得なるかの疑問。これは第三疑問中の、一切賢聖は皆、無為法を以て名を得るからくる。

## 第二周

第十一断疑　これはすでに、降伏し終って、それに安住し、内心に我を存すのではないかとの疑問。これは前の経文の我・人などの四相の無からきて、第一周の総標の提題から、「われよく住し、われよく降伏す」という分別は真証への障碍となるので、ここに再問するという。

第十二断疑　佛の因としての菩薩ありやの疑問。これは第十一疑問中の、実に法として菩提の心を発《おこ》す者有る無しよりきたり、発心する者なければ、菩薩なく、菩薩なければ然燈佛所で記を得ることもないとの疑問。

第十三断疑　無因ならば佛法もなかろうとの疑問。これは第十二疑問中の、実に法として菩提果を得るというものなきが故に然燈佛所において記を受くということから、ついに、佛果なければ、豈佛法有らんやとの疑問である。

第十四断疑　衆生を済度して佛土を荘厳するというもの無しとの疑問で、これは第十二疑問と同じように第十一疑問中の、実に法として発心するという如きもの有ること無しとの疑問からくる。

第十五断疑　諸佛は諸法を見ざるやの疑問。これは第十四疑問中の、菩薩は衆生の済度すべく、佛土の浄むべきものを見ずというよりきた疑問。

第十六断疑　前に衆生が心に住著があるを顛倒と説いた。今、福徳をいう。しかも、その福徳は心によるものであるから顚倒ではないかとの疑問で、第十五疑問中の、心顚倒に住するよりくる。

第十七断疑　無相ならば、なんぞ相好有らんとの疑問で、第三疑問中の、無相にして名を得るよりくる。

第十八断疑　如来無身ならば何を以て法を説くやの疑問で、第十疑問中の、法として説くべしというが如きもの無し、これを法を説くと名づくよりくる。

第十九断疑　無説無法ならば、いかんが修証あらんやとの疑問で、第十二、十三疑問中の、法として菩提を得るというもの無しよりくる。

第二十断疑　説くところは無記にして非因なるやの疑問で、第十九疑問よりくる。前に善法を修するにより菩提を得るといった。が佛の所説の法は無記法であり、菩提を得ることはできないのではないか。しかし、所説の法を佛は言説の相を離れるといった。この相を離れるが故によく菩提となるという。

第二十一断疑　平等なれば、いかんが衆生を済度せんやとの疑問。第十九疑問中の、諸法平等にして、高下無しよりくる。法界は平等にして、凡聖一如ならば、いかで済度すべき衆生有らん。故に佛は衆生を済度せずという。如来は、われ能く度し、衆生は度せられるとなさば、これは我・人などの四相に著することになる。この四相を離れたならば度するに非ずして度すといわれるのである。

第二十二断疑　相を以て真の佛を比知するやの疑問で、第十七疑問中の、如来は色身を以て見ることを得ずというよりくる。如来は三十二相を以て見ることはできない。法身の体はもとより声・色を離れないが、ただ、凡夫は聞見に随して邪道を行ずるから如来を見ることができないとする。

第二十三断疑　佛果は福相にかかわらないのではないかとの疑問で、第二十二疑問中の、相を以て佛を観ずべからずよりくる。

第二十四断疑　化身は福徳を受けるやの疑問で、第二十二疑問中の、福徳を受けずよりくる。

第二十五断疑　化身法身一異の疑問で、化身の去来すると、法身の無去来と、この不二の二の義を説く。この一異について一合相が説かれる。

第二十六断疑　真・化非一非異ならば、化身説法は福なきやの疑問で、第二十五疑問中からくる。

第二十七断疑　入寂すれば、いかんが法を説くを得んやとの疑問で、第二十六疑問中よりくる。佛は世間に常住して説法するという。然らばなにゆえ涅槃に入るというか。これに対して偈が示されて、如来の究竟は非常にして非無常の法なるが故に、能常にして能無常であり、このことは、終日涅槃で終日説法であることを示すものであるという。

しかし、この二十七問に対する断疑も、その内容を見る時、必ずしも二十七を数えるにおよばない。その内容を整理するなら、もっと簡略化され得るであろう。今、その整理の一つの例として、第一断疑（経は5）と第十七断疑（経は20・a—b）とは、如来の身相具足について、「如来は身相を以て見るべからず。如来の説く身相は身相に非ざればなり。諸相は相に非ずと見る時如来を見る」という点は両者とも全く同一である。

第三断疑（経は8）と第十七断疑（経は19）とは、「福徳を得ること多きや。福徳無きを以ての故に、如来は福徳を得ること多しと説く」は全く同一である。

第六断疑（経は10・b）と第十四断疑（経は17・g）とは、「佛土を荘厳すというは、即ち、荘厳に非ずと説けばなり。これを荘厳と名づくるなり」という点において全く同一である。

第七断疑（経は13・c）と第二十五断疑（経は30・a）とは、「微塵を、如来は微塵に非ずと説く。これを微塵と名づくるなり。如来は世界を世界に非ずと説く。これを世界と名づくるなり」とも全く同一である。

第八断疑（経は14・f）と第十八断疑（経は21・b）とは、「衆生とは、如来これを衆生に非ずと説けり。これを衆生と名づくるなり。」とも全く同一である。

このように同一の内容、同一の文が、この短い経典の各所に散見される。そして命題は常に「Aは非Aである、だからAである」という論理によって貫かれている。この立場は『大品般若経』四摂品第七八（大正蔵経八・三九七ページ中）の「佛、須菩提に告げたまわく、世諦の故に分別して果報有りと説く。第一義諦には非ず。第一義諦の中には因縁果報を説くべからざればなり。何を以ての故に。この第一義諦は実に相有ることなく分別有ることなく、また言説もなく、いわゆる色、乃至有漏・無漏法は不生不滅相、不垢不浄にして畢竟空無始空なるが故に」という世諦と第一義諦によって、よく理解することができる。したがって、非Aという時は第一義諦で、「だからAである」という時は世諦であると考えることができる。しかし、「だからAである」という立場が世諦であるから、「A

は非Aである」という第一義諦と同一であり、平等であって、それはすでに根本無分別智に到達したものと考えられている(3)。しかし、この『金剛般若経』が般若経の中の一経である点から、般若経が「空亦復空」といって一向遮遣性を立場とすることを考えるなら、非Aという無限否定の実践過程のあることに留意すべきであろう。世親(4)は『金剛般若論』の中で、「世尊よ、福聚は非聚なりと言うは、これ増益の辺を遮するなり。かの福聚の分別の自性は無きを以ての故に。もしまた説いて、この故に如来は福聚を説くというは、これ損減の辺を遮するなり。……須菩提よ、佛法、佛法とは、如来は非佛法なりと説くは、これ増益の辺を遮し、これを佛法と名づくとは、これ損減の辺を遮するなり」(5)といって、いずれの立場にも否定作用のあることを示している。続いて、論は「如来が非佛説なりと説くは、不共の義を顕示し、これを佛法と名づくとは相応の義を顕示す。何れかこれ相応なりや。もし、佛法にして、説くが如くに自性有らば、則ち如来は佛法と説かじ。説かずと雖も、また自ら知るを以ての故に、この故に、自性有ること無し。世諦のための故に、如来は佛法と名づくと説くなり。かくの如く、一切処に於て不共及び相応の義を顕示す」といい、さらに、世諦の故に、言説法身から福相至得法身の出生を説いて、「経に、世尊よ、この福聚なり、福聚なりと云うは、即ち非福聚なり、故に如来は福聚なりと説くと、及び須菩提よ、佛法なり、佛法なりとは、即ち非佛法なり、これを佛法と名づくとは、この福聚及び佛法を以て、如来の福相法身中に摂取して第一義を安立せんがための故なり。無為に随順して名を得るがために、三摩鉢底に相応することと及び散乱を折伏することとは、また顕了せざるなり」(6)といっているのである。

このようにして二十七種の断疑も、その内容から見れば、重複があり、それによって問題は整理せられ、第一周と第二周との最初に掲げられた総標としての「云何発心、応云何住、云何修行、云何降伏心の四提題、羅什訳からすれば、「応云何住、云何降伏其心」の二提題とそれに対する断疑が、二周にわたって展開しているのが『金剛般若経』であると見られよう。

(1) 唐、窺基撰『金剛般若経賛述』巻下、大正蔵経三三・一四四ページ中。
(2) 『金剛般若経賛述』巻下、大正蔵経三三・一四四ページ中。
(3) 『金剛般若経賛述』巻上、大正蔵経三三・一二七ページ中—下。
(4) 宇井伯寿著『大乗佛典の研究』一〇四・五ページ。
(5) 『金剛般若経論』および『金剛般若論』の著者については、宇井伯寿著『大乗佛典の研究』第二部を参照。
(6) 『金剛般若論』大正蔵経二五・七五八ページ下—七五九ページ上。
(7) 『金剛般若論』大正蔵経二五・七六一ページ中。

# 第六章　結

この金剛般若経は、おそらく現存する大乗経典の中で、最も古い部類に属するものの一つであろうと推定されている。

まずそれは、この経典にいまだ小乗に対する大乗という意識も明確でない点にうかがわれると考えられている(1)。小法を楽《ねが》う者（hīna-adhimuktikaiḥ sattvaiḥ. E. Conze : Vajracchedikā Prajñā-pāramitā. p.44）あるいは、菩薩の誓いをなさない者（abodhisattva-pratijñaiḥ sattvaiḥ. E. Conze : ibid. p.44）を挙げて、この『金剛般若経』は、「如来が、この法門を大乗に発（趣）する者のために説き、最上乗に発趣する者のために説く」（羅什訳15・b）といって、彼此を対比して、菩薩が如来の菩提を荷担すべきことを勧めている。このように、「大乗に発趣し、最上乗に発趣する」ことをいっているが、それは菩提流支と義浄の訳本が羅什本と同じであるだけで、真諦、笈多、玄奘などの諸訳本は、いずれも大乗とはいわないで、無上乗、無等乗、あるいは勝乗、最勝乗、ないし最上乗といっている。これを梵文に見るも ayaṃ ca Subhūte dharmaparyāyas Tathāgatena bhāṣito 'grayāna-saṃprasthitānāṃ sattvānāṃ arthāya śreṣṭhayāna-saṃprasthitānāṃ sattvānāṃ arthāya (ibid. p. 43) とあって、大乗という言葉はない。おそらく漢訳に大乗とあるのは意訳であろうか。もしそうだとすれば、大乗という語がいまだ明確に自覚される以前の形態だとも考えられよう。その点では、小品系般若経の原初的立場と対応するものと見ることができる。

かくの如く、この経は大乗という意識を充分に自覚しない大乗の原初的な形態を伝えているものとするなら、この経の総標としての問題提起――善男女が菩提心を発《おこ》して、いかに住し、いかに修行して、その心を降伏すべきか――も、その原初的な面影を伝えるものと考えられよう。いな、その問いそのものが大乗の出発点となったと考えられるのである。おそらく般若経の原初の中でも、そのような問いは、佛弟子達の間でかわされ、それをめぐっての展開が全般若経の展開であったと考えられる。したがって、ここでも、この経と原初の般若経とは同一線上にあったものと考えることができよう。

しかし、たとえば、次のような経典の言葉は、同一の問題をもち、同一の姿勢に立ちながら、すでに大乗の思想的発展を、かなり遂げたところの形態を示すものと見ることができよう。――「その時、文殊師利菩薩は、かのもろもろの比丘の菩提心を建立し終って、その眷属とともに、しばらく南方に遊び、覚城の東にいたり、荘厳幢娑羅林のうちの大塔廟の処、過去の諸佛の遊止せられし処に住す。また、これ過去の諸佛の菩薩たりし時、苦行を修せられし処なり。……その時、文殊師利、象王の回《めぐ》るが如く善財童子を観じて、かくの如き言をなす。よいかな、よいかな。善男子よ、すなわち、よく阿耨多羅三藐三菩提の心を発《おこ》し、善知識を求め、善知識に親近し、菩薩の行を問い、菩薩の道を求めんとす。……善男子よ、まさに善知識を求め、親近し、恭敬し、一心に供養してあきたることなく、菩薩の行を問うべし。いかんが菩薩の道を修習し、いかんが菩薩の行を満足し、いかんが菩薩の行を清浄にし、いかんが菩薩の行を究竟し、いかんが菩薩の行を出生し、いかんが菩薩の道を正念し、いかんが菩薩の境界道を縁じ、いかんが菩薩の道を増広し、いかんが菩薩の普賢行を具するやと」(2)。

この文は、経自身が語るように、すでに菩提心を建立し終って、さらに多彩な菩薩道の実践を問題としている。今、これと対比する時、この『金剛般若経』はかなり古い形態をもったものと推定されるのである。

次に空という文字が一度も用いられていないのは、般若部の経典としては奇異にさえも感ぜられる。おそらく空を説く圏外にあって成立したものとも思えるともいわれている(3)。が、それは、また空という術語の確立していない時代に成立したものだからであるともいわれている(4)。おそらく、空という術語が確立していない時代というのは、——空が、いわば、形而上学的概念として、すべてのものの真実なる存在成立の根拠として自覚されてきたのは、少なくとも、大乗佛教が興起してからいかほどかの歳月を経てからのことに属するという意味であろう。しかし、この経が空を説く圏外にあって成立したものではない。なんとなれば、般若経の中で空が頻りに説かれてくるのは、大品系般若で、小品系般若、ことに原初においては説かれない。そして原初形態から発展形態に移行したと考えられる小品系般若において見られる空も、空無法として、いわば坐禅の観法としてで、形而上学的な概念としての空は大品系般若から自覚されてくる。しかし、これらは多くの論証を伴うもので、今、ここでは到底、それを試みるゆとりがない。したがって、他の機会に譲らなければならない。

このようにして、『金剛般若経』は善男子善女人が菩薩として発心するに際し、「云何発心、云何応住、云何修行、云何降心」などが問題として提起され、——世親の『七門義釈』や七十七偈などによるならば、——その所行の住処（第三義）が二十七種の疑問とその断疑の中で明らかにされ、邪行を対治（第四義）し、増益と損減の二辺を離れ（第五義）、信行地と浄心地と如来地との三地（第六義）

の中で、はじめて菩薩として発心する者に、信行と浄心との欲願と、それの如来による摂取とが要請されるのである。

だから、『註解』にも、「それ如来の説法は、かならず衆生をして菩提心を発《おこ》さしむ。修行、理に契うが故に、如来の説く所を聞いて、まさに、かくの如く知見し信解して法の相を生ぜざるべし。法の相を生ぜずというは、法に於て取著せざるなり。法もと相を離る。如来は性《しょう》にかなって説く。故に、即ち、法の相に非ず、これを法の相と名づくと。この一段の文は、証釈すと雖も、法の執を離る。亦これ降・住の正行を総結するなり。経によらば、初めに善現は、もし人ありて無上菩提心を発す者あらば、まさにいかんが住し、いかんがその心を降伏すべきやと請問す。如来答えて言いたもう、――まさに、かくの如く住し、かくの如くその心を降伏すべしと。故に今、結んで云う――菩提心を発す者は、一切の法に於て、かくの如く知見し信解すべしと。これ、かくの如き住を結ぶなり。法の相を生ぜずとは、これ、妄心を降伏するを結ぶなり」といっている。さらに、「このように、この経を説くものは化佛であり、その説を受持するものは弘経の人である。経に「如の如く」と説くのは法身の理をいうのである。化身はすでに法身であるから無来無去にして動じない。しかるに、この如来が涅槃に入るのは、凡そすべての有為法は世間生滅の法であり、佛は人中に生じて生滅を同じうすることを示すからである。また有為無常の法に属するのではあるが、無常の法は虚仮にして実ならざるもの故、経に夢・幻・泡・影・露・電の六種の喩えをなす。そして、かくの如く観ずるのは般若の妙智であり、この妙智によって有為法は夢幻等の如しと観ずるのである」といっている(5)。

このようにして、われわれはこの経が、まさに菩薩として菩提の心を発さんとするものを対象にして、上に挙げたような、すでに菩提の心を建立し終って、さらに新しい菩薩を対象にしているものではないことを知り得る。しかも、それは施・戒成満の福徳への欲願と如来による摂取とを内実とする初発心の菩薩を対象とするものなである。

かくてわれわれは、この『金剛般若経』の終結と、『大品般若経』の終結とを対比する意味で、その如化品第八七の文を挙げることにする。二つの経典は、その姿勢において全く相等しいことを知るのであるが、大品がこの新発意の菩薩だけを対象にしているものでないことはいうまでもない。大品と小品との一致の部分において対象とするところのものは、善男子善女人──→新発意菩薩──→久発意菩薩──→不退転菩薩であった(6)。したがって、大品独自の次の文からは、反転して新発意菩薩の立場に帰ったことになる。経には(7)、

「須菩提、佛に白して言う。世尊よ、もし諸法が平等にして為作するところなければ、いかんが菩薩摩訶薩は般若波羅蜜を行じ、平等法の中に於て動ぜずして、しかも菩薩事を行じ、布施・愛語・利益・同事を以てせんや(中略)。

須菩提言う。世尊よ、何等の法を変化《へんげ》に非ずとなすや。

佛言わく、もし法にして、生無く滅無ければ、これ変化に非ず。

須菩提言う。何等をこれ不生不滅とし、変化に非ずとなすや。

佛言わく、誑相無き涅槃、この法は変化に非ず。

世尊よ、佛の自ら説きたもう如き諸法平等は、声聞の作に非ず、辟支佛の作に非ず、もろもろの菩薩摩訶薩の作に非ず、もろもろの佛の作に非ず、有佛にも無佛にも諸法の性、常に空にして、性

空即ちこれ涅槃なり。いかんが涅槃の一法を化の如きに非ずと言うや。

佛、須菩提に告げたまわく、かくの如し、かくの如し。諸法の平等は声聞の所作に非ず、乃至性空は即ちこれ涅槃なり。もし新発意の菩薩、この一切法皆畢竟じて性空なり。乃至涅槃も亦皆化の如しと聞かば、心則ち驚怖せん。この新発意の菩薩のための故に、分別して生滅は化の如しとし、不生不滅は化の如くならずとす。

須菩提、佛に白して言わく、世尊よ、いかんが新発意の菩薩を教えて、性空なることを知らしめんや。

佛、須菩提に告げたまわく、諸法本《もと》有りて今無きや」と。

大品系般若はこの「諸法本有今無」の一問をもって結び、次の常啼品に移っている。ここに挙げた文は、七喩品第八五に、夢・鏡中像・響・焔・犍闥婆城・幻師・化人の七喩を説き、続いて平等品第八五において、この七喩は不実虚妄で垢も浄もない。そのように、実なる無所有法中にも垢浄はない、いわゆる諸法平等である。だから、佛が菩提を得るというのも世諦の故に説くので、第一義諦によるものではない。なんとなれば、有為法を離れて無為法は得られず、無為法を離れて有為法は得られない。この有為性・無為性の二法は合せず散ぜず、一相いわゆる無相であり、佛はこれを世諦をもって説くので、第一義諦によるものではない。第一義の中には、また身行も口行も意行もないが、また身口意の行を離れずして第一義を得るのである。かくて、このもろもろの有為法・無為法の平等相、これが第一義であって、菩薩は般若を行ずる時、この第一義の中に動ぜずして、しかも菩薩事を行じ、衆生を饒益《にょうやく》すといって、上に挙げた如化品第八七に移っている。

われわれは、これによって、大品系の般若と金剛般若とが相等しい立場に立つものであることを知り得る。しかし、大品系が「菩薩を教えて性空なることを知らしめん」というように、空が根拠づけとして自覚されていったのを看取することができよう。玄奘の『大般若経』になれば、「諸法等平等之性皆本性空」といい、さらに「いかんが新学菩薩に、諸法の自性常空を知らしめんや。佛、須菩提に告げたまわく、あに一切法先有後無にして、しかも常空ならずや。然れども、一切法は先に既に非有にして後亦非無なり。自性常空にして、驚怖すべからず。まさにかくの如く、方便善巧もて新学菩薩を教誡教授し、諸法の自性常空を知らしむべし」(8)といって、空が根拠としての空の自覚として、より深化していることを知るのである。

(1) 中村元、紀野一義訳註『般若心経・金剛般若経』一九五ページ。
(2) 佛駄跋陀羅訳『六十華厳』入法界品第三四之二および三。大正蔵経九・六七八ページ下―六八九ページ中。
(3) 宇井伯寿著『大乗佛典の研究』九五ページ。
(4) 中村元、紀野一義訳註『般若心経・金剛般若経』一九五、一九六ページ。
(5) 明、宗泐・如玘同註『金剛般若波羅蜜経註解』大正蔵経三三・二三八ページ上―中。
(6) 拙著『原始般若経の研究』第四編、第三章「比較対照の可能」および第五編、第三章「原始般若経と発展体系」の項参照。
(7) 羅什訳『大品般若経』如化品第八七、大正蔵経八・四一五ページ中―四一六ページ上。
(8) 玄奘訳『大般若経』巻第四七八、大正蔵経七・四二六ページ上。

# 本論

# 第一編　序　分

# 序　文

## 金剛般若波羅蜜経

姚秦　天竺三蔵　鳩摩羅什訳

### 第一　法会因由分

如レ是我聞。一時、佛在二舎衛國祇樹給孤獨園一、與二大比丘衆千二百五十人一倶。

爾時、世尊、食時著レ衣、持レ鉢、入二舎衛大城一、乞レ食、於二其城中一、次第乞已、還二至本處一、飯レ食訖、收二衣鉢一、洗レ足已、敷レ座而坐。

金剛般若波羅蜜経

姚秦《ようしん》の天竺三蔵　鳩摩羅什訳す

是の如くわれ聞けり。一時《あるとき》、佛、舎衛《しゃえ》国の祇《ぎ》樹給孤《じゅきっこ》独園《どくおん》に在《い》まして、大比丘衆千二百五十人とともなり。

その時、世尊は食時に衣を著け、鉢を持って、舎衛大城に入り、食を乞い、その城中に於て次第に乞い已って、還って、本処に至り、飯《はん》を食し訖《おわ》って、衣鉢を収め、足を洗い已り、座を敷きて坐したまいき。

《金剛般若波羅蜜経》　経名については、この他に金剛能断般若波羅蜜経または能断金剛般若波羅蜜多経とするものがある。梵名は Vajracchedikā-prajñāpāramitā であるから、能断は-chedikā の訳である。それで、金剛が能く断ずるという意味である。勿論、金剛というのは譬喩で、金剛杵を意味するという解釈や、その他多くの解釈があるが、今、この場合、一般的には金剛石と解されている。そして、金剛石は堅牢な性質をもっている所から、他のすべてのものを摧破してゆく性質をとって金剛能断 (Vajracchedikā) としたものであろう。すでに金剛にこの意味がある所から、ただ金剛とだけいっても差し支えはない。それで、羅什訳に従って、菩提流支も真諦も金剛般若波羅蜜といったのであろう。しかし、笈多訳は直訳であるから、金剛能断般若波羅蜜としたのである。金剛能断にしても、能断金剛にしても、いずれにしても、能断としての金剛石という意味で、この金剛を般若波羅蜜に譬え、般若波羅蜜がすべての煩悩を能く断ずるものであるという所から、能断としての金剛たる般若波羅蜜というのが経名の意味するものと考えられる。《姚秦》　後秦ともいい、姚萇《ちょう》が前秦王符堅を亡ぼして建てた国（三八四—四一七）で、羅什は二代目の姚興に招かれて、都の長安に入り（四〇一）、翻訳に従事した。《天竺三蔵》　異本には三蔵法師ともなっている。天竺はインドのこと、三蔵とは経・律・論の三つを指し、この三蔵に通じた僧のことをいう。《鳩摩羅什》　Kumārajiva の音訳で、今の中央アジアの亀兹国の生まれである。父はインド人で、母は亀兹国の王妹であった。七歳で出家し、九歳の時、母に伴われてインドの罽賓に至り、国王の従弟の槃頭達多を師として学び、ついに、雑蔵・中阿含・長阿含を受けた。後、沙勒国で阿毗曇、六足諸論及び増一阿含を学び、亀兹に帰っては四韋陀、五明諸論などの外典を学び、佛陀耶舎に十誦律、卑摩羅叉に律、須利耶蘇摩に大乗を学んだ。そしてその名声は中国にも及んだ。前秦王符堅はその将呂光を遣わして、羅什を迎えようとしたが、呂光は帰途、姑蔵で符堅の滅亡を聞き、自立した。したがって羅什もここに止まったが、ついに姚興に迎えられ、弘始三年（四〇一）五十二歳で長安に入り、国師の礼をもって遇せられ、西明閣逍遙園で訳経に従い、また長安大寺で講説した。羅什によって、中国の佛教は一新時期を迎えることとなる。《如是我聞……与大比丘衆千二百五十人倶》　普通、通序とし、《爾時世尊……敷座而坐》を別序としている。

《佛》 羅什本だけが佛とし、他の流支本、真諦本、笈多本、義浄本などは佛婆伽婆、あるいは単に婆伽梵とする。梵語は Bhagavat で世尊と訳されるが、一般に、弟子が師に対して呼びかける場合、この言葉が使われる。《舎衛国》 室羅伐悉底、尸羅跋提、舎婆提などに訳し、舎衛は Śrāvastī (Sāvatthi) の音訳で、現在の Gonda 州にあり、佛陀の外護者である波《は》斯匿《しのく》王 (Prasenajit, Pasenadi) の居住地で、憍薩羅 (Kosala) 国の首都であった。《祇樹給孤独園》 Jetavanānātha-piṇḍadasya-ārāma の訳で祇樹は Jeta-vana で Jeta は祇陀、祇多などと訳され、波斯匿王の太子 Jetṛ (戦勝者) のことで、vana は森、林苑のことであるから園とも訳される。したがって祇樹はまた祇園とも訳される。Anāthapiṇḍada (Anāthapiṇḍika) は孤独者に食を給する者 (中阿含巻第六、大正蔵経一・四六〇ページ下) という意味で、舎衛城の長者、須達多 (Sudatta) の異名である。須達多が佛陀に帰依して、奉献する精舎の敷地を求めて、Jetṛ 太子の林苑に候補地を見出だし、太子に乞うたが、太子は初め難色を示し、ついに、その地に金を敷いたならと戯れをいった。須達多は太子に二言なかるべしとして、地に金を敷いて、これを買い求め、須達多はこれを、太子は樹を共に佛陀に寄進したという。ārāma は園、林苑のことであるから、祇樹給孤独園、あるいは、略して祇園という。そして、そこに建てられた精舎を祇園精舎といっている。《比丘》 bhikṣu 男子の二十歳以上にして出家し、戒を受けた者をいう。三衣一鉢を持して、乞食して自活し、寂静処に住し、少欲知足にして精進して道を修し、涅槃を得んことを期した。《梵文》 梵文原典には大比丘衆に続いて、多くの菩薩、摩訶薩 (sambahulaiś ca bodhisattvair mahāsattvaiḥ) を加えてあるが、ただ義浄訳がそうなっているだけで、他訳にはないし、流通分にもないから、漢訳によるがよい。

## 1

わたしは、この経を次のように聞いた。

ある時、師は、シュラーヴァスティー市のジェータ林に於ける孤独な人々に食を給する長者の園に、一、二五〇人もの多くの比丘たちと共に滞在しておられた。

さて師は、午前に、下衣をつけ、上衣と鉢とを取って、シュラーヴァスティー大市内に、乞食のために入られた。そして、シュラーヴァスティー大市内を乞食のため歩かれ、食事を終えられた。終ると行乞《ぎょうこつ》から帰られ、鉢と上衣を片づけて、両足を洗い、設けられた座に両足を組んで結跏趺坐《けっかふざ》し、体をまっすぐにして精神を集中して坐られた。その時、多くの比丘たちは、師のおられる所に近づき、師の両足を頭に頂き、師のまわりを右まわりに三度まわって、かたわらに坐った。

今、佛の日常を語るものとして、次のような経典がある。中阿含巻第四一の梵摩経（M N. 91, Brahmāyu-sutta. 支謙訳、梵摩喩経）によれば、佛が毘提訶（Videha）国を次第遊行して、弥薩羅（Mithilā）にゆき、大天㮈林（Makhādevamba-vana）におられた時、梵摩婆羅門（Brahmāyu）に優多羅（Uttara）という弟子があった。師は優多羅に告げていう――汝、沙門ゴータマの所にゆけ。ゆきてかの尊者ゴータマに名声の揚がれるやいなや、またかの尊者ゴータマはかくの如き人なるやいなやを知れ。それによって、われらはかの尊者ゴータマを知り得るであろうと。かくて青年はゴータマ佛陀の日常を観察して、ついに佛の弟子となったと説かれているが、この経によると、ゴータマ佛陀は、朝、まず衣を着し、着し終って房を出で、房を出てから園に、園を出て村に入り、村から巷《ちまた》にあって家に入り、入り終って床を正し、ついで坐し、手をそそぎ、終って飲食を受け、食し終って手をそそぎ、呪願して坐より立ち、家を出で、巷にあって村を出で、園に入り、房に入る。その衣を着するに、等しく整えて高からず低からず、風がその体より衣を離すこと能わず。衣を用いるは財物のためでも、飾り荘厳するためでもなく、ただ、蚊風日の触れる所を覆うがため、慚愧してその身を覆うためである。房を出るや、身は低仰せず、園の出入、村間の往還にも、身を低めず、右旋して観察すること竜の如く遍く観じて、驚かず。家に入る時、身を低めず、身をめぐらして右旋し、床を正しくして坐す。澡水を受くる時も、飲食を受くる時も、高からず低からず、多からず少なからず、身を存し、久しく住して恚《うれい》なからんと欲し、快楽《けらく》にして飲食すでに終らば、手を洗い浄め、鉢を洗拭し終って一面に安著す。かくて諸の居士のために法を説き、歓喜せしめ、退きて還る。家を出づる時も、身を低めず、街巷にあっても低視せず仰視せず、ただ直正に視る。村を出で園を出づるも低仰せず、房に入って坐す。晡時に、坐より起って、衆に随いて法を説き歓喜せしむ。ゴータマ佛陀の像、かくの如く、その殊勝はこれ以上であると。ついにその師梵摩バラモンの許しを得て佛に帰依するに至ったという。以上は経典に見える佛の一日を知る資料の一端である。

# 第二編　正　宗　分

# 総標

## 第二　善現起請分

時長老須菩提、在二大衆中一。卽從レ座起、偏祖二右肩一、右膝著レ地、合掌恭敬而白レ佛言、希有。世尊、如來善護二念諸菩薩一、善付二囑諸菩薩一。世尊、善男子善女人發二阿耨多羅三藐三菩提心一、應二云何住一、云何降二伏其心一。

佛言、善哉、善哉。須菩提、如二汝所說一、如來善護二念諸菩薩一、善付二囑諸菩薩一。汝今諦聽。當二爲レ汝說一。善男子善女人發二阿耨多羅三藐三菩提心一、應下如レ是住、如レ是降中伏其心上。

唯、然。世尊、願樂欲レ聞。

時に長老の須菩提《しゅぼだい》は、大衆の中に在り。即ち、座より起って、偏《ひと》えに右の肩を袒《はだぬ》ぎ、右の膝を地に著け、合掌恭敬《くぎょう》して、佛に白《もう》して言う。希有《けう》なり。世尊よ、如来は、よく、もろもろの菩薩《ぼさつ》を護念し、よく、もろもろの菩薩《ぼさつ》に付嘱したまう。世尊よ、善男子《なんし》善女人《にょにん》、阿耨多羅三藐三菩提《あのくたらさんみゃくさんぼだい》の心を発《おこ》さんに、まさに、いかに住すべく、いかにその心を降伏《ごうぶく》すべきや。

佛言いたもう。よいかな、よいかな。須菩提よ、汝の説く所の如く、如来は、よく、もろもろの菩薩を護念し、よく、もろもろの菩薩に付嘱す。汝、今、諦《あきら》かに聴《き》け。まさに、汝のために説くべし。善男子善女人、阿耨多羅三藐三菩提の心を発さんには、まさに、かくの如く住し、かくの如く、その心を降伏すべし。

唯《いい》、然り。世尊よ、願楽《ねがわ》くは聴かんと欲す。

《長老》梵語は āyuṣmat でこの語は、長寿の、健康の、という意味で、呼びかけの敬語として用いられる。長老の他に、具寿、命者、慧命、浄命、長者、大徳、尊者などと訳される。流支、真諦、笈多、玄奘、義浄はそれぞれ、慧命、浄命、命者、具寿と訳している。《須菩提》Subhūti の音訳で、善現、善吉、善実、善業、妙生などと意訳される。佛の十大弟子の中で、無諍三昧に住する第一人者であるといわれる。《如来》tathāgata の訳。佛の尊称で、十号の一。如実に来至した者の意味であるが、tathā＋āgata とすれば如実に来至した者となり、tathā＋gata とすれば如実に去りし者となるなど諸説がある。さらに、この語は tathya-āgata あるいは tathya－gata からきたものであろうといわれる。インドでは一般に宗教家に対する呼び名であったが、佛教では佛に対する呼び名となった。《菩薩》bodhisattva の訳。薩埵とも音訳している。「悟り」「道」を求める者をいう。《善男子善女人》kula-putra, kula-duhitṛ の訳。kula は家族とか種族、特に良家の意味で、kula-putra は良家の息子、kula-duhitṛ は良家の娘のことである。また族姓子、族姓女とも訳さる。この善男女が菩薩乗に発趣するとするのは、羅什訳、真諦訳及び梵本であり、流支訳、笈多訳、玄奘訳及び義浄訳は善男女の言葉はなく、菩薩が大乗中で菩提心を起こしてとなっている。しかし、いずれの訳本も経の中では、善男善女を対象にしているから、もともとは善男善女が菩薩乗に発趣するという羅什訳が原意に副うたものと考えられる。《阿耨多羅三藐三菩提》無上正等覚、無上正遍知などと訳す。

## 2

その時、長老の須菩提は大衆の中にあって坐っていたが、その座から起ちあがって、上衣を一方の肩にだけつけ、右の膝を地につけ、師のおられる方に向かって、うやうやしく合掌して、次のようにいった。——有難いことです。師よ、如来によって、もろもろの菩薩が、この上ない恩恵に包まれ（anuparigṛhītāḥ parameṇa anugraheṇa）、またこの上ない付托に力づけられていることは（yāvad eva……parīnditāḥ paramayā parīndanayā）誠に有難いことです。ところで、師よ、善男女が阿耨多羅三藐三菩提の心を起こすのに、どのように住し、どのように心を降伏したらよいのですか。

このように須菩提が問うた時、佛は次のようにいわれた。全く、全く、須菩提よ、あなたのいうとおりだ。如来はもろもろの菩薩をこの上もない恵みで摂受し、またこの上ない付托で力づけしている。だから、須菩提よ、よく聞くがよい。今、あなたに説くであろう。善男女が阿耨多羅三藐三菩提の心を起こすのには、どのように住したらよいか、またどのように心を降伏したらよいかを。

須菩提はいった。はい、そうして下さい。師よ、どうぞお聞かせ下さい。

ここに須菩提が大衆の代表として立って、問題の提起があり、この経がそれによって展開してゆくので、ここはその総標とも見るべき箇所である。問題提起者として、大衆の代表となる背景には、次のような、歴史的事情が経典の中に散在する。今その二、三を摘出すれば、パーリ中阿含巻第三のAraṇavibhaṅga-sutta（二三七ページ。南伝大蔵経第一一巻下、中部経典四、無諍分別経、三三一ページ）には、「比丘よ、有諍法、無諍法を知って、無諍法を修すべし、善男子須菩提は実に無諍法を行ず」といい、中阿含巻第四三拘楼瘦無諍経（大正蔵経一・七〇三ページ下）には「汝らまさに、諍法及び無諍法を知り已って、諍法を棄捨し、無諍法を修習すべし。汝らまさに、学すべし。かくの如く、須菩提族姓子は無諍法を以て、法を知ること如法なり」という。また増一阿含巻第二八（大正蔵経二・七〇七ページ下―七〇八ページ上）には、須菩提がたまたま耆闍崛山中にあって、衣を縫っていた。立って佛を迎えんとしたが、その時思うに、如来の形とは何ぞ。これ眼・耳・鼻・口・意であるか、またこれ地・水・火・風種であるか、一切諸法は皆悉く空寂にして、造なく作なし。世尊所説の偈の如くである。――「もし佛を礼せんと欲すれば、もろもろの最勝尊と陰持入の諸種を、皆悉く無常と観ず。過去佛と当来及び現在の佛の如きも、これ皆悉く無常である。もし佛を礼せんと欲すれば、過去、当来及び現在の中に於て、まさに空法を観ずべきを説く。もし佛を礼せんと欲すれば、過去、当来、現在及び諸佛に於て、まさに無我を計すべし」と、このうちに我無く、命無く、人無く、造作無く、また形容として教有り授有るというもの無し。諸法は皆悉く空寂である。何者かこれ我なるや。我なるもの無し。われ今、真法の聚に帰依せんと。その時、尊者須菩提は、還って、坐して衣を縫うといい、続いて、その時、世尊はかの比丘尼に偈を説く――「善業、以てまず礼す。最初にして過ぐる者無し。空無解脱門、これはこれ佛を礼するの義なり。もし佛を礼せんと欲すれば、当来及び過去、まさに空無法を観ずべし。これを佛を礼するの義と名づく」といっている。また増一阿含巻第六（大正蔵経二・五七五ページ下）によると、「その時、釈提桓因、須菩提に云う。――いかんが善業の抱くところの患苦に増損あるや。今、この身の病は何より生ずるや。身よりの生なるか、意よりの生なるかと。その時、須菩提は釈提桓因に云う。――よいかな。法に法は自《おのず》から生じ、法に法は自から滅す。法に法は相動じ、法に法は自から息む。毒薬あれば、毒を害する薬あり。黒法には白法を以て治し、白法には黒法を以て治す。貪欲の病の者には不浄を以て治し、瞋恚の病の者には慈心を以て治し、愚癡の病の者には智慧を以て治す。かくの如く、一切所有は、皆、空に帰して、我無く、人無く、寿無く、命無く、士無く、夫無し。形無く、像無く、男無く、女無し。風の大樹を壊って枝葉凋落し、雪雹が苗を破り、華果は初め茂るも自から萎むが如く、かくの如く、法に法は相乱れ、法に法は自から定まる。われ、もと患うところの疼痛苦悩は、今日すでに除いて、また患苦無しと。この時、釈提桓因は、われもまた、憂苦ありしが、今この法を聞き、また愁憂あること無し。衆事みだりに多し。天上に還らんと欲す、といっている。同じく増一阿含巻第三（大正蔵経二・五五八ページ上）には、喜んで好衣を着、本清浄を行ずるものは、所謂須菩提比丘これなりといい、さらに（大正蔵経二・五五八ページ中）、常に空定をたのしみて、空の義を分別するものは、所謂須菩提比丘これなり、志、空寂微妙の徳業にあるものも、またこれ、須菩提比丘なり、といっている。

次に「阿耨多羅三藐三菩提の心を発す」という言葉は、羅什訳、流支訳、真諦訳にはあるが、笈多訳、玄奘訳、義浄訳及び梵本にはなく、「菩薩乗に発趣す」となっている。今、梵文を見ると、

tat kathaṃ Bhagavan bodhisattvayāna-saṃprasthitena kulaputreṇa vā kuladuhitrā vā sthātavyaṃ kathaṃ pratipattavyaṃ kathaṃ cittaṃ pragrahītavyaṃ, とあって、菩薩乗に発趣した善男女 (bodhisattvayāna-saṃprasthitena kulaputreṇa vā kuladuhitrā vā) は、どのように住し (sthātavyam)、修行し (pratipattavyam)、心を抑制すべき (pragrahītavyam) かを問うている。そして「阿耨多羅三藐三菩提の心を発す」という語はない。しかし、この語は、例えば、経の14・eには、「この故に、須菩提よ、菩薩はまさに一切の相を離れて、阿耨多羅三藐三菩提の心を発すべきなり」(anuttarāyāṃ samyaksambodhau cittam utpādayitavyam) とあり、その他各所に説かれているから、羅什本にはこの語があったか、あるいは当然あるべきものとして、つけ加えられたものかいずれかであろう。

さて、この阿耨多羅三藐三菩提の心を善男女にして発さんにはというのは、これ、まさしく問いを発するなりと吉蔵はいい、ついで、もし羅什法師の翻経に依らば、ただ三問のみなるべし。一に菩提心を問い、二にいかんが住すべきを問い、三に降伏を問う。ただし、この三問を解するに、衆師同じからず。第一師は云う。問い三ありと雖も、願と行とを出でず。菩提心の一問は、即ちこれ願を問うなり。降伏、住の二問は、即ちこれ行を問うなり。菩薩の道は願行の二門を出でず。行、行に渉るを以て義となし、願、要期を以て旨となす。行もし願なければ、行は、則ち御する所なく、願もし行なければ、願は則ち果さず。それは鳥の二翼、車の両輪の如し。故に行は事に即して行に渉るを以て、願は懸求未だ得ざるを以て、今、行願の義を明かす。実に所説の如し。もし、偏えに菩提心を以て願となさば、この事然らず。今、正道心を発するを以て菩提心と名づく。あに空しくその願有りて行なきを得んや。

また有師の云く、まさに三問あるべし。一に菩提心を問うは、即ち平等空を問い、二にいかんが住を問うは実法空を問い、三にいかんが降伏を問うは仮名空を問うなりと。然れども観門の次第はまさに浅より深に至るべし。今は乃ち深より浅に至る。この問いを説くは、これ行門に非ず。問いは唯、その深を慕うのみ、前に深を問うなり。今、いわく、これもまた然らず。三空は乃ち大小に通貫す。今、正しく菩薩の行を弁ず。またかつ問いには三空の辞なし。佛の答にも三空の意なし。初答は乃ち菩薩の広大心を成じて遍ねく衆生を度して度せざるなきを明かし、ただ仮名空のみを明かすをいうに非ず。もし、ただ仮名空のみを明かさば、即ちまさにただ無衆生もまた無度の義また無広大心の義を弁ずべし。今は乃ち大心にして無度、無度にして大心を明かす。これ乃ち無度の度の義、度の無度の義、二慧具足す。いかんが偏えにこれ仮名空ならん。

次に住問に答うるも、また実空に非ず。もしこれ実空ならば、まさに無有諸法、無有修行を明かすべし。今は乃ち一切法に於て無所依に住して檀等の万行を修するを明かす。あにこれ実空ならんや。今、論経に依らば、およそ四句問あり。一にいかんが菩提心を発すやを問い、二にいかんが住すべきやを問い、三にいかんが修行すべきやを問い、四にいかんが降伏すべきやを問う。この四問ある所以は、およそ菩薩は必ず菩提心を発すべしとなす。故に前に発心を問う。もし般若に依って発心せざれば、則ち顚倒に住して般若に住せず。今、般若に依って発心すれば、則ち般若に住して顚倒に住せず。故に次に修業を問う。無所得の行を修するを以ての故に、顚倒有得の心を析伏して起たしめず。故に次に降伏を問うなり、と吉蔵はいう（吉蔵『金剛般若疏』巻第二、大正蔵経三三・一〇〇ページ下―一〇一ページ上）。

吉蔵のいうとおり、羅什本は「阿耨多羅三藐三菩提の心を発さんには」と「住」と「降伏」との三問で「修行」を欠くことになる。しかし、この菩提の心を発すという語は、この経の後の展開を見る時、当然あるべきものとして、もし羅什がつけ加えたものとすれば、どのように住し、その心を降伏すべきかの二問となる。けれども、菩提の心を発すことが、この経の究極の目的であり、吉蔵の挙げるように「願」であることを考えれば、この発心の問いは総標とも見るべきものであり、その後の経の展開はいかに「行」ずるかである。

しかし、羅什訳のこの箇所は、

一、羅什訳は「善男女が阿耨多羅三藐三菩提の心を発さんに」とあり、

二、流支訳は、善男女の語はなく「菩薩が大乗中で阿耨多羅三藐三菩提の心を発して」とあり、
三、真諦訳は「善男女が阿耨多羅三藐三菩提の心を発して菩薩乗を行ずるには」とあり、
四、笈多訳は「いかんが菩薩乗に発行して住すべきや」とあり、
五、玄奘訳は「諸有の菩薩乗に発趣する者は」とあり、
六、義浄訳は「もし菩薩乗に発趣する者有らば」とあり、
七、梵本は、上に挙げたように「菩薩乗に発趣した善男女」(bodhisattvayāna-samprasthitena kulaputreṇa vā kuladuhitrā vā)となっていて、

諸訳の間に異動が見られる。しかし、菩薩乗といって善男女の語のないのは、この経が広く善男女を対象として、それが菩薩乗に発趣することを目的としていることを考えれば、羅什訳のようにか、あるいは真諦訳、梵本のようにあることが、経の趣旨にそうものであろう。

このようにして、以上を経の趣旨からして要約すれば、総標としてのこの箇所は、「善男女にして菩薩乗に発趣して、阿耨多羅三藐三菩提の心を発《おこ》さんに、いかんが住すべきや」となるであろう。そこに願としての発心と、行としての住が問われていくのである。この経の姿勢から見れば、修行(pratipattavyam)も心の降伏(cittaṃ pragrahītavyam)も、住(sthātavyam)の内容に他ならないであろう。それはまた、『金剛般若論』の、特に第二発起行相と第三行所住地との見解に対応するものである。そして『金剛般若論』は第三行所住地として「欲住処」から「不住生死涅槃」「行位浄」に至るといっている。

今、煩わしくも、この金剛経と同類の『小品般若経』を見ることにしよう。それは「阿耨多羅三藐

三菩提の心を発さん」とする願と、それには菩薩が「いかにして般若波羅蜜に住すべきか」の行とを説くもので、まさしく金剛経と対応するものである。小品般若経の釈提桓因品第二は、

「その時、釈提桓因、須菩提に語って言く、ここにもろもろの無数の天衆皆共に衆会し、須菩提の般若波羅蜜の義を説くを聞かんと欲す。菩薩いかんが般若波羅蜜に住すべきや。須菩提、釈提桓因及び諸天衆に語る。憍尸迦よ、われ今、まさに佛の神力を承け、般若波羅蜜を説かん。もし諸天子の未だ阿耨多羅三藐三菩提の心を発さざる者は、今、まさに発すべし。もし人、すでに正位に入らば、則ち阿耨多羅三藐三菩提の心を発すに堪えず。何を以ての故に、すでに生死に於て障隔を作すが故に。この人にしてもし阿耨多羅三藐三菩提の心を発さば、われもまた随喜す。終にその功徳を断たじ」（大正蔵経八・五四〇ページ上）。

atha khalu Śakro devānām indra āyuṣmantaṃ Subhūtiṃ sthaviram etad avocat, imāny ārya Subhūte sambahulāni devaputra-sahasrāṇy asyāṃ parṣadi saṃnipatitāni saṃnisaṇṇāny āryasya Subhūter antikāt prajñāpāramitāṃ śrotu-kāmāni bodhisattvānāṃ mahāsattvānām upadeśam avavādānuśāsanīṃ ca, tat kathaṃ bodhisattvena mahāsattvena prajñāpāramitāyāṃ sthātavyaṃ kathaṃ śikṣitavyaṃ kathaṃ yogam āpattavyam.

sthaviraḥ Subhūtir āha, tena hi Kauśika upadekṣyāmi te buddhānubhāvena buddhatejasā buddhādhiṣṭhānena, yair deva-putrair anuttarāyāṃ samyaksambodhau cittaṃ notpāditaṃ tair utpādayitavyam.

ye tv avakrāntāḥ samyaktva-niyāmaṃ na te bhavyā anuttarāyāṃ samyaksambodhau cittam utpādayitum.

tat kasya hetoḥ, baddhasīmāno hi te saṃsāra-srotasaḥ, abhavyā hi te punaḥ-punaḥ saṃsaraṇāyānuttarāyāṃ samyaksambodhau cittam utpādayituṃ.

api tu khalu punas teṣāṃ apy anumode, sacet te 'py anuttarāyāṃ samyaksambodhau cittāny utpādayeran, nāhaṃ kuśalamūlasyāntarāyaṃ karomi. (Aṣṭasāhasrikā-prajñāpāramitā. ed. by U. Wogihara. Tokyo. 1933. pp. 130—132)

とあって、菩薩のために般若を説くにあたって、どのようにしてそれに菩薩が住し（sthātavyam）、修学し（śikṣitavyam）、相応すべき（yogam āpattavyam）かを問い、阿耨多羅三藐三菩提の心を発すべき（anuttarāyāṃ samyaksambodau cittam utpādayitavyam）ことを勧めている。勿論、ここにいかにして住し、修学し、相応すべきかの三つが挙げられているが、それは梵本と宋、施護訳の佛母般若（大正蔵経八・五九二ページ上）だけで、他の同類の経典は、玄奘訳でもその他のものでも、皆羅什訳と同じように「いかに住すべきか」だけを問うている。この小品般若に対応する羅什訳大品般若の天王品第二七には、一、いかんが般若波羅蜜に住すべきや、二、何らか般若波羅蜜なるや、三、いかんが般若波羅蜜を行ずべきやの三問になっているが、梵本写本では、

kathaṃ ca bhadanta Subhūte bodhisattvena mahāsattvena prajñāpāramitāyāṃ sthātavyam, kathamā ca bodhisattvasya mahāsattvasya prajñāpāramitā. (MS. no. 29. p. 148a.)

と二問だけになっているが、羅什訳にしてもこの梵本にしても、その後の説明は、すべて「いかに住すべきか」（sthātavyam）を中心として展開し、その中に、阿耨多羅三藐三菩提の心を発すべきこと

(anuttarāyāṃ samyaksambodhau cittam utpādayitavyam) が要請されている。そしてこれは大小品両系統とも同じである。

これらのことから、金剛般若も同じように、いかに住すべきかが主題であり、その住のうちに、菩提の心を発すことが要請されていたと考うべきであり、修行も降伏もこの住の内容の摘出であると見られよう。それは、『金剛般若論』が第三行所住処のうちに十八種住処と、第四対治のうちで二種の対治を説くのと一致するものであり、また、『金剛仙論』巻第二(大正蔵経二五・八〇四ページ中)にも、「世尊、いかんが菩薩、大乗中に於て阿耨菩提心を発し、乃至則ち菩薩と名づけず」のこの第三段の経は名づけて住分となす、というのに徴しても知られよう。

## 第三　大乗正宗分

佛告㆓須菩提㆒。諸菩薩摩訶薩應㆑如㆑是降㆓伏其心㆒。所有一切衆生之類、若卵生、若胎生、若濕生、若化生、若有色、若無色、若有想、若無想、我皆令㆘入㆓無餘涅槃㆒而滅㆗度之㆖。如㆑是滅㆓度無量無數無邊衆生㆒、實無㆘衆生得㆓滅度㆒者㆖。何以故。須菩提、若菩薩有㆓我相人相衆生相壽者相㆒。卽非㆓菩薩㆒。

佛、須菩提に告げたもう。もろもろの菩薩・摩訶薩は、まさに、かくの如く、その心を降伏すべし。あらゆる一切衆生《しゅじょう》の類《たぐい》、もしは卵生《らんしょう》、もしは胎生、もしは湿生、もしは化生《ししょう》、もしは有色《うしき》、もしは無色、もしは有《う》想《そう》、もしは無想、もしは非有想、もしは非無想なるもの、われ、皆、無余涅槃《むよねはん》に入れて、これを滅度《めつど》せしむ。かくの如く無量・無数《むしゅ》・無辺の衆生を滅度せしむれど、実には衆生の滅度を得る者無し。何を以ての故に。須菩提よ、もし菩薩に、我相・人相《にんそう》・衆生相・寿者相《じゅしゃそう》あらば、即ち、菩薩に非ざればなり。

《四生》　倶舎論第八に「いかんが卵生（aṇḍa-ja）なる、有情の類生ずるに卵殻よりす。これを卵生と名づく。鵝、孔雀、鸚鵡、雁などの如し。いかんが胎生（jarāyu-ja）なる、有情の類生ずるに胎蔵よりす。これを胎生と名づく。象、馬、牛、猪、羊、驢などの如し。いかんが湿生（saṃsveda-ja）なる、有情の類生ずるに湿気よりす。これを湿生と名づく。虫、飛蛾、蚊、蚰、蜒などの如し。いかんが化生（upapāduka）なる、有情の類生ずるに所託なし。これを化生と名づく。那落迦、天、中有などの如し（大正蔵経二九・四三ページ下―四四ページ上。また増一阿含巻一七、大正蔵経二・六三二ページ参照）。《有想》　空無辺処、識無辺処をいう。無想とは無所有処をいう。非有想非無想とは有頂の所摂をいうと（『金剛般若波羅蜜経破取著不壊仮名論』巻上、大正蔵経二五・八八七ページ下）。『註解』には、上に挙げた卵生、胎生、湿生、化生の四生を欲界に、有色を色界天に、無色を無色界天に、有想を識処天に、無想を無所有処天に、非有想非無想を非想非非想処天に配している（大正蔵経三三・二二九ページ上）。《無余涅槃》　涅槃（nirvāṇa）とは煩悩の束縛を解脱して再び迷いの生（輪廻）を受くべき業因を作らざるをいうが、現に涅槃を証して、さらに惑、業を作らなくても、過去の業因の結果としての身心（苦果）を有するか否かの区別があり、有余涅槃（sopadhiśeṣa-nirvāṇa）は涅槃に入って、まだ身心（余）を有する間をいい、無余涅槃（nirupadhiśeṣa-nirvāṇa）は寿命が尽きて、灰身《けしん》滅となり、再び生を受けることのないのをいう。この小乗佛教の考えに対して、総じて大乗佛教は、涅槃を真如実相と同義に解して本体あるいは実在と同視するに至った。そして自性清浄涅槃と無住所涅槃とを説く。前者は真如の理をいい、後者は悲あるが故に涅槃に住せず、智あるが故に生死に住せずと菩薩の佛教を説くに至った。この金剛般若経の本文（32・a）及び第二七断疑はこの間の消息を語っている。《我相・人相・衆生相・寿者相》　慈恩大師の『賛述』には、世親の「我とは総じて三世五蘊の差別を観ずるの執なり。過去の我、相続して現在に至りて断ぜずと見るを衆生相と名づけ、現在の命根不断に住すと見るを命者相と名づけ、命根断滅過去して後六道に生ずと見るを寿者相と名づく」を挙げ、命者相とは人相と名づくと釈している（大正蔵経三三・一三一ページ中）。『註解』もこれに基づいている（大正蔵経三三・二二九ページ中）。この四相をそれぞれ M. Welleser は Ergreifen eines Selbstes, Ergreifen eines Lebewesens, Ergreifen eines Lebenden, Ergreifen einer Person と訳し、また Begriff von Person というようにも訳している。(cf. M. Walleser : Die Vollkommenheit der Erkenntnis.)

## 3

佛は須菩提にこのように話し出された。

もろもろの菩薩摩・訶薩は、このように心を抑制しなければならない。

須菩提よ、およそあらゆる一切の生きとし生けるもの（yāvantaḥ Subhūte sattvāḥ (sattvadhātau) sattva-saṃgraheṇa saṃgṛhītā）例えば、鳥類のように卵から生まれたもの、牛馬のように母胎から生まれたもの、あるいは、虫や蚊のように湿気から生まれたもの、ないしは諸天のように託する所なく自ら生まれたもの（aṇḍa-jā vā jarāyu-jā vā saṃsveda-jā vaupapādukā vā）、以上のような四生や、また形のあるものや形のないもの（rūpiṇo vā-arūpiṇo vā）、さらに、表象作用のあるもの、表象作用のないもの、表象作用のあるのでもなくないのでもないもの（saṃjñino vā-asaṃjñino vā naiva saṃjñino na-asaṃjñino vā）、その他生きものの仲間として考えられる限りの生きとし生けるものを皆悩みのない永遠の平安の境地に導き入れなければならない。(yāvan kaścit sattvadhātau prajñapyamānaḥ prajñapyate te ca mayā sarve 'nupadhiṣeṣe nirvāṇa-dhātau parinirvāpayitavyāḥ)。しかし、このように、無数無辺の生きとし生けるものを永遠の安住に導き入れても、実は誰一人として導き入れられたものはない。

それはなぜかというと、須菩提よ、もし菩薩に、自我という想《おも》いを起こしたり、生きているものという想いや、個体という想いや、個人という想いを起こしたりするものは、もはや菩薩とはいわれない (na sa Subhūte bodhisattvo vaktavyo yasya-ātma-saṃjñā pravarteta sattva-saṃjñā vā jīva-saṃjñā vā pudgala-saṃjñā vā pravarteta)。(Nicht ist, Subhūti, als bodhisattva zu bezeichnen, bei wem der Begriff von Lebewesen wirksam ist, oder der Begriff von Lebenden oder der Begriff von Person(pudgala)wirksam ist. M. Walleser : op. cit., S. 141)。

一切衆生の類として卵生、胎生、湿生、化生の四生を最初に挙げている。これは註に述べたように、欲界、色界、無色界の三界のうちの欲界（欲望にとらわれた生存の世界）であり、ついで、有色を色界（勝れた物質のみの世界）、無色を無色界（物質の存在しない世界）として、以上を三界としてすべてを包摂する。これを三有とも呼んでいるが、欲望（kāma）の領域としての欲界から、勝れた物質（rūpa）の領域としての色界、さらに進んで物質のない（arūpa）世界を平安な涅槃の境地とされたことは原始佛教の時代にまで溯ることができる。そして有想を識無辺処（識が無辺であると観ずる境地）に、無想を無所有処（何もないことを観ずる境地）に、非有想非無想を非想非非想処（想いがあるでもなくないのでもない境地）とすることは、それぞれ禅定を修して、その異熟の果を天とする。いずれにしても、形のある世界としての色界から純粋精神の領域としての無色界へ、さらにそれから非想非非想処に至ることによって、永遠の平安としての涅槃（滅）への方向が示されている。

さて、このような一切の衆生を救おうとするものが菩薩として提示されるが、その菩薩については、『大毘婆沙論』巻第一七六には、「この薩埵（sattva）は未だ阿耨多羅三藐三菩提を得ざるの時、増上の意楽《いぎょう》を以て恒に菩提（bodhi）に随順し、菩提に趣向し、菩提に親近し、菩提を愛楽し、菩提を尊重し、菩提を渇仰し、証を求め、証を欲して懈らず息まず、菩提の中に於て心暫くも捨つることなきによる。この故に名づけて菩提薩埵となす。……また次に、薩埵はこれ勇猛者の義なり。未だ阿耨多羅三藐三菩提を得ざるの時、恒に菩提に於て精進勇猛にして速証を求欲す。この故に名づけて菩提薩埵となす」（大正蔵経二七・八八七ページ上―中）といい、また『大智度論』巻第四には、「阿毘曇の中に迦旃延尼子の弟子の輩の言く、――何をか菩薩と名づく。自ら覚り、またよく他を覚らしむ、これを菩薩と名づけ、必ずまさに佛となるべき、これを菩薩と名づく。菩提とは漏をつくせる人の智慧に名づく。この人は智慧より生じて、智慧の人に護られ、智慧の人に養わるるが故に、これを菩薩と名づく」と（大正蔵経二五・八六ページ下）。

また同じく『大智度論』巻第四に、「何等をか菩提と名づけ、何等をか薩埵と名づくるや。答えて曰く、菩提を諸佛の道と名づけ、薩埵を或は衆生、或は大心と名づく。この人はその心に、諸佛道の功徳を悉く得んと欲す。断ずべからず、破すべからざること金剛山の如し。これを大心と名づく」（大正蔵経二五・八六ページ上）といい、諸説を挙げて、

「問うて曰く、何にかぎって菩提薩埵と名づくるや。答えて曰く、大誓願あり、心動かすべからず、精進して退かず、この三事を以て、名づけて菩提薩埵となす」（大正蔵経二五・八六ページ中）といい、さらにまた、

「問うて曰く、何を以ての故に、未だ佛道を得ざるを名づけて菩薩となし、佛道を得たるを名づけて菩薩となさざるや。答えて曰く、未だ佛道を得ざれば、心愛著し、求めて阿耨多羅三藐三菩提を取

らんと欲す。これを以ての故に菩薩と名づく。すでに、佛道を成ずれば、さらに佛の種々の異なれる大なる功徳を得るが故に、さらに異名あり、名づけて佛となす。……声聞法の中の迦旃延尼子の弟子の輩、菩薩の相を説くの義かくの如し」（大正蔵経二五・九一ページ中―下）といっているから、菩薩の意味については、大小乗を通じて大同であることが知られる。なお、この龍樹の言は『大毘婆沙論』巻第一七六（大正蔵経二七・八八六ページ下―八八七ページ中）の文と対応する。

次に、摩訶薩（あるいは摩訶薩埵、mahāsattva）については、『大智度論』巻第五に、次のように説明している。――「問うて曰く、いかんが摩訶薩埵と名づくるや。答えて曰く、摩訶を大と名づけ、薩埵を衆生と名づけ、或は勇心と名づく。この人は心によく大事をなし、退かず還らず、大勇心の故に名づけて摩訶薩埵となす。また次に多くの衆生の中に大慈大悲を起こし、大乗を成立し、よく大道を行じ、最大の処を得るが故に摩訶薩埵と名づく。また次に大人の相を成就するが故に摩訶薩埵と名づく。……また次に、必ずよく法を説いて、一切衆生及び己身の大邪見、大愛慢、大我心などの諸煩悩を破するが故に、名づけて摩訶薩埵と名づく」（大正蔵経二五・九四ページ上）、といっているが、菩薩の意味内容の充実とその意識の昂揚の結果、摩訶薩ということがいわれるようになった。そして、今、経にその菩薩摩訶薩が一切の衆生を永遠の平安に導き入れることを説くのである。

吉蔵は衆生について、次のようにいっている。

「所有《あらゆる》一切衆生の類」というは衆生を総摂す。「もしくは卵生」の下は三句あり、別に衆生を摂す。第一句は一門を以て衆生を摂す。いわゆる一生門なり。第二は有色、無色の二門にて衆生を摂す。欲色両界を名づけて有色となし、無色の一界を名づけて無色となす。第三は三門を以て衆生を摂す。無想とは、即ちこれ色界第四禅中の無想天なり。非有想、非無想とは無色界最後天なり。有想の一句は上の二処を除いて三界に通ず。問う。何故六道を以て衆生を摂せざるや。答う。六道は中陰を摂せず、四生は、則ち一切摂なるが故なり、と。

さて、この一切衆生を悩みなき永遠の平安の境地に導き入れる菩薩摩訶薩は、この金剛経と最も深い関係のある『小品般若経』の初品第一に、次のようにいっている。——舎利弗、佛に白して言く、世尊、われもまた摩訶薩たる所以の義を楽説せん。佛言く、楽説せよ、すなわち説け。舎利弗、佛に白して言く、世尊、菩薩は我見、衆生見、寿者見、人見、有見、無見、断見、常見などを断ずるために説法をなす。これを摩訶薩の義と名づく（大正蔵経八・五三八ページ下）といい、これを梵文で見ると、単に摩訶薩だけでなく、菩薩摩訶薩の定義としている。すなわち、

atha khalu āyuṣmān Śāriputro Bhagavantam etad avocat, mamāpi Bhagavan pratibhāti yenārthena bodhisattvo mahāsattva ity ucyate.

Bhagavān āha, pratibhātu te Śāriputra yasyedānīṃ kālaṃ manyase.

āyuṣmān Śāriputra āha, mahatyā ātma-dṛṣṭyāḥ sattva-dṛṣṭyā jīva-dṛṣṭyāḥ pudgala-dṛṣṭyā bhava-dṛṣvā vibhava-dṛṣṭyā uccheda-dṛṣṭyāḥ śāsvata-dṛṣṭyāḥ svakāya-dṛṣṭyāḥ etāsām evam-ādyānāṃ dṛṣṭīnāṃ prahāṇāya dharmaṃ deśayiṣyantīti, tenārthena bodhisattvo mahāsattva ity ucyate. (Abhisamayālaṃkārālokā Prajñāpāramitāvyākhyā. ed. by U. Wogihara. p.80)

これによって菩薩摩訶薩は我見、衆生見、寿者見、人見などの諸見を断つものとされていることが判る。この小品般若の初品には、菩薩摩訶薩の定義が諸弟子によって紹介されている。それは真に、初

期大乗に於ける菩薩思想の抬頭にふさわしい情景を展開している。そしてそこでは、それ自身のうちに真実な智を追究して、色、受、想、行、識の五蘊に求め得ざることを出発点として、佛と弟子たちとの間に諸説が展開され、しかもそれは、おのれ自身の内心を核として螺旋状に拡大して一切衆生に及んでいった。この金剛経の我想、人想、衆生想、寿者想の否定も、小品般若と同じ姿勢に立っての初期大乗の発言である。『金剛仙論』巻第二には、「世尊いかんが菩薩は大乗中に於て阿耨菩提の心を発し、乃至則ち菩薩と名づけず」のこの第三段の経を住分と名づく、また我心と名づくといい（大正蔵経二五・八〇四ページ中）、さらに、釈経中に、「もし菩薩にして衆生相などを起こさば、則ち菩薩と名づけず」とは、道を明かし、我心とは神我を妄計する顚倒の心に非ざるをいう、といっている（大正蔵経二五・八〇七ページ上）。それは『七十七偈』の「内心の修行に於て我を存して菩薩となさば、これ、則ち心を障し、不住道に違うなり」と対応するものである。かくてこれら諸邪見の断は、また法見の断として発展し、この真実智によって一切衆生を永遠の平安に導き入れなければならない。それが菩薩摩訶薩のあり方として、ここにまず指し示されたのである。

## 第四　妙行無住分

復次須菩提、菩薩於レ法、應下無レ所レ住、行中於布施上。所謂不レ住レ色布施、不レ住二聲香味觸法一布施。須菩提、菩薩應下如レ是布施、不上レ住二於相一。何以故。若菩薩不レ住レ相布施、其福徳不レ可二思量一。須菩提、於レ意云何。東方虚空可二思量一不。

不也、世尊。

須菩提、南西北方四維上下虚空可二思量一不。

不也、世尊。

須菩提、菩薩無レ住レ相布施福徳亦復如レ是不レ可二思量一。須菩提、菩薩但應二如レ所レ教住一。


また次に、須菩提よ、菩薩は法に於て、まさに、住する所無くして布施を行ずべし。所謂《いわゆる》、色に住せずして布施し、声《しょう》・香《こう》・味・触《そく》・法に住せずして布施するなり。須菩提よ、菩薩は、まさに、かくの如く布施して相に住せざるべし。何を以ての故に。もし、菩薩、相に住せずして布施せば、その福徳は思量すべからざればなり。

須菩提よ、意に於ていかん。東方の虚空《こくう》は思量すべきや、いなや。

いななり。世尊よ。

須菩提よ、南・西・北方・四維《ゆい》・上・下の虚空は思量すべきや、いなや。

いななり、世尊よ。

須菩提よ、菩薩の、相に住すること無き布施の福徳も、またまた、かくの如く思量すべからず。須菩提よ、菩薩は、ただ、まさに教うる所の如くに住すべし。


《無所住》 羅什訳は「菩薩は法に於て住する所無くして布施を行ずべし。いわゆる色に住せずして布施し……」とあるが、流支訳は梵本と同じように「事に住せずして布施を行ずべし。住する所無く布施を行ずべし。色に住せずして布施すべし。……」となっている。これに反してチベット訳は羅什訳と同じである (byaṅ chub sems dpas dṅos po la mi gnas par sbyin pa sbyin no.)。流支訳の「不住於事」は経論巻上（大正蔵経二五・七八二ページ中）には、偈を註釈して、「自身に著せざる」をいうとし「無所住」は報恩に著せざるを謂う。報恩とは供養恭敬等の門を謂う。「色に住せず等」とは果報に著せざるを謂うとしている。《相》相 nimitta、想 saṃjña と流支訳は梵本と同じに「菩薩、応如是布施不住於相想」となっている。羅什訳は相だけである。事物の表相にとらわれないことで、『経論』（大正蔵経二五・七八二ページ中）にも偈を註釈して、施物、受者、施者を見ないことだといっている。それは三輪清浄のことである。

## 4

また次に、須菩提よ、菩薩は事《じ》(物)にとらわれて施しをしてはならない（na bodhisattvena vastupratiṣṭhitena dānaṃ dātavyam)。何かにとらわれて施しをしてはならない（na kvacit pratiṣṭhitena dānaṃ dātavyam)。色にとらわれて施しをしてはならない（na rūpa-pratiṣṭhitena dānaṃ dātavyam)。声や、香りや、味や、触れられるものや、心の対象にとらわれて施しをしてはならない（na śabda-gandha-rasa-spraṣṭavya-dharmeṣu pratiṣṭhitena dānaṃ dātavyam)。

このように、須菩提よ、菩薩は相想にもとらわれないようにして（yathā na nimitta-saṃjñāyām api pratitiṣṭhet）施しをしなければならない。

何となれば、もし、菩薩が相想に住せず（とらわれず）して施しをしたならば、その功徳の積み重ねは計り知れないからである。須菩提よ、どう思うか。東の方の虚空の量は容易に計り知ることができるだろうか。

須菩提は答えた。いいえ、計り知ることはできません。師よ。

佛はいわれた。須菩提よ、また、南や西や北や四維や上や下の方の虚空の量も計り知ることができるだろうか。どうであろう。

須菩提は答えた。いいえ、できません。師よ。

佛はいわれた。須菩提よ、菩薩が相想に住することなく布施すれば (yo bodhisattvo 'pratiṣṭhito dānaṃ dadāti)、その功徳の積み重ねの量は、同様に計り知ることはできない。

須菩提よ、菩薩はただ教える如くに住しなければいけない（梵文は菩薩乗に発趣した者は、このように相想に住しないようにして布施をしなければいけない。evaṃ hi Subhūte bodhisattvayāna-saṃprasthitena dānaṃ dātavyaṃ yathā na nimitta-saṃjñāyām api pratitiṣṭhet)。

吉蔵の『金剛般若疏』によると、前章は一切の衆生の皆涅槃を得ることを明かす。今この一章の経は、略して六度中の最初の行を挙ぐという。

そして、また前章の経は、菩薩、内に大慈大悲あるを明かす。がこの一章の経は、菩薩、方便を以て、外に救いに赴くを明かす。所以はいかん。菩薩は菩提心を発して縁に赴き、物（衆生）を（済）度する務めなすが故なり。この故に、今、菩薩は布施などの万行を修行して、これを抜済するを弁じ、苦を離れ楽を得しむるなり。即ちこれ上（前章）の慈悲の義を成ず。問うて曰く、上には、内に慈悲あるを明かし、今は外に救いに赴くを明かす。何ぞ般若を須《もち》いん。答えて曰く、もし、般若なければ慈悲成らず。『大論』に云う。慈悲と実相と相行ず。大悲その苦を抜くと雖も、実には抜く所なし。大慈その楽を与うと雖も、実には与うる所無し。故に慈悲は畢竟空を妨げず、畢竟空は慈悲の心を妨げず。故に畢竟空観を行ずと雖も、大慈大悲を捨てず。大慈大悲を行ずと雖も、畢竟空観を捨てず。故に知る、畢竟空を以て慈悲となすことを。慈悲を以て畢竟空となすことを。故に慈悲未だかつて空ならざることなし。空未だかつて慈悲ならざることなし。今、修行もまた実相と相行ずることを明かす。万行を修すと雖も、実には行ずる所無し。行ずる所無しと雖も、常に万行を修す。無所行の故に二慧を具するなりと。

また前章の経は、まさしく衆生空を弁ず。今、この章の経は諸法空を明かす。前に衆生を度するも、衆生の度すべきものなしと弁ずるが故に、これ衆生空なり。今、万行を修するも、実には修する所無きを明かす。即ち、これ法空なり。問うて曰く、『大品』は宗を開き、菩薩及び菩薩の字を見ずと云う。この経（金剛経）は宗を開くに、何の因縁の故にただ衆生を見ずと云うや。答う。『大品』に菩薩を見ずとは、即ち衆生を見ざるなり。この経の衆生を見ずと弁ずるは、即ち菩薩を見ざるなり。ただ両経互いに挙げて能所不同なるのみ。

また『大品』に正しく菩薩の般若を学するを勧む。或者は、即ち菩薩よく般若を学して学ぶ所有るをいう。この義のための故に、前に菩薩の菩薩を見ずと明かすを破す。然るに、この経は菩薩の菩提心を発して衆生を度せんと欲するを明かす。即ち衆生の度すべきあり。この故に、今は衆生有ること無きを破すと。

さらに、吉蔵は、この章の経について、開いて三段とし、次のようにいっている。

第一は、まさしく無住相を修行するを明かす。

第二は、無所得の果を得るを明かす。

第三は、結勧なり。

初めに就いて二となす。第一は、まさしく修行の問いに答う。第二は、降伏心の問いに答う。

第一は経の「住する所無くして布施を行ずべし」と言えるものにして、『大品』にすでに一切法に住せずと云う。今は略して六塵（色・声・香・味・触・法の六境）に住せざるを明かす。また住せずして布施を行ずと云う。これも一例を挙ぐるのみ。もし『論』（大正蔵経二五・七八二ページ中）に依らば、経に三種あり。一には自身に著せざるが故に布施を行ず。二に無所住の一句は報恩に著せざるなり。報恩とは供養恭敬などなり。三に色・声・香・味・触・法に住せずして布施するとは、これ果報に著せざるなり。果報とは人天の楽などを云う。

「須菩提よ、菩薩はまさにかくの如く布施して相に住せざるべし」は論意に依らば、これ第四降心の問いに答うるなり。菩薩は三事を見ざるを以て布施を行じ、名づけて降伏となす。三事とは施者、受者、財物を云い、財物を見ざるが故に諸法空を得、施者、受者を見ざるが故に衆生空を得、この二空を得るを以て、即ちこれ人法の二見を降伏するなり。然れども論は無所得の行を修するは有所得心を降伏すとする。故に両問相成じ、両答相成ずるなり。問う。初章の経には親しく降伏の言あるに、何故に降伏の問いに答えずして、今始めてこれに答うるや。先にはただ衆生空を明かし、未だ法空を明かさず。故に生・法の二空未だ具得せず、降伏と称するを得ず。今、具さに生・法二空を得て、始めて降伏と名づく。また、前に菩提心を明かすも、未だ菩薩行を明かさず。故に降の義成ぜず。今、願行倶に成じ、降伏の義始めて顕わる。

「もし菩薩、相に住せずして布施せば」以下は、第二の無所住の因を修して無所得果を得るを明かす。この文のきたる所以に二義あり。一には　これ果を挙げて修することを勧むるなり。真に無住の因を修して福の無辺を得るが故に、無住相を修して布施することを勧むるなり。二には疑を釈す。有住の布施は福徳あるべく、無住の布施は福徳なかるべしと。この故に釈して、有所得の施しの功徳は少なく、無所得の施しはその福無辺なりという。経に東方の虚空を挙ぐるは譬説なり。

「須菩提よ、菩薩は、ただ、まさに教うる所の如くに住すべし」はこの第三章の結勧なりと。

以上吉蔵の註釈を挙げて、この経の意味する所を見てきたが、これで総標を終って、次にはそれについて二十七種の問題が次々に提起されていくこととなる。

# 第一周

## 第一断疑

### 第五　如理実見分

須菩提、於レ意云何。可下以二身相一見中如來上不。

不也、世尊。不レ可下以二身相一得中レ見如來上。何以故。如來所レ説身相、卽非二身相一。

佛告二須菩提一。凡所有相皆是虚妄。若見二諸相非レ相、則見二如來一。


須菩提よ、意に於ていかん。身相を以て如来を見るべきや、いなや。

いななり、世尊よ。身相を以て如来を見ることを得べからず。何を以ての故に。如来の説きたまえる所の身相は、即ち、身相に非ざればなり。

佛、須菩提に告げたまわく、凡《およ》そ所有《あらゆる》相は、皆、これ虚妄《こもう》なり。もし、諸相は相に非ずと見るときは、則ち、如来を見たてまつらん。


《身相》 lakṣaṇa-sampad は相具足とも、相成就とも訳されるが、羅什は身相と訳す。相は三十二相である（三十二相は後の説明を参照)。ワレーザーは Merkmal 特徴と独訳している。流支、笈多、玄奘、義浄などはいずれも相具足と訳している。《見諸相非相》「諸相は相に非ずと見る時」と読んだが、真諦訳は由相無相、玄奘訳は以相非相となっている。相の具足は俗諦、非相具足は第一義諦を顕わすものであろう。

## 5

須菩提よ。どう思うか。如来は特徴（三十二相）を具えたものと見るべきであろうか（tat kiṃ manyase Subhūte lakṣaṇa-saṃpadā Tathāgato draṣṭavyaḥ.）。

須菩提は答えた。いいえ、師よ、如来は特徴を具えたものとして見てはならないのです。なぜかというと、如来がお説きになった特徴を具えているということ、それは特徴を具えていないということだからです（yā sā Bhagavan lakṣaṇa-saṃpat Tathāgetena bhāṣitā saiva-alakṣaṇa-saṃpat.）。

そこで、師は須菩提に次のように告げられた。——およそ、あらゆる特徴を具えているものは、その限りにおいて偽りであり、特徴を具えていない限りに於て、それは偽りではない。だから、特徴があるということと、特徴がないということ（相と非相）とから、如来は見らるべきであると（yāvat Subhūte lakṣaṇa-saṃpat tāvan mṛṣā, yāvad alakṣaṇa-saṃpat tāvan na mṛṣeti hi lakṣaṇa-alakṣaṇatas Tathāgato draṣṭavyaḥ）。

二十七断疑のうちの第一断疑である。これについて、吉蔵はその著『金剛般若疏』のうち（大正蔵経三三・一〇四ページ上―下）に次のように述べている。

「須菩提、意に於ていかん。身相を以て如来を見るべきやいなや」の下は、開善に依らば、平等空を挙げて菩提心の問いに答うと。今は二義に依って然らずと云う。一には顚倒の過あり。先に菩提心を発して、然る後菩提行を行ずるを要す。あに前に菩提行を明かし已って、今始めて菩提心を発するを弁ぜんや。二にはこの中の文に、身相を以て如来を見るべきやいなやをいう。もし、これ平等空ならば、則ちまた如来なし。何ぞ佛を見ると名づけんや。

今、五義を以てこの章を起こす。一はもし、『論釈』に依らば、上来、四問に答え竟る。これより以下は、第二章の疑心の生ぜるを断ず。四問に答うるは、即ちこれ略説般若なり。もし疑心の生ぜるを断ずるは、則ちこれ広説般若なり。故に論に、下の一切修多羅中よりは疑心の生ぜるを断ずるという。故に知る。経に説くは、皆これ疑を生ぜるを断ずる所以なりと。

もし、因と果との門を分かつに依らば、上来、四問に答うるは、即ちこれ無所得の因を弁ずるなり。この下は第二に無為法身の果を明かす。もし、有所得の因を行ずれば、還って有所得の果を得。故に大経にいう。有所得は名づけて無明といい、二十五有に名づく。今、無所得の因の故に無為法身の果を得。故に大経にいう。無所得は名づけて智慧となし、大涅槃と名づくと。

また初章の経は発菩提心を明かす。次章の経は菩提行を修するを明かす。今の一章の経は佛道を得るを弁ず。この三は、即ちこれ次第なり。この故にこの経はその義要なり。また、上の菩提心の義を成ず。発菩提心は下、衆生を度し、上、佛道を求むるなり。下、衆生を度し已って衆生の相を弁ず。故に度無所度なり。今は上に佛道を求むるが故に法身を識るべし。即ちこれ求無所求なり。もし、衆生を識らざれば、則ち衆生を度すること能わず。もし、法身を識らざれば、則ち上に佛道を求むることと能わず。もし有所得にして発心して佛を求むれば、浄名(経)の呵する所の如し。即ち菩提の見を捨てしめんとす。而してこの発菩提心は佛に於て見を捨てて、佛を見るのみ。

また上に衆生を度するを弁ぜしは、即ち衆生空を弁ずるなり。次に万行を修するを弁ぜしは、則ち六塵の諸法空なるを弁ずるなり。これ、人と法と並びにこれ世間は畢竟じて空なるなり。今、諸相を以て如来を見るを得べからざるを明かす。即ちこれ諸佛は空なり。故に衆生無所有なれば、則ち衆生に非ず、諸佛無所有は、即ちこれ佛に非ず。故に非衆生、非佛、非生死、非涅槃なり。故に衆生と佛とは本来不二なり。而して二見を破せんがための故に不二という。二にありてはすでにやむ。不二もまた除かる。

この文の中を開いて三意とする。第一は如来が衆疑をあげて善吉に問う。二は善吉が如来に対して疑を釈す。第三は如来が得失を結成す。これは、即ちこれ初めなり。

言う所の疑とは、上に菩薩が無住相の因を行ずるをいう。時に衆生疑うらく、因もし無住なれば、果もまさに無為なるべし。今、果はこれ有為なるを見る。いかんが因これ無住ならんやと。所以は、小乗の人言わく、釈迦の身体には三相あり。初めに王宮に生まるるはこれ生の義、次に八十年世に住するはこれ住の義、双林の入滅はこれ滅の義なり。今、果すでにこの三相を具す。あに因はこれ無所住というを得んやと。この故に佛は衆疑をあげ、以て善吉に問う。——身に三相あるを以て、如来の法身を見るべきやいなやと。

「須菩提言う、いななり、世尊よ」の下は、これ第二に善吉が佛に対して時会の疑を釈す。問う。佛のまさに自ら釈すべきに、何故に善吉をして釈せしめしか。答う。得解の人あるを示さんとするが故に、善吉をして釈せしむ……。

また今、般若の正法は、即ちこれ法身なるを弁ず。般若は非為、非無為、即ちこれ法身なり。非為、非無為はただ凡夫二乗身はこれ有為なるに対するための故に、歎美して無為となすのみ。また、北土論師の如来身は定んでこれ無為というに同じからず。為と無為とは並びにこれ般若の功用なればなり。

「身相を以て如来を見るべからず」とは、生・住・滅の三相を以て如来の無為法身を見るべからざるをいう。

「何を以ての故に、如来の説く所の身相」とは、時会また疑うらく、——もし、三相は如来に非ずといわば、何故、如来は昔三相ありと説くや。昔、生まれて浄飯王の家にありと説くは、即ちこれ生相ありと説くなり。後、三月まさに涅槃に入るべしとは、即ちこれ滅相なり。八十年、世に住するは、即ちこれ住相なり。この故に釈していう。如来所説に三相あるは、即ち非身相なり。非身相というは、この法身は無為相に非ずということなり。これ無生の生の方便にして、即ちこれ生身なり。故に三相あり。生の無生方便は、即ちこれ法身にして三相なし。

「佛、須菩提に告ぐ」の下は、これ第三に如来その得失を結ぶなり。時会、善吉の解する所未だ誤たざる能わざるを恐る。この故に如来述べてその解を成ず。この文について、およそ両句あり。初句は失を明かす。およそ名相あるは皆これ憶想にして有なり。悉くこれ虚妄。あにただ生、住、滅の非虚妄を許せんや。

「もし、諸相は相に非ずと見る」の下は、第二句にして得を明かすなり。

以上は昭明太子の分類からすれば、第五の如理実見分である。

# 第二断疑

## 第六　正信希有分

須菩提白佛言。世尊、頗有衆生、得聞如是言說章句。生實信不。佛告須菩提。莫作是說。如來滅後、後五百歲有持戒修福者、於此章句能生信心、以此爲實。當知、是人不於一佛二佛三四五佛而種善根、已於無量千萬佛所、種諸善根、聞是章句、乃至、一念生淨信者。須菩提、如來悉知、悉見、是諸衆生得如是無量福德。

何以故。是諸衆生無復我相人相衆生相壽者相、無法相亦無非法相。

何以故。是諸衆生、若心取相則爲著我人衆生壽者。若取法相卽著我人衆生壽者。

何以故。若取非法相卽著我人衆生壽者。是故不應取法。不應取非法。以是義故、如來常說、汝等比丘、知我說法如筏喩者、法尙應捨、何況非法。

須菩提、佛に白して言《もう》さく、世尊よ、頗《も》し衆生有りて、かくの如き言説章句を聞きて、実信を生ずることを得るや、いなや。

佛、須菩提に告げたまわく、この説を作《な》すことなかれ。如来の滅後、後《のち》の五百歳に、戒を持し、福を修むる者有りて、この章句に於て、よく信心を生《しょう》じ、これを以て実なりとなさん。まさに知るべし、この人は一佛・二佛・三・四・五佛に於て、善根《ぜんごん》を種えしのみならず、すでに無量千万佛の所に於て、もろもろの善根を種え、この章句を聞きて、乃至《ないし》、一念に浄心を生ずる者なることを。須菩提よ、如来は、このもろもろの衆生の、かくの如き無量の福徳を得んことを、悉く知り、悉く見るなり。

何を以ての故に。このもろもろの衆生には、また、我相・人相・衆生相・寿者相無く、法相《ほっそう》も無く、また、非法相も無ければなり。

何を以ての故に。このもろもろの衆生、もし、心に相を取るときは、則ち、我・人・衆生・寿者に著《じゃく》せられ、もし法に相を取るときは、即ち我・人・衆生・寿者に著すればなり。

何を以ての故に。もし非法に相を取るときは、即ち、我・人・衆生・寿者に著すればなり。この故にまさに法を取るべからず。まさに非法をも取るべからず。この義を以ての故に、如来は常に説く。「汝ら比丘よ、わが説法を筏の喩《たとえ》の如しと知る者は、法すら尚《なお》まさに捨すべし。いかに況《いわ》んや、非法をや」と。

《実信》 梵本には bhūta-saṃjñām utpādayiṣyanti とあり、真実だという思いを起こすであろうとなっている。流支訳は「生実相」とするが、真諦訳、笈多訳などは「生実想」とする。この場合、相より想の方が適訳である。《後五百歳》梵本にも後の五百歳、正法破滅の起こる時に (paścimāyāṃ pañcaśatyāṃ saddharma-vipralope vartamāne) となっている。これを『大集経』の五五百年説にあてて解釈する者もある。この五五百年説は、佛滅後の五百年代は正法の時代で、教と行と解脱とがあるが、次の五百年代は像法の時代で、教と行はあるが、解脱がない。それ以後は末法の時代で、教えはあるが、行も解脱もなく、法滅の時代がくると説かれた。しかし、五五百年説はずっと後代のもので、今は一般的に、佛滅後五百年経つと変動が起こり、大乗経典が起こると考えられていたその思潮のうちに金剛般若経も起こったものと考えられている。なお五百歳は五十歳とするものもあるが、五百歳とするのが普通である。《以是義故》 流支訳、真諦訳、笈多訳などは羅什訳と同じく、玄奘訳、義浄訳は密意とする。梵本出版者マックス・ミュラーは、この玄奘訳を参考にして saṃdhāya とするが、これは samanvaya とすべきであるという（宇井伯寿著『大乗佛典の研究』三〇ページ）。なおワレーザーは saṃdhāya の代りに saṅghāya と読み、Deshalb ist durch den Tathāgata der Gemeinde dieses Wort verkündet worden. と訳している（Walleser, op. cit. S. 143）。また、中村元、紀野一義訳註の岩波文庫本には「この趣意で」とする（前掲文庫本註「四九」参照）。さらに長尾雅人訳、中央公論社の世界の名著の『大乗佛典』では「この点を考慮することによって」となっている。《筏喩》『中阿含経』巻第五四、阿梨吒経には、――われ汝らのために長夜に筏喩の法を説き、棄捨せしめんと欲し、受けしめんと欲せず。……世尊告げて曰く、かくの如く、われ長夜に栰喩の法を説き、棄捨せしめんと欲し、受けしめんと欲せず。もし、汝ら、われの長夜に栰喩の法を説くを聞く者は、まさに以てこの法を棄つべし。況んや非法をや（大正蔵経一・七六四ページ中―下）。MN. vol. I., Alagaddūpama-sutta には、―― Kullūpamaṃ vo bhikkhave dhammaṃ desissāmi nittharaṇatthāya no gahaṇatthāya, taṃ suṇātha, sādhukaṃ manasikarotha, bhāsissāmiti. ……evam eva kho bhikkhave kullūpamo mayā dhammo desito nittharaṇatthāya no gahaṇatthāya. kullūpamaṃ vo bhikkhave ājānantehi dhammā pi vo pahātabā, pag eva adhammā. MN. Vol. I pp. 134―135. また『増阿含経』巻第三八、大正蔵経二・七五九ページ下―七六〇ページ上参照。さらに、称友『倶舎論疏』には、――一切の有為に涅槃ありとは無余涅槃のことである。もし然らば、有漏に無余涅槃があるから、有漏に有離の性のあること至当なるも、道諦はどうであろうか。法門は筏の喩えの如く、智者は法すら捨つ、いかに況んや非法をやというが故に、道諦にもまた出離あり、故に一切の有為は有離である（sarvasya saṃskṛtasya nirvāṇam iti nirupadhiśeṣa-nirvāṇam. yady evaṃ sāsravasya tad astiti bhavati sāsravaya saniḥsāratva-yogaḥ mārga-satyasya tu katham. kollopamaṃ dharma-paryāyam ājānadbhir dharmā api prahātavyāḥ prāg eva-adharmā iti mārga-satyasyāpi niḥsaraṇaṃ kalpata eveti. sarva eva saṃskṛtāḥ saniḥsārā bhavanti. Abhidharmakośa-vyākhyā,1, p.21. E. Conze, op. cit., p.32.）、といっている。

6

須菩提は師に向って次のように尋ねた。——世尊よ、このようなお経の言葉が説かれるのを聞いて、それを真実だと思う衆生が誰かいるでしょうか（ya imeṣv evaṃrūpeṣu sūtrānta-padeṣu b-hāṣyamāṇeṣu bhūta-saṃjñām utpādayiṣyanti.）。

師は須菩提に答えられた。そのようにいってはいけない。如来が亡くなられた後、第二の五百年代に、戒律を守り、福徳を修めた者が、このようなお経の言葉を聞いて、よく信心を起こし、その言葉を真実だと思うものがいるに違いない。そのような衆生は一佛・二佛・三・四・五佛のもとで善根をうえただけでなく、計り知れない何千万という目覚め悟った諸佛のもとで、多くの善根をうえたものであって、このようなお経の言葉を聞いて、あるいは一念に清らかな信仰を得るに違いない（n-a khalu punas te Subhūte bodhisattvā mahāsattvā eka-buddha-paryupāsitā bhaviṣyanti, na-ek-a-buddha-avaropita-kuśala-mūlā bhaviṣyanti, api tu khalu punaḥ Subhūte aneka-buddha-śatasa-hasra-paryupāsitā aneka-buddha-śatasahasra-avaropita-kuśala-mūlās te bodhisattvā mahāsattvā, ya imeṣv evaṃrūpeṣu sūtrānta-padeṣu bhāṣyamāneṣv eka-citta-prasādam api pratilapsyante.）。

須菩提よ、如来は、このような多くの衆生が、このように計ることができないような多くの福徳を得るであろうことを、佛智を以て知り、佛眼を以て見ている。それはなぜかというと、このような多くの衆生には、我《が》という想《おも》いも、生きているものという想いも、個体という想いも、個人という想いも起こらない。また、ものという想いも、ものでないという想いも起こらないからだ（jñ-ātās te Subhūte Tathāgatena buddha-jñānena, dṛṣṭās te Subhūte Tathāgatena buddha-cakṣuṣā, buddhās te Subhūte Tathāgatena. sarve te Subhūte 'prameyam asaṃkhyeyaṃ puṇyaskandhaṃ prasaviṣyanti pratigrahīṣyanti. tat kasya hetoḥ, na hi Subhūte teṣāṃ bodhisattvānāṃ mahāsattvānāṃ ātma-saṃjñā pravartate na sattva-saṃjñā na jīva-saṃjñā na pudgala-saṃjñā pravartate. nāpi teṣāṃ Subhūte bodhisattvānāṃ mahāsattvānāṃ dharma-saṃjñā pravartate, evaṃ na-adharma-saṃjñā, nāpi teṣāṃ Subhūte saṃjñā na-asaṃjñā pravartate.)。

それはなぜかというと、この多くの衆生が、もしその「心」に執着が起こるならば、我《が》や生きているものや個体や個人やにとらわれていることになるし、また、「ものという想い」にとらわれる時にも、我や生きているものや個体や個人に対して執着していることになるからである。なぜかというと、もし、「ものでないものという想い」が起こるならば、また我や生きているものや個体や個人やに対して執着があるからである。だから、「ものという想い」にも「ものでないという想い」にも執着してはならない。このようなわけで、如来は次のような言葉を説いているのである。――「比丘たちよ、わたしの説ける法門を筏の喩えの如しと知るものは、法さえ捨てなければならない。まして、法でないものはなおさらのことである」と（tasmād iyaṃ Tathāgatena samanvaya vāgbhāṣitā : kolopamaṃ dharma-paryāyam ājānadbhir dharmā eva prahātavyāḥ prāg eva-adharmā iti. ）。

『金剛仙論』巻第三（大正蔵経二五・八一二ページ上）によれば、これより以下は、尊者須菩提が疑を生じて問いを致すといっている。この疑問は、先の相に住する所なくして布施を行じ、非相に佛を見るの両段の経文よりきたるもので、いわゆる第二断として、先に、序論に挙げたように、相に住せずして布施を行ずる深き因と、無相に佛果の深きを見るも、末世に信なきやの疑を断ずるものであるとされる。

吉蔵の『疏』巻第三（大正蔵経三三・一〇五ページ上—）によれば、「須菩提、佛に白して言う。もし衆生ありて」の下は、第二段波若を信受する義を明かす。信受を明かす所以は、上に波若は即ちこれ能と被の教えなるを説き、今は信受、即ちこれ所被の縁なるを明かす。これ即ち縁と教えと相称《かな》うもの、もし、縁が教えの縁に非ざれば、この教えは、則ち縁と称わず、もし、教えが縁の教えに非ざれば、この縁は則ち教えをうけず。今の縁はこれ教縁なるを以て、この縁は教えをうけて益を得。

また佛は種々の門もて波若を説く。上にすでに因果門もて波若を説き竟る。今は信受門に就いて般若を説く。了悟して依なく得なきが故に信受と名づく。この無依無得の信を説くは、即ち般若の義を説くものなり。この門中の問答を二とする。

初めは善吉、問いを発す。問う所以は、上に因を明かし、果の義を弁じ已って周ねく満つ。この故に、今は信受の人を問う。然れども、因はこれ無所得の因、果はこれ無所得の果なり。因はこれ無所得の因にして万行を行ずると雖も、実には行ずるところなく、果はこれ無所得の果にして菩提を得ると雖も、実には得るところなし。このこと信じ難し。もし、実に万行ありて行ずべく、実に佛果ありて得べくんば、これを信ずること、また易し。もし、俗諦は自ら因果あり、真諦は自ら因果なしと言わば、有無おのおの轍《みち》、これを信ずること、また易し。今は並びに然らず。万行を修すると雖も、菩薩のよく行ずるを見ず、万行の行ずべきを見ず。依止する所なくして、万行を修し、衆生を済度す。このこと希有なり。これを以て信じ難し。空中に種うる樹の如く、地によらずして漑灌修治して華実あり。このこと難しとなす。この故に今、信あるを明かす。もし、佛身は二乗に同じく、これ生滅法なりと言わば、また信じ易し。もし、佛身はこれ常住法、凝然として金剛後心にありと言わば、これもまた信じ易し。もし、応身は自ら無常にして法身は自らこれ常なりと言わば、これもまた信じ易し。今は如来は生と雖も畢竟不生、滅と雖も畢竟不滅、無生無滅と雖もしかも生滅の方便もて衆生を利益すと言わば、このこと希有なり。この故に信じ難し。故に問うなり。

問うて曰く、これは現在の信を問うや、未来の信を問うや。答えて曰く、現在の衆生は福慧深厚にして、祇洹にありて道をうけ、聞いて信を生ずるが故に、現在を問わず。ただ佛滅度後の後五百歳は像法中に入る。この時の衆生は薄福鈍根にして、経文を尋ぬると雖も、通了する能わず。故に聞くも信を生ぜず。『大智度論』解信毀品の文（大正蔵経二五・五〇三ページ下）に言う。佛滅度後五百歳の後に五百部あり、皆佛語に執し、佛意を知らずして解脱となす(故に法を説いて語言に著す)故に畢竟空を聞いては刀の心を傷つくるが如し。故に未来によく信ずる人少なきを知る。よって未来世を問うを知る。

また、これは未来の信ある者をあげて、以て現在を況《たと》う。未来は、これ悪世にして、外、佛にあわず、内、薄福鈍根なれども、なお波若を信ず、況んや現世の人、聞いて信を生ぜざらんや。

「佛、須菩提に告げたまわく」の下は、これ第二章、如来の答えを明かす。文に就いて二とする。一は遮無答、二は信有るを明かす答えなり。「この説をなすことなかれ」は、即ちこれ遮無答なり。汝、現在信受の人ありということなかれということは、未来の信受を起こすを言う。故にこの説をなすことなかれと言うなり。

「如来滅後、後の五百歳」の下は、これ第二の信あるを明かす答えなり。文に就いて大きく開いて七別す。

第一、信の時節を明かす。

第二、能信の人を明かす。

第三、所信の法を明かす。

第四、正しく信心を出す。

第五、信の所由を明かす。

第六、信の利益を明かす。

第七、広く信の義を釈す。

「後五百歳」というは、これは即ち第一なり。有人いう。——正法五百年を初五百とし、次の像法五百年を中五百とし、次の像法五百年を後五百と名づけ、今、最後の五百を挙ぐ。これ像法のまさに滅して衰弊せんとする時、また般若を信ずるものあり、況んや前の両《ふた》つの五百に信ずる人なからんやと。今は然らずという。後五百歳というは、『大智論』に五百歳以後を明かすが如し。前五百年は道を得るもの多く、得ざるもの少なし。故に正法と名づく。次の五百年は道を得るもの少なく、道を得ざるもの多し。名づけて像法となす。すでに正法滅び已って、次に像法に入る。後五百歳と名づく。このうち多くは信ぜず、五百部の例の如し。然れどもまた信受の人あり。故に大品に、この般若波羅蜜は佛滅度の後、南方より転じて北方に至る。このうちの四衆は必ず信あり、持（経を）し、乃至供養すべきことをいう。また解していう。佛滅後千年は、断疑のため、前五百は、これ正法故聞いて信ありと、後五百は、これ像法故聞いて信ぜずと。もし、然れば後五百年は波若を信ずるものなし。故に佛、今答えていう。後五百もまた信ずるものありと。信ずるものなしというべからず。この時、また信あり、持し、乃至供養するなり。

「戒を持し福を修する者」の下は、第二の能信人あるを明かす。什師の翻経はただ二人を明かす。一には持戒の人、二には修福の人なり。持戒の人は多くこれ出家の菩薩にして、福を修するものは多くこれ在家の菩薩なり。『大智論』に、出家の菩薩は尸羅を以て首とし、在家の菩薩は檀を以て首とするという。この故に今の文はただ二人を明かす。然れどもこの二人は大小に通ず。もし、有所得小乗の二人は、則ち波若を信ぜず。故に下の文に「もしくは、小法をねがう者は、則ちこの経に於て、聴受読誦すること能わず、もしくは、大乗の二人の無所得をねがう者は、乃ちこの法を信ず。故に下の文に、この経は大乗（を発す）者のために説き、最上乗（を発す）者のために説く（Edward Conze: Vajracchedikā Prajñāpāramitā p. 43・15b. 参照）という。

もしくは、論経（大正蔵経二五・七六九ページ下）はすなわち三人あり。『論』には（大正蔵経二五・七八三ページ中。G. Tucci: Minor Buddhist Texts. part 1. p.57）「空しからず。実に菩薩には三徳の具わることあるを以てなり」(na niṣphalā yataḥ santi bodhisattvās trayānvitāḥ) という。第三は、即ち智慧の人なり。前の二人は名づけて闇信となし、智慧の人は証信なり。

またいう。能信の人はすでにこれ勝人故、止行の二善を挙げ、物情の貴ぶ所は、これを褒歎して信受せしむ。持戒はこれ止善にして、修福はこれ行善なり。この二は一切の善を摂し尽す時、則ち諸悪莫作、諸善奉行の故に、この二、一切の人を摂す。

「この章句に於て」の下は、第三に所信の法を明かす。即ち上の因果の法門を名づけて章句となす。

「よく信心を生じ」の下は、これ第四のまさしく経に於て信を生ずるを弁ず。

「これを以て実なりとなさん」は、即ちこれ無所得の実信なり。もし有所得の信なれば、小乗の不信と異なると雖も、もし、無所得の信に望むれば、還《また》不信を成ず。故に『大品』に信毀品あり、有所得の信は、これ即ち毀を成ずることを明かさんと欲す。今これはこれ、無所得実相の正信なるが故に、これを以て実となすという。また波若を信ずるは、これ法の実相なり。故にこれを以て実となすというなり。

「まさに知るべし、この人は」の下は、これ第五に信の所由を明かす。経を聞いてよく信を決するは、真に因を殖え、久しきを積むが故によく信受す。故に涅槃に「熈連河の沙の数に等しきもろもろの如来の所に於て菩提の心を発して、然る後乃ちよく悪世中に於てこの経を謗らず」という。今もまた然り。三藐三菩提の心を発し、多くの佛を供養し、久しく善根を殖うるが故によく信じて謗らず。

文に二句あり。前句は少なき数の佛に値うに非ざるを明かす。「於無量」の下は、第二句にして、多くの佛に値うを明かす。

「この章句を聞いて、乃至、一念に浄信を生ずる者」の下は、第六章にして、信が利益を得るを明かす。およそ二益あり。一には外に諸佛に知見せられ、二には内に無辺の功徳を得。然れども、波若を信ずる利は称量し難し。今、一念の信なお無辺の功徳を獲るを明かす。始終の信なる故に、また言い難し。如来の懸鑒は信謗皆知る。今偏えに信人を挙ぐるは、略して三義あり。一にはこの経は諸佛の母にして、ために佛は守護す。故にもし、希向を生ぜば、則ち佛に記録せらるとなす。大品に言う。佛は常に佛眼を以てこの経巻を見る。もし、受持すれば、則ちために佛は護念し、ために如来の齒録する所となり、直ちに世間を置いて、ために天王の貴勝の知友となると。なお自ら歓喜す、況んや、如来に親愛せらるるをや。二にはこの福、虚空と等し。あに下地のよく知る所ならんや。唯、佛のみその辺底を究むるのみ。三には佛に二言なし。必ず信ずべきを言う。今、信多くの福を得るを明かす。故にその福は必ず多し。問う、何の因縁の故に名づけて知見となすや。答う、論に言う。如来の願智力もて知るは比智もて知るに非ず、佛眼の見る所は肉眼もて見るに非ずと(流支訳『経論』巻上、大正蔵経二五・七八四ページ中。phalato na mitā buddhaiḥ praṇidhijñānalakṣitāḥ, lābhasatkārakāmānāṃ tadvādavinivṛttaye. G. Tucci : Minor Buddhist Texts. part 1. p. 60)。また、佛はこの人、菩提の因を行ずるを知り、この人、菩提の果を得るを見る。故に知見という。

「何を以ての故に」の下は、これ第七に広く浄信の義を釈す。もし、論師の釈によらば、上来通じて三種人の信を明かす。これは第三の智慧人の信を弁ずるなり。(『金剛仙論』巻第三、大正蔵経二五・八一三ページ中を参照。ことに義浄訳『論釈』巻上には判然と次のとおりにいう。「如其次第、即是具戒、具徳。次明具慧人。頌曰」、大正蔵経二五・八七六ページ上。sapudgaleṣu dharmeṣu saṃjñāyā viprahāṇataḥ, prajñāvantaś ca saṃjñāyā aṣṭadhāṣṭārthabhedataḥ, G. Tucci, op. cit., p. 58)。上に信に於て徳福無辺を得るを釈す。今は無辺の所以を釈す。真に無生の信を得るによるが故に、その福無辺なり。ただ無生の信には自ら二種を具う。一には聞信、二には証信なり。

この釈について、中に三あり。第一は得を明かし、第二は失を明かし、第三は失を捨てて得に従うを勧む。

これはこれ初めにして、自ら両句あり。初句は衆生空を明かし、次句は諸法空を明かす。故にこの二空を明かして信義を釈す。『大智論』にいう。衆生及び法の不生を知るが故に無生法忍と名づく。衆生を渡すと雖も、衆生は畢竟不可得なり。即ちこれ無衆生なり。万行を行ずと雖も、諸法は畢竟不可得なり。これ即ち無生法忍なり。この故に今、この二空が無生浄信となることを弁ず。また、衆生空の故に、これ果の患なく、諸法空の故に、即ち因の患なし。因果の両患並びに離るが故に、その福無辺なり。また人の見なきが故に凡夫地を超ゆ。凡夫は我に著するが故に無我を知らず。今は無我は即ち凡夫地を離れることを弁ず。人の見を離るる中に具さには十六無きも、今はただ略するが故に、四無きをいうに止む。五陰中に我と我所心を起こすが故に名づけて我となし、不断不絶に相続して世に住するを名づけて衆生となし、一根の命あり不断になお我ありと計するが故に称して命となし、また名づけて人となす。外道に神我あり、此《ここ》に死し彼《かしこ》に生じて六道を経遊すると計するが故に寿者と名づく（流支訳『経論』巻上、大正蔵経二五・七八三ページ下。『金剛仙論』巻第三、大正蔵経二五・八一三ページ中を参照）。

「法相も無く、また非法相も無ければなり」とは、第二句にして法空を明かす、我を見ずと雖も、なお五陰の法あるを見るが故に、今、また法相無きを明かす。五陰の法すでに無し。五陰本より無なるを名づけて非法となす。空病もまた空なる故、非法相も無しという。これまさに『浄名』の三種次第の如くなるべし（『維摩詰所説経』問疾品第五参照）。初めは我を見ざるを名づけて衆生空となし、次に法を見ざるを名づけて法空となし、非法を見ざるをまた、空病もまた空と名づくと。

この三空を明かす所以は、我見はこれ衆結の根本なるが故に我見を明かし、次に有見無見もまたこれ断常の本にして、道に背くこと深きが故に有無見を明かすなり。有人の曰く、善を修し悪を離る。

善を以て法となし、悪を以て非法となすと。また有人の曰く、空を以て有を遣り、空を以て法有為を非法となすと。もし、論経によらば（『金剛仙論』巻第三、大正蔵経二五・八一三ページ下。義浄訳『論釈』巻上、大正蔵経二五・八七六ページ上―中参照。流支訳『経論』大正蔵経二五・七八三ページ中―下）、人空の中に四句あり、法空の中に四句あり。故に論偈に「八による、八義が別なればなり」という（pṛthagbhāvena saṃtatyā vṛtter ājīvitasthiteḥ, punaś ca gatilīnatvād ātmasaṃjñā caturvidhā. sarvābhāvād abhāvasya sadbhāvān nābhilāpyataḥ, abhilāpaprayogāc ca dharmasaṃjñā caturvidhā. G. Tucci, op. cit., pp. 58―59）。八による八義というのは、人の四、法の四を名づけて一の八となし、人の四を破し、法の四を破す。この八病はまた一の八となさざるが故に八の八という。法の四には、一に法相、二に非法相、三に相、四に非相にして、この四はこれ病なり。問う、外道の我を計するは、これ病なるべきや。今、法の生を見る時は、これ有にして、滅する時は、これ無ならん。何が故に病というや。答う、この問いをなすは、未だ大乗の経論を読まざればなり。第一句の法相を破して法相に非ずというは、陰・界・入などの法は不可得の故に法相無しという。第二句を破して法相無きにも非ずというは、惑える者は、陰・入・界の虚誑を聞くが故に空なりとし、すなわち諸法実相もまた空と言う。大経に言うが如し。生死の虚誑を聞いて涅槃もまた虚誑なりと言うと。この生死に執して自ら虚誑空と言うを破せんがため、実相涅槃はこれ空に非ずと言う。故に空とは二十五有を言い、不空とは大般涅槃を言う。第三句を破して無相と言うは、惑える者、涅槃の実相もし空なるべからざれば、すなわち還って有に同じ、もし有なるべからざれば、還ってこれ空なるべしと言う。この故に今、涅槃は還ってこれ有無の相を言うべからずと言う。涅槃の実相は有無の相を説くべからず。第四句を破するは、惑者すでに実相は有無なるべからざるを聞く。即ち、説くことを得べからざるべし。この故に今、有無を絶すと雖も、衆生のための故に無説にし説くことを明かす。いかんが可説というや。ただ旧経文には略して、非法相も無ければなりと言う。

「何を以ての故に、もし心に相を取る時は」の下は、これ第二に得に対する失を明かす。またこれ失を挙げて得を顕わす。これに就いて二となす。初めに人を計するは失なるを明かす。次に法を計するは失なるを明かす。今、失は即ちこれ初めなり。もし心に相を取らば、即ち衆生相を取るとなすは、則ち外道の我・人有りと計するに同じ、この故に失となす。「もし法相を取らば」の下は、これ第二に法を計するは失なることを明かす。中に就いて両つあり。前に法を見るは失なることを明かし、次に非法を見るも失なることを明かす。問うて曰く、もし法を計するは失ならば、まさに法相に著すというべし。何の因縁の故に法を計するは失となり、我相に著すというや。答う、理として実に然るべし。人を計するが故に人に著し、法を計するが故に法に著す。今はその失患の甚だしきを顕わさんことを明かす。

「何を以ての故に、もし、非法に相を取る時は」の下は、これ第二に非法に著するもまた失となることを明かす。すでに計法は失たるを聞く。ある者は、すなわち法無きを得となすと言う。この故に、今は非法を計するもまた失となることを言う。所以のものは何か。非法有りと計せば必ず法見を起こす。もし法見あらば、則ち我見あり。またもし、我ある無くば、則ち計する所無し。計する所あるを以て、この故に我ありと知る。故に非法に於て計するもまた我に著す。

「この故に、まさに非法をも取るべからず」の下は、これ第三章の失を捨てて得に従うを勧むるなり。この文に二あり。一にはまさしく失を捨つるを勧む。二は引証なり。これは即ちこれ初めの失を捨つるを勧むるなり。然れども法と非法とはなお自ら捨つべし。我と人の見去らば、何ぞ捨てざらん。この故に法を挙げて人に況う。ただ法を捨つるを勧めて、人を捨つるを勧めず。「この義を以ての故に、如来は常に説けり」の下は、第二の引証なり。阿含経の中に佛は比丘のために筏の喩えをなす。譬えば、人あり、賊に逐われ、草を取って栰を造り、彼岸に度る。すでに彼岸に至れば、すなわち筏を捨つ。初めは則ち筏を取って河を度る。すでに彼岸に至れば、すなわち河と筏の両つを捨つるが如し。譬えの意は、初めはすなわち善を以て悪を捨て、彼は則ち善と悪と双びに捨つ。初めは、則ち法を以て人を捨て、空を以て有を捨つ。次は則ち人と法の両つを除き、空と有と双びに浄し。

論経に三の「何以故」あり。旧経と意同じ。第三の「何以故」は、まさに法を取るべからず、法を取らざるにも非ずという。これ理教の義を明かすもの、理を得て教えを忘れ、月を得て指を捨つるを以ての故に、法を取るべからずという。しかも、教えをかりて理を悟り、指に因って月を得るが故に法を取らざるに非ず。岸に到って栰を捨つるが故に栰を取るべからず、河を度らんとするが故に栰を取らざるに非ざるが如し。

## 第三断疑

### 第七　無得無説分

須菩提、於レ意云何。如來得ニ阿耨多羅三藐三菩提一耶。如來有ニ所レ説法一耶。

須菩提言、如ニ我解ニ佛所レ説義一、無レ有ニ定法名ニ阿耨多羅三藐三菩提一。亦無レ有ニ定法如來可レ説。

何以故。如來所レ説法、皆不レ可レ取、不レ可レ説。非レ法、非ニ非法一。

所以者何。一切賢聖皆以ニ無爲法一而有ニ差別一。


須菩提よ、意に於ていかん。如来は阿耨多羅三藐三菩提を得るや。如来の説く所の法有りや。

須菩提言《いわ》く、われ佛の説きたもう所の義を解《げ》するが如くんば、定《さだ》んで、法の、阿耨多羅三藐三菩提と名づくるもの有ること無し。また、定んで、法の、如来によって説かるべきもの有ること無し。

何を以ての故に。如来の説きたもう所の法は、皆、取るべからず、説くべからざればなり。法にも非ず、非法にも非ず。所以《ゆえん》のものは何ぞ。一切の賢聖《けんしょう》は、皆、無為《むい》の法を以て、しかも、差別あればなり。

《無為法》 原語では asaṃskṛta-dharma といい、有為法 saṃskṛta-dharma すなわち造られたものとして現象している存在に対して、現象の背後にある無限定な、無規定な存在の根拠を意味している。the Unconditioned とも訳される。原文の asaṃskṛta-prabhāvitā hy ārya-pudgalāḥ を羅什は「一切の賢聖は皆、無為の法を以て、しかも差別あればなり」と訳し、流支は「何を以ての故に、一切の聖人は皆、無為法を以て名を得ればなり」と訳し、真諦は「何を以ての故に、一切の聖人は皆無為真如より顕現さるるを以ての故なり」と訳し、笈多は「彼、何に因るや。無為法により聖人を顕明するが故なり」と訳し、以下玄奘も義浄も prabhāvita を顕現と訳している。コンツェは、その著『金剛般若経』の Glossary (pp.93—99) に、絶対的なものが聖者たちを高める (an Absolute exalts the holy persons) と訳し、さらに、この聖者たちは、第九章に挙げられた須陀洹 Streamwinners 斯陀含 Once-returners 阿那含 Never-returners 阿羅漢 Arahats の道を通して獲得した四種類の人たちであり、このような聖者たちは、絶対的な、すなわち、無制約なもの（the Unconditioned）(1)から生じた（have arisen, or have been produced）(2)の結果として力あるものになり（become mighty and powerful.）栄え（thrive as a result of）(3)によって優勢になる（prevail by means of it）(4)とかかわることによって卓越する（excel as a result of their contact with）(5)によって認められ、特色づけられ、確立される（recognized, or characterised, or defined by the Unconditioned）と五種類の用例を挙げている。さらに、コンツェは、ワレーザーの、「なぜなら、無為によって貴人たちは特色づけられているから」（Durch das Nichtgewirkte (asaṃskṛta) ausgezeichnet sind nämlich die Edlen.）という訳を挙げて、自分の訳に最も近いものとしている。チベット訳では ḥphags-paḥi gaṅ-zag rnams ni ḥdus-ma-byas kyis rab-tu-phye-baḥi slad-tu.「もろもろの聖人は無為法によって開示（prabhāvanā）されているからである」といっている（北京版、Vol. 21, 252—6—1. また、中村・紀野共訳、岩波文庫本一三七ページ参照）。

## 7

須菩提よ、どう思うか。如来が、この上ない正しい覚りであるとして、現に覚っている所の何らかの法があるであろうか？ また、如来によって説かれた何らかの法があるであろうか（tat kiṃ manyase Subhūte, asti sa kaścid dharmo yas Tathāgatena-anuttarā samyaksambodhir ity abhisambuddhaḥ, kaścid vā dharmas Tathāgatena deśitaḥ.）。

須菩提が答えた。わたしが師の説かれた所の意味を理解した所によれば、如来がこの上ない正しい覚りであるとして現に覚っておられる法というものは何もありません。また、如来が説かれたという法もありません。なぜかといいますと、如来が現に覚られたり、説かれたりした法というものは、不可取であり、不可説であるからです。それは法でもなく法でないものでもありません。それはなぜかといいますと、すべての聖者たちは、無為から顕わされたものであるからです（tat kasya hetoḥ. yo ’sau Tathāgatena dharmo ’bhisambuddho deśito vā, agrāhyaḥ so ’nabhilapyaḥ, na sa dharmo na-adharmaḥ. tat kasya hetoḥ, asaṃskṛta-prabhāvitā hy ārya-pudgalāḥ.）。

第三断疑である。第一疑の「身相を以て如来を見るを得べからず」よりきたり、「無相ならば、いかにして説くことができるか」の疑問を断ずるものである。それは、下に流支訳『経論』に挙げるとおりである。がこの第三断疑は、大別して、問答断疑と格量顕勝とである。その問答断疑はこの第七、無得無説分で、格量顕勝、称嘆勧修は次の第八、依法出生分である。今その問答断疑について、吉蔵の考えを見ながら、さらにその内容に入ることとする。

「須菩提よ、意に於ていかん」の下は、この文のきたる所以におよそ二義あり。一には証信故にきたる。上に無依無得の信を弁じ、乃至法・非法も皆捨つ。今は一切の賢聖同じくこの悟りをなす。故にこの法の信受すべきを知るなり。

二には、論によらば疑を釈するが故にきたる（これより以下は何らの義を説くか。異疑を遮せんがための故なり。いかんが異疑なるや。先に相の成就を以て如来を見るを得べからずと説けり。何を以ての故に、如来は有為相に非ざるにより名を得るが故なり。もし、かくの如くならば、いかんが釈迦牟尼佛は阿耨多羅三藐三菩提を得るを説いて名づけて佛となし、いかんが法を説くや。これを異疑と名づけ、この疑を断ずるとなす。いかんが疑を断ずるや。論に曰く、この義を以ての故に、釈迦牟尼佛は佛に非ず、また法を説くものにも非ずと。この義いかん。偈に言う。「応化は真の佛に非ず、また説法者にも非ず。説法は二取にあらず、説なく言相を離れたればなり」(nairmāṇikena no buddho dharmo nāpi ca deśitaḥ, deśitas tu dvayāgrāhyo 'vācyo 'vākpathalakṣaṇāt. G. Tucci, op. cit., p. 61.)。

この義いかん。佛に三種あり。一に法身佛。二に報佛。三に化佛。また釈迦牟尼佛を名づけて佛となすは、これ化佛なり。この佛、阿耨多羅三藐三菩提を証せず、また法を説かず(流支訳『経論』大正蔵経二五・七八四ページ中)。

論主この章に至り、およそ三疑を釈す。

初めに法身は有為に非ざるを挙げ、果を以て因を徴する疑を釈す。

次に信者の章は因果の法門を説いて、便ち信なしと言う。上に信あるを明かすは、即ちこの疑を釈す。今、この一章の経は、果を以て果を徴する疑を釈す。上の法身非有為の章に、生、住、滅の相は、これ無為法身に非ざるを言う。故にこの三相を以て如来の法身を見るべからず。疑う者曰く、もし、三相はこれ佛に非ずと言わば、まさにまた釈迦は菩提を得ず、物(衆生)のために法を説かざるべし。然るに今、釈迦は樹王の下に実証して菩提を得、鹿苑に趣いて物のために法を説けり。もし、然らば則ち王宮に実に生まれ、双樹に実に滅すと言うべく、まさに三相は佛に非ずと言うべからず。今まさにこの疑を破す。文に就いて二とする。一には、佛、衆疑を挙げて以て善吉に問う。二には、善吉答え奉って以て衆疑を破す。今は即ちこれ初めなり。佛、意を問うて言う。「意に於ていかん」の下は、汝、佛は樹王の下に実に菩提を得ると言うや。五十年、世に住して実に法を説くとなすやと。善吉の答の中に二列を開く。第一はまさしく実証実説の疑を破し、第二はさらに異疑を破す。これは即ち初めなり。善吉曰く、実に菩提と名づくるものを得ることあるなし。実に法として説かるべきものもあるなしと。論の偈に曰く、「応化は真の佛に非ず、また説法する者にも非ず」とは、佛に三種あるを明かす。一に法身佛は、即ち正法を以て身となす。二に報身佛は、即ち、これ因を修し已って果を満たし、起って因に酬《むく》ゆるを名づけて報佛となす。三に化身佛なり。今、実に証するというものあることなく、実に説く所のものあることなしという釈迦は、即ちこれ化身佛なり。これ真の佛に非ず。即ちこれ化証、化説にして実証、実説に非ず。この例を以て、前に釈迦は、即ちこれ化生、化滅にして実生、実滅に非ずという。この故に如来身はこれ無為なり。故に定んで法として菩提と名づくるものあることなく、また、定んで法として如来の説くべきものあることなしと言うなり。

「何を以ての故に、如来の説く所の法とは」の下は、第二に無説の疑を破す、惑者は上に釈迦は、これ化佛にして実証あることなく、実説あることなしと聞いて、即ち化説あることなく、化証あることなしという。この故に、今、実証なしと雖も而も化証あり、実説なしと雖も而も化説あるを明かす。故に如来の説く所の法は、即ちこれ化説なり。前には即ち実説の疑を破す。今は則ち化説なき疑を破するなり。

「取るべからず、説くべからず」とは、この句は、さらにまた疑を破す。惑者すでに化説あるを聞いて、法として説くべきものありという。佛、もし説くあらば、聴くものまさに取あるべし。説あるを以ての故に、則ち言語断ぜず。聴く者有《う》(執着)あるが故に、則ち心行滅せず。今、言語滅するを以ての故に不可説、心行滅するを以ての故に不可取なり。

「法に非ず、非法に非ず」は、この句、上の不可取、不可説の意を成ず。諸法実相は非有、非無なり。

非有の故に「法に非ず」、非無の故に「非法に非ず」、すでに有を離れ無を離る。いかんが説くべけんや。すでに有を離れ無を離る。いかんが取るべけんや。即ちこれ浄名経、仁王経の弁ずる所の如く、その説法は無説、無示にして、その聴く者も無聞、無得なり、

「一切賢聖は皆無為法を以て、しかも差別あればなり」とは、この文のきたる所以は上の非法、非非法、非有、非無の義を成ぜんがためなり。一切の賢聖は皆無為を体悟するを以てなり。この無為は無有、無々なり。この故に、まさに知るべし、諸法実相は非有、非無なり。あに説を取るべけんや。『論』の文に言う、佛、よく諸法実相の非有、非無を説く所以は、無為法を体悟するによるが故のみ。故に無為はこれ因を説くなり（経に言うが如し。何を以ての故に。一切の聖人は皆無為法を以て名を得。この句は何の義を明かす。かの法はこれ因を説くが故なり。何を以ての故に、一切の聖人は真如法の清浄によって名を得。無為法を以て名を得るが故に。流支訳、『経論』大正蔵経二五・七八四ページ下）。

また一切の聖人の所証はなお不可説なり。聴者あに取るべけんや。この中、独り佛のみを挙げず、乃至広く衆聖を引くは、この意、一切の賢聖はこの法を同じく悟ることを証せんとするがためなり。まさに知るべし、この法は必ず信受すべしと。

問う、何が故に一切の賢聖は無為にして、しかも差別ありと言うや。答う、また疑を釈す。すでに同じく無為を悟れば、衆聖異なるなきを言う。便ち、十地の階級・四果の浅深なしと。この故に、今、同じく無為を悟ると雖も、悟る所は同じからざるを明かす。故に三聖を異とするあり。三鳥網を出で、三獣河を度り、空に昇って近遠あり、水を渉って浅深あるは、即ちこれそのことなり。

問う、三佛は、乃ちこれ地論師の説なり。汝、今、何が故この義を用うるやと。答う。この問いをなすは非にして、これ通方の論なり。今、一師、一豪も得べきなく、一切皆この義なるを弁ず。思益経に、一切法正、一切法邪を言うが如し。もし有所得心ならば、唯三佛のみ不可得に非ずして、一佛二佛悉くこれ戯論なり。もし無所得了悟の心を以てすれば、縁に随って説く所、一佛二佛三佛十佛より無量佛に至るまで、並びに皆無礙なり。いかんが二身を苟存して三佛を疑うや。答う、義の要に三あり。法佛あるによるが故に報佛あり。報佛あるによるが故に化佛あり。法佛はこれ佛性なり。要は佛性によるが故に、因を修して報身を満成す。この二つはこれ自徳にして、然る後、衆生を化するはこれ化他の徳なり。故に化佛あり。

## 第八　依法出生分

須菩提、於レ意云何。若人満二三千大千世界一七寶以用布施、是人所レ得福德寧爲レ多不。須菩提言、甚多、世尊。何以故。是福德卽非二復福性一。是故如來說二福德多一。若復有レ人、於二此經中一受二持、乃至、四句偈等一爲二他人一說、其福勝レ彼。何以故。須菩提、一切諸佛及諸佛阿耨多羅三藐三菩提法皆從二此經一出。須菩提、所謂佛法者卽非二佛法一。

須菩提よ。意に於ていかん。もし、人、三千大千世界に満つる七宝を以て、用いて布施せんに、この人の得る所の福徳は、寧ろ多しとなすや、いなや。

須菩提言わく、甚だ多し、世尊よ。何を以ての故に。この福徳は、即ち、また、福性に非ざればなり。この故に、如来は福徳多しと説きたもう。もし、また、人有り、この経の中に於て、乃至、四句の偈等を受持して、他人のために説くときは、その福は彼よりも勝れたり。何を以ての故に。須菩提よ、一切の諸佛及び諸佛の阿耨多羅三藐三菩提の法は、皆、この経より出でたればなり。須菩提よ、所謂《いわゆる》佛法とは、即ち、佛法に非ざるなり。

《七宝》金・銀・琉璃・頗梨・車渠・赤珠・馬瑙をいう。『長阿含経』第一八閻浮提洲品、『大桜炭経』第一閻浮利品、『起世因本経』第一閻浮洲品などを参照。七宝の一々については、諸経論必ずしも一様でない。例えば、『無量寿経』巻上には、頗梨と赤珠とを除いて、珊瑚と琥珀を加え、『法華経』第四授記品には、赤珠を除いて、玫瑰を加え、『大阿弥陀経』巻上や『平等覚経』第一には、赤珠と馬瑙を除いて、珊瑚と琥珀を加えるなど一様ではない。《四句偈》『金剛仙論』第四（大正蔵経二五・八二一ページ上）には、「ここに一四句偈というのは、偈と長行とを問うことなし。ただ法身の理を表わして足らしめる者には、以て一四句の偈となす。因縁事などを説く経文をとって一四句の偈となさず」という。しかし、『金剛経纂要刊定記』第四（大正蔵経三三・二〇五ページ下）には、「一句を以て一義を詮わし、一義を以て一句とせば、四義にしてまさに一偈を成ず。一異・有空・常無常など、皆各々四句あり。然るに今、経の四句は、人の説同じからず。ある人は無我・無人・無衆生・無寿者をとって四句となすと説き、ある人は、若以色見我などをとって四句となすと説き、ある人は、一切有為法などを四句となすと説き、ある人は、ただ一経中に於て、随い取って経文を四句となすと説き、ある人は、始めの如是より終りの奉行に至ってまさに四句を成ずと説く。然るに上の諸説は正しき義に非ず。およそ下に正しき義を明かすが如くば、これ則ち有無などに約して四句となすなり。いわく、第一はこれ有の句、第二はこれ無の句、第三はこれ亦有亦無の句、第四はこれ非有非無の句なり。文義兼ね備わるが故に最妙という。この四義を以てよく実相に通ず。即ちこれ四門なり」といっているから、諸説があったことを知り得る。しかし、後に挙げる吉蔵の解釈が最も妥当なものであろう。四句からなる偈といえば、詩形の偈が考えられるが、ここでは具体的なものを指していると見ることは適切ではなかろう。むしろ、この経のいずれかの句、あるいは短文でもという意味に解すべきであろう。

## 8

須菩提よ、どう思うか。もし、善男子善女人が、この三千大千世界を七宝で満たして、如来、応供、正等覚に布施したとすると、その因縁によって、この善男子善女人は、多くの功徳を積んだ（福聚を生ずる）ことになるであろうか（tat kiṃ manyase Subhūte, yaḥ kaścit kulaputro vā kuladuhitā vemaṃ trisāhasramahāsāhasraṃ lokadhātuṃ sapta-ratna-paripūrṇaṃ kṛtvā Tathāgatebhyo 'rhadbhyaḥ samyaksambuddhebhyo dānaṃ dadyāt, api nu sa kulaputro vā kuladuhitā vā tato-nidānaṃ bahutaraṃ puṇya-skandham prasunuyāt.）。

須菩提は答えた。師よ、その善男子善女人は、その因縁によって、多くの功徳を積んだ（福聚を生ずる）こととなるのです。なぜかというと、師よ、如来所説の功徳を積むということは、功徳を積まないということであると如来は説いているからです。それだから、如来は、功徳を積む、功徳を積むと説かれるのです（tat kasya hetoḥ, yo 'sau Bhagavan puṇya-skandhas Tathāgatena bhāṣitaḥ, askandhaḥ sa Tathāgatena bhāṣitaḥ, tasmāt Tathāgato bhāṣate : puṇya-skandhaḥ puṇya-skandha iti.）。

佛はいわれた。須菩提よ、もしまた、善男子善女人が、この三千大千世界を七宝をもって満たして、如来、応供、正等覚に布施するとしても、この法門から四句よりなる一偈だけでも取り出して、他の人に詳しく説き示し聞かせる者があるとすると、この方が、その因縁で、もっと多くの数えきれない功徳を積むことになるのだ (Bhagavān āha : yaś ca khalu punaḥ Subhūte kulaputro vā kuladuhitā vemaṃ trisāhasramahāsāhasraṃ lokadhātuṃ sapta-ratna-paripūrṇaṃ kṛtvā Tathāgatebhyo 'rhadbhyaḥ samyaksambuddhebhyo dānaṃ dadyāt, yaś ceto dharma-paryāyād antaśaś catuṣpādikām api gāthām udgṛhya parebhyo vistareṇa deśayet samprakāśayed, ayam eva tatonidānam asaṃkhyeyaṃ.)。

なぜかというと、須菩提よ、実にもろもろの如来、応供、正等覚の無上正等覚も、それから生じ、また諸佛世尊も、それから生じたからである (tat kasya hetoḥ, ato nirjātā hi Subhūte Tathāgatānām arhatāṃ samyaksambuddhānām anuttarā samyaksambodhir, ato nirjātāś ca Buddhā Bhagavantaḥ,)。

佛法である、佛法であるとは、須菩提よ、それらは非佛法であると如来が説いている、それだから、佛法といわれるのである (buddhadharmā buddhadharmā iti Subhūte 'buddhadharmāś caiva te Tathāgatena bhāṣitāḥ, tenocyante buddhadharmā iti.)。

この箇所の羅什の訳文はかなり簡潔なものになっている。したがって、それ以後の流支訳や真諦訳などは、いずれも梵文に近い。今、現代語訳した所も、原文を出して、それに近い訳を施して羅什訳と対比する便に供した。

昭明太子の分科では、第八、依法出生分であるが、前の第七、無得無説分に続くものである。第三断疑が、「身相を以て如来を見ることを得ない」という第一断疑からきたもので、「無相の如来はいかにして法を説き得るや」という疑問を断ずるのが第三断疑であった。今はそれに続く一連の文として、格量顕勝、称嘆勧修を説くのである。吉蔵の『疏』（大正蔵経三三・一〇八ページ上―）にそいながら、さらにその内容に入ることにしよう。

「須菩提よ、意に於ていかん。もし、人、三千大千世界を満たす七宝を以て布施せんに」の下は、これ第三の格量顕勝、称嘆勧修の門なり。もし、福慧を以て判ずれば、上来、智慧門に就いて般若を説き已り、今、功徳門を以て般若を説く。般若は未曾有の福慧なり。衆生のための故に福慧の名を作して説くなり。

また、上来、「無依無得」に就いて波若を説く。今は称歎門に就いて波若を説く。

また、上来、波若の体を明かす。今は波若の用を明かす。よく受持するを以て無辺功徳を生ず。この故に用なり。

この門に就いて、開いて三の別を造る。

第一は外施を挙げて格量す。

第二は内施を挙げて格量す。

第三は釈迦往因を挙げて格量す。

外施を挙げて格量（校量）するに就いて、さらに開いて二となす。第一は正しく外施を挙げて格量す。第二は格量優劣の意を釈成す。

正しく格量中に就いて、また、開いて二となす。第一は、正しく二種の財施を挙げて格量称嘆し、第二は経名を弁ず。初めに就いても、また開いて二と作す。第一はまさしく二施の格量と、波若の一四句の偈を受持することを挙ぐ。第二は波若のある処、人尊（佛）のあるを称歎す。第一に就いて、二施を挙げて格量するの四句は、開いて二となす。

第一は三千世界の七宝を以て布施することを挙げて、四句を格量す。

第二は恒沙界の七宝を以て布施することを挙げて、四句を格量す。

初章中に就いて、また二つの別を開く。第一は正しく財施を挙げて格量し、第二は格量の義を釈成す。今は即ちこれ初めなり。


問う、何の因縁の故にこの文きたるや。答う、この文のきたる意は、およそ近遠あり。いう所の遠きものは、さきの数の義の如し。近きものは、もし、諸法実相が不可取説ならば、文字は則ちこれ可取、可説にして、経の受持は、まさに功徳なかるべし。この疑を釈せんがために、文字はこれ可取、可説なることを明かす。この文字に因って波若を得悟すれば、則ちこれ説によって無説を悟るなり。これを以て受持する者はその福無辺なり。故に格量《ただしはかる》（校量）なり。第一は正しく財施を挙げ、第二は波若を格量す。財施を挙げる中に自ら開いて二となす。第一は佛問い、第二は善吉答う。開いて二別となす。初めは正しく答え、次は答えを簡択す。正答は文の如し。阿泥楼駄は一食施を以て、九十一劫常に安楽をうくと。況んや、今の大千の妙宝もて布施せんに、その福は多からずや。問う、実に大千の妙宝もて布施することありや、いなや。答う、実にありというを得、また、仮説というを得。実にありというは、転輪聖王は四天下を領し、よく四天下を満たす妙宝もて布施す。仮説というは、もし、この事なければ、仮説ありという。また、受持波若に及ばず。佛は人をして波若を尊重せしめんと欲するが故に、（実）事なしと雖も、かりて説明するなり。

「何を以ての故に、この福徳は、即ち福徳に非ざればなり」の下は、第二の答えを簡択す。有人いう、福徳は即ちこれ世諦なり、非福徳は即ち真諦なり。この福徳は虚仮即ち真なるを明かす。これを福徳と名づく。多きは世諦の故に多しと説く。一切の諸法は二諦を出でず。故に二諦に就いてこれを明かすと。今、いわく、この釈は次第なきに似たり。今、乃ちこれは福徳多き義を釈す。何の因縁の故に二諦を明かすや。

また有人いわく、この福徳は非福徳、非福徳は福徳なりという。これは波若の福徳なり。ただ波若の中には、財施・法施あり。波若の財施・法施は実には優劣なく、ただ財施を受くる人は、一生富楽なれども、未だよく未来の悪道の苦を滅せず、法施を受くる人は、よく三悪道の報を滅して、未来は天人や好家に生まれ、乃至佛と作る。この故に財施は法施に及ばず。今は受くる人に約して、その実かくの如きをいう。ただこのうち、能施人に約して、これを格《ただ》すに非ず。故にこの釈に同ぜず。ただ施は同じからず。有得の財施は無得の法施に及ばず。これはこれ、互いに、自ら無得の財施は有得の法施に勝れるあり、自ら無得の財・法は有得の財・法に勝れるあるに対す。問う、無得の財施は、いかんが無得の法施の如くならんや。有得の財施もまたこの問いをなす。答う。財・法は不二なれば、則ち無得の財施と無得の法施とは優劣あることなし。ただ優劣なきも、優劣の義は、則ち法施を勝となし、財施を劣となせり。有得の法施もまた有得の財施に勝れるとなせるのみ。大《おおかた》格《ただ》すことかくの如し。

今、論によって釈せん。『論』に云く、「福は菩提に趣かず」と（流支訳『経論』大正蔵経二五・七八五ページ上。法を受持すると、及び説くとは福徳を空しうせず。福は菩提に趣かざるも、二はよく菩提に趣けばなり。grahaṇadeśanā cāsya nāpārthā pu[ṇya] saṃgrahāt, puṇyaṃ bodhyanupastaṃbhād [upas] taṃbhād dvayasya ca. G. Tucci, op. cit., p. 61.) これは布施を簡《えら》ぶの福多しと雖も、これ有漏の福徳なり。即ち、福徳に非ず、無漏無所得の福徳に非ざるなり。これを福徳と名づくとは、論の経に、重ねて福徳、福徳とはいえり。この意はほぼ、福徳を判ずるに、およそ二種あり。一には有漏の福徳、二には無漏の福徳なり。この故に重ねて福徳、福徳とはというなり。

問う、善吉ただ佛に応答して、布施の福多きを明かす。何の因縁の故に、忽ち福徳の漏と無漏と簡ぶや。答う、善吉は佛の意を領解するが故に。佛の意は、布施の福多しと雖も、しかも、これ有漏なるを明かさんと欲す。この故に、佛に答うるに、「わが解するが如くば」という。布施の福多しというは、これ有漏の福多きのみにして、無漏にはあらず。

「佛いわく」の下は、第二の正に財施を挙げて、法施を格量す。中に就いて二あり。初めに持経の布施に勝るを明かし、第二に勝る所以を釈す。

今は即ちこれ初めなり。問うて云く、何を名づけて四句の偈となすや。有人いう。この経の下の文の両四句の偈は、即ちこれそのことなりと。今云く、この人、経の語を得て、経の意を得ず。もし、下の偈をとって四句の偈となさば、経の初めよりこのかた、まさに偈に非ざれば、受持する者、功徳なからん。また、佛の経を説く時にあたってこのうちに至るまで、未だ後の両偈あらず。いかんが逆に格量せんや。人ありていう。一切の大蔵経の四句は要偈なり。雪山の四句などの如きは、即ちこれそのことなりと。これもまた然らず。今、正しく波若を論じて余経に渉らず。人ありていう。およそこの言説にして一義を成就するものは、これ即ち偈なり。故に偈を名づけて竭の義とする。その竭尽を取って、則ち名づけて偈となすと。今、いう、また然らずと。経に乃ち四句の偈を明かす。今、その義の竭尽すといわば、何ぞ必ずしも四句を的《まと》に論ぜんや。自ら一句にして、義に於てもまた尽るものあらん。もし、これ別偈ならば、則ち句は定まり、言は不定なり。もし、これ通偈ならば、則ち言は定まって句は不定なり。（中略）今すでに四句という。則ちこれ別偈なり。いかんが通を以て釈せんや。人あっていう、三十二字を名づけて一偈となすと。これまた然らず。乃ちこれ外国の経を数える法のみ。四句の偈にかかわるにあらず。有人のいわく、およそこれ経論によく道を顕わすものは悉く名づけて偈となすと。これまた然らず。今まさしく偈という。いかんが乃ち通じて道を顕わすの言をとらんや。道を顕わすこと何ぞ必ずしも四句のみならんや。有人のいわく、仮名の四句なり。一の仮有の如き、定有・定無・亦有亦無・非有非無なるべからず、亦仮有ということを得。即ち不有乃至仮有は未だかつて有無ならざるが故に、この仮の四句を即ち名づけて偈となすと。今いわく、上来またこの説なし。乃ちこれ通方の論のみ。有人の言の上の不可取・不可説・非法・非非法は、即ちこれ十四句の偈なりと。今いわく、これまた然らず。もし、ただこれのみこれ偈ならば、余は偈に非ざるべきや。有人のいわく、前に善吉の四句の問いに答うるは、即ちこれ四句の偈なりと。これまた然らず。前は乃ちこれ四句に答う。あに偈にかかわらんや。今、世俗のうちに四句を以て一偈となし、佛、世俗に随ってまた四句を以て一偈となすと。これ即ち少を挙げて多を況《たと》える言のみ。然るに一四句はこれ言の最少なり。もしよく一四句を受持するものは、その福無辺なり。況んや、また一段、一章、一品、一部をや。故に須らく、経の意を得て、語言に著することなかれ。

「何を以ての故に」の下は、これ第二に勝る所以を釈するなり。至人の法を極むるは、この経より生ず。この故に持経はその福、勝れるとなす。論にいわく、「二つはよく菩提に趣けばなり」（前掲参照）と。即ちこれは四句を受持すると及び四句を演説するとなり（偈にいう。福は菩提に趣かず、二つはよく菩提に趣くが故にと。この義いかん。かの福徳は大菩提に趣かず。二つはよく大菩提に趣くが故に。何をか二つとなす。一に受持、二には演説なり。経に受持乃至四句の偈などというが如し。流支訳『経論』大正蔵経二五・七八五ページ上）。

「いわゆる佛法とは、即ち佛法に非ず」とは、有人のいわく、これはこれ執（著）を遣《や》る。物（衆生）の著を恐れるが故に遣即ち空を須《ま》つと。今いわく、然らずと。前に、即ち福徳に非ざるを明かす。またまさに物の著を生ずるを恐るるが故に遣を須つべきなり。

有人のいわく、佛法は非佛法なりとは、中仮の流《たぐい》の如しと。これもまた然らず。恐らくは、これ玉《たまの》巵《さかずき》の当《そこ》なきなり。今、論によるに、上の持経の福多き義を釈成す。偈に云う。ただ独りのみ故、諸佛法には、福の成が第一体なりと（実に於ては了因と名づく。また余のための生因なり。ただ独りのみなれば、諸佛法には、福の成が第一体なり。流支訳『経論』大正蔵経二五・七八五ページ上。svābhāvikāptihetutvāt tadanyasya ca janmanaḥ, kaivalyād buddhadharmāṇām agryatvaṃ puṇyasādhanam. G. Tucci, op. cit., p. 62.）。

「いうところの佛法」とは、ただ佛のみにして、無上菩提の法なり。

「即ち佛法に非ず」とは、佛より以外の二乗、菩薩には、この法なし。故に「即ち、佛法に非ず」というなり。佛のみ独り有るが故に、この法は第一なり。今、持経の福よく第一の法を生ずるが故に、持経の福は最も勝れり。

# 第四断疑

## 第九　一相無相分

須菩提、於レ意云何。須陀洹能作二是念一、我得二須陀洹果一不。

須菩提言、不也、世尊。何以故。須陀洹名爲二入流一、而無レ所レ入。不レ入二色聲香味觸法一、是名二須陀洹一。

須菩提よ、意に於ていかん。須陀洹《しゅだおん》は、よく、この念《おも》いをなして「われ、須陀洹の果を得たり」とするや、いなや。

須菩提言う。いなり、世尊よ。何を以ての故に。須陀洹は名づけて入流《にゅうる》となせども、しかも、入る所なければなり。色・声・香・味・触・法に入らざる、これを須陀洹と名づくるなり。

《須陀洹》 srota-āpanna　流れに入ったという意味であるから、預流とも入流とも意訳されている。部派佛教の聖者の段階をあらわす四向または四果の初位である。すなわち、須陀洹、斯陀含、阿那含、阿羅漢の一つ一つを須陀洹向 (srota-āpatti-pratipannaka)、須陀洹果 (srtoa-āpanna, srota-āpatti-phala) のように、向 (-pratipannaka) と果 (-āpanna, -āpatti-phala) とに分けていうので、合せて四向四果とも、四雙八輩ともいう。『大毘婆沙論』巻第四六には、「また次に、もし、初めて果を得れば、これ四果中最初の果なれば、乃ち預流と名づく。余は則ち然らず。また次に、もし、初めて果を得れば、これ四向四果の中の最初の果なれば、乃ち預流と名づく。余は然らず。また次に、もし、初めて果を得れば、これ四雙八輩補特伽羅中の最初の果なれば、乃ち預流と名づく。……問う、何の義を以ての故に預流と名づくるや。答う、流れとは聖道をいい、預とは入をいう。彼、聖道に入るが故に預流と名づくと」（大正蔵経二七、二四〇ページ上）。

## 9・a

須菩提よ、どう思うか。初めて聖者の流れに預かり乗った（預流）者が、そのような預流（須陀洹）の果を得たというような考えを起こすだろうか、どうであろう。

須菩提は答えた。いいえ、そのようなことはありません、師よ。なぜかといいますと、須陀洹は入流といいますけれども、どこにも流れに入り預かる所はないからです。彼は形を得たのでもなく、声や、香りや、味や、触れられるものや、心の対象を得たわけでもありません。それだからこそ、聖者の流れに預かり乗った者、つまり須陀洹といわれるのです。

tat kiṃ manyase Subhūte, api nu srotaāpannasyaivaṃ bhavati : mayā srotaāpatti-phalaṃ prāptam iti.

Subhūtir āha : no hīdaṃ Bhagavan, na srotaāpannasyaivaṃ bhavati : mayā srotaāpatti-phalaṃ prāptam iti. tat kasya hetoḥ, na hi sa Bhagavan kaṃcid dharmam āpannaḥ, tenocyate srotaāpanna iti. na rūpam āpanno na śabdān na gandhān na rasān na spraṣṭavyān na dharmān āpannaḥ, tenocyate srotaāpanna iti.

師よ、もしも初めて聖者の流れに預かり乗った者が、私はそのような須陀洹の果を得たというような考えを起こしたとすると、彼にはかの自我に対する執着（我想）、生きているものに対する執着（衆生想）、個体に対する執着（寿者想）、個人に対する執着（人想）があることになりましょう。

saced Bhagavan srotaāpannasyaivaṃ bhaven : mayā srotaāpatti-phalaṃ prāptam iti, sa eva tasya-ātma-grāho bhavet sattva-grāho jīva-grāhaḥ pudgala-grāho bhaved iti.

二十七断疑中の第四の「断声聞得果是取疑」で、第三断疑の無為法は不可取説である点から、声聞が四向四果を得るというのは、取ではないかという疑を断じようとする段（9・a—9・e）である。

嘉祥大師はその『疏』に次のようにいう。

「須菩提よ、意に於ていかん。須陀洹はよく、この念《おも》いをなして」の下は、これ、第二に格量の義を釈成す。この章中に就いて、二つの別を開く。第一は小乗の因果を挙げて、格量の義を釈成し、第二は大乗の因果を挙げて、格量の義を釈す。この二章に就いて、おのおの両別を開く。初段の両つは、第一に小乗の因を挙げて、格量の義を成じ、第二は小乗の果を挙げて、格量の義を成ず。

今は即ちこれ初めなり。問うて曰く、いかんが大小乗の義を挙げて、格量を成ずるや。答う、前章には、如来の説く所は、皆、不可取、不可説にして、乃至一切の賢聖は、皆、実相は無為なれども、しかも差別あるを体悟するという。然れども、この語の意は、即ち、これ実相の無依、無得の義を悟るを明かす。無依無得を悟るを以ての故に、須らく大小乗の賢聖の不同あるべし。疑う者はいう、もし、諸法は不可取、不可説、無依、無得というならば、いかんが小乗は取って四果を得、乃至大乗は佛を証得するや。大小乗は、皆、証得あるが故に、これは無依、無得に非ざるを知る。大小乗は、皆、証得ありと説くを以ての故に、これは不可説の義に非ざるを知ると。今この疑を釈するために、大小乗は証得ありと雖も、しかも、実には無所得なるを、有所説なりと雖も、無所説なるを明かす。この故に、まさに無取、無説、無依、無得を知るべし。これを以て、大小乗を挙げ、上の不可取、不可説、乃至、皆、無為法を以て差別あるを釈成す。

問うて曰く、いかんが上の格量を成ずるや。答う。諸法、もし、これ取るべく、説くべく、依あり、得あらば、受持は則ち功徳なし。まことに波若によって無取、無説なり。これを以て、受持はその福無辺なり。

問うて曰く、この経の下の文に、大乗の者のために説く、もし小法を楽《ねが》う者は聴受すること能わずという。『大品』に、波若はこれ菩薩の法にして、二乗に属せずという。今、いかんが乃ち小乗を引いて証成となすや。答う、これは小を挙げて大を況《あらわ》すなり。小乗人もなお無依、無得、無説を悟るを明かす。いかんが菩薩にして無所得の法を信ぜざらんや。『大品』に先尼を引いて証とするが如し。聴く者、諸法畢竟空を聞いて、信受せざるが故に、先尼を引く(『大品』集散品第九、大正蔵経八・二三六ページ上)。

小乗の人なお法空を信ず。今、大乗の人、無相法中にあに空を信ぜざらんや。また今は、これ無所得の三乗にして、これ波若の善巧方便の用なり。これはこれ、大小も有所得の小に非ざるなり。また、小乗を学ぶ人を引いて大法に入れしめんと欲し、小乗もまたこの法を学ぶべしと欲す。『大品』にいうが如し、諸天子よ、汝ら須陀洹果に住せんと欲するものも、また、この忍を離れずと(諸天子よ、善男子善女人の、須陀洹果に住せんと欲し、須陀洹果を証せんと欲する者、この人は、この忍を離れず。斯陀含、阿那含、阿羅漢果、辟支佛道、佛道に住せんと欲し、証せんと欲するも、この忍を離れず。かくの如く、諸天子よ、菩薩摩訶薩は初発心より般若波羅蜜の中に、かくの如く住することをなすべし、説くなく、聴くなきを以ての故なり。『大品』天主品第二七、大正蔵経八・二七六ページ上)。

問う。もし、然らば、この法は、すなわち、三乗法に通ずるか。答う。中道を観ずる者の如きは三品あり。下の智観の故に声聞の菩提を得、中の智観の故に縁覚の菩提を得、上の智観の故に佛の菩提を得るなりと。

問う。何故声聞法中に四果を立て、菩薩法中に十地を開くや。師いわく、今、須らくこの一路を開くべしと。この一路は擁塞すること久し。今や無礙通方悉く得るを明かさん。聖人の善巧は衆生を出処せしめんがために、その根性に随って大小を開く。大小同じからざるは、その通別あるによる。もし、通じて論をなさば、大小は皆、地と名づくるを得、大小は悉く果を称し得るが故なり。三乗の共《ぐう》の十地の如し。八人地、見地は即ち須陀洹果、薄地は即ち斯陀含果、離欲地は即ち阿那含果、已辦地は即ち阿羅漢果、菩薩法中の已辦地は佛地に属す。これ大小は皆地と名づくるを得るを知る。大小皆果と名づくるは、小乗すでに四果と名づく。菩薩の十地もまた十果と名づく。故に『大品』にいう、法有るはこれ菩薩道、法無きはこれ菩薩果なりと。もし、別に就いて論をなさば、大小を開いて不同なるは、則ち果地を異となす。小乗は則ち因果と名づけ、菩薩は称して十地となす(中略)。

問うて曰く、この四果を立てるは何処の文に出ずるや。答う、『婆沙』は五義を以て立つ。一には曾道を捨し、二には未曾道を得、三には一味解脱を得、四には十六行を具修し、五には八智を修得す。(『阿毘曇毘婆沙論』巻第三三、大正蔵経二八・二三九ページ下参照。なお『大毘婆沙論』巻第六五には、復次に、この四果位は五因縁を具す。一には曾得道を捨し、二には未曾得道を得し、三には結断の一味得を証し、四には頓に八智を得し、五には一時に十六行相を修するも、余位は尓らざるが故に、佛はただ四沙門果のみを説けり。大正蔵経二七・三三八ページ中参照)。

今、五義を以て具さに初果を立つ。下三果は三義を具すべし。いわゆる曾道を捨し、未曾道及び一味解脱を得るなり。これらの義は数論中に広釈するが如し。ただこれ仮名方便なるを知る。数論の有所得解の如きにあらず。数論はただ名字を得て佛意を知らざるなり。

初果に就いて、文は前に問い、次に答う。答えに就いて、中に三あり。一は正しく答え、初果を悟る時、得と不得と証と不証とを見ざるを明かす。即ち、上の不可取、不可説の義を成ずるなり。「何を以ての故に」の下は、第二句にして、上の義を成ず。須陀洹とは、無漏を修習するをいい、また生死の流れに逆らうに名づく。流れに二種あり。一は生死の流れにして、即ちこれ煩悩なり。二は道流にして、名づけて正観となす。今このうちに具さに二流を明かす。名づけて入流となすは、即ちこれ道流に入るなり。色・声・香・味・触・法に入らざるは、即ちこれ生死の流れに逆らうなり。道流に入るが故に、生死の流れに逆らう。故に道流に入る。然れども、道流に入るも、実には入る所なし。また生死の流れに逆らうも、実には逆らう所なし。

第三句の「これを須陀洹と名づくるなり」とは結名なり。余経には、須陀洹を名づけて溝巷断結となすという。前に欲界の苦を観じて、欲界苦の下の煩悩を断じ、次に上界の苦を観じて、上界苦の下の煩悩を断じ、還って欲界の集を観じ、次に上界の集を観ず。かくの如く上下屈曲して溝巷に似る。

故に溝巷断結という。三蔵師のいわく、須陀洹を得るとは、これは流れに至るをいう。煩悩が人を引いて生死の流れに至るが如く、八正道は人を引いて涅槃の流れに至ると。問う、何故ただ六塵に入らずというや。答う、すでに六塵に入らず、また六情六識に入らざるは、即ち法空を明かす。須陀洹を見ざるが故に、即ちこれ人空なり。道流に入るも、入る所なきが故に、則ち涅槃は不可得なり。生死の流れに逆らうも逆らう所なきが故に、生死は不可得なり。故に人にあらず、法にあらず、生死にあらず、涅槃にあらず、乃ち波若須陀洹と名づく。

須菩提、於レ意云何。斯陀含能作二是念一、我得二斯陀含果一不。
須菩提言、不也、世尊。何以故。斯陀含名二一往來一、而實無二往來一。是名二斯陀含一。

須菩提よ、意に於ていかん。斯陀含《しだごん》は、よく、この念いをなして「われ斯陀含の果を得たり」とするや、いなや。
須菩提言う。いななり、世尊よ。何を以ての故に。斯陀含を一往来と名づくれども、しかも、実には、往来なければなり。これを斯陀含と名づくるなり。

《斯陀含》 sakrd-āgāmin の音訳。一来または一往来と意訳されている。四向または四果のうちで、須陀洹についで第二位にあるもの。この位に達すると、天か人かの世界にもう一度生まれ変って覚り、それ以後は天か人かの世界に生を受けることがないと信ぜられ、人間界にあって、この位に進み、斯陀含の果を得れば、天界に往き、再び人間の世界に還ってきて涅槃に入る。また天界でこの果を得れば、人間の世界に往き、再び天界に還って涅槃に入る。このように必ず天界と人間世界とを一往来するという。『大毘婆沙論』第五三などを参照。

## 9・b

須菩提よ、どう思うか。聖者の流れに預かり乗ったものは、次には天か人かの世界にもう一度だけ生まれかわって覚《さと》るというが、このような一往来の者が、その果を得たというような考えを起こすだろうか、どうであろう。

須菩提は答えた。いいえ、そのようなことはありません、師よ。なぜかといいますと、斯陀含は一往来といいますけれども、実際には、そのような往来というものはどこにもないからです。それだからこそ、斯陀含といわれるのです。

Bhagavān āha : tat kiṃ manyase Subhūte, api nu sakṛdāgāmina evaṃ bhavati : mayā sakṛdāgāmi-phalaṃ prāptam iti.

Subhūtir āha : no hīdaṃ Bhagavan, na sakṛdāgāmina evaṃ bhavati : mayā sakṛdāgāmi-phalaṃ prāptam iti. tat kasya hetoḥ, na hi sa kaścid dharmo yaḥ sakṛdāgāmitvam āpannaḥ, tenocyate sakṛdāgāmi-iti.

第二果もまた問答あり。

「斯陀含」とは、これを薄婬怒癡（『大毘婆沙論』巻第二七、雑蘊第一中補特伽羅納息第三の五。『阿毘曇毘婆沙論』巻第一五、雑犍度人品下など参照）といい、また一往来と名づく。この人はなお欲界両生を感ず。一たびは天上に生まれ、一たびは人中に生まれ、便ち羅漢となる。故に一往来と名づけ、また頻来と名づく。頻《たびたび》、両生を受くるを以て名づけて頻来という。

須菩提、於レ意云何。阿那含能作二是念一我得二阿那含果一不。

須菩提言、不也、世尊。何以故、阿那含名爲二不來一而實無二不來一。是故名二阿那含一。


須菩提よ、意に於ていかん。阿那含《あなごん》は、よく、この念いをなして「われ、阿那含の果を得たり」とするや、いなや。

須菩提言う。いななり、世尊よ。何を以ての故に。阿那含を名づけて不来となせども、しかも、実には不来なければなり。この故に阿那含と名づくるなり。

《阿那含》 anāgāmin の音訳で、不還《げん》または不来と意訳される。四向四果の中で第三位にあるもの。欲界の煩悩を断じ尽した聖者をいう。この位に至ると、欲界の煩悩を断じ尽して、死後には色界、無色界に生じ、欲界には二度と生を受けない点で不還あるいは不来といわれるのである。『大毘婆沙論』巻第一七四、一七五巻などを参照。

## 9・c

師は問うた。須菩提よ、どう思うか、次に最早生まれかわってこない者が、そのような果を得たというような考えを起こすだろうか、どうであろう。

須菩提は答えた。いいえ、そのようなことはありません、師よ。なぜかといいますと、阿那含は不来（不還）といいますけれども、実際には、不来というようなものはどこにもないからです。それだからこそ、不来といわれるのです。

Bhagavān āha : tat kiṃ manyase Subhūte, api nv anāgāmina evaṃ bhavati : mayā-anāgāmi-phalaṃ prāptam iti.

Subhūtir āha : no hīdaṃ Bhagavan, na-anāgāmina evaṃ bhavati : mayā-anāgāmi-phalaṃ prāptam iti, tat kasya hetoḥ, na hi sa Bhagavan kaścid dharmo yo 'nāgāmitvam āpannaḥ, tenocyate, 'nāgāmi-iti.

第三の阿那含とは、これを不還という。また不来という。欲界の結を断じ尽して欲界に生ぜざるが故に不来という。しかも実にきたるものなし。問う、阿那含を不来と名づく。すでに実に不来という。斯陀含を一往来と名づく。まさに実には往来すというべし。上には一往来は実には往来の時なしという。故に、阿那含を不来と名づくるは、まさに不来にあらずというべしと。答う、その実はまさに然るべし。ただ、互いに文、意を現わすのみ。しかも、然らざるは、那含を不来と名づけ、実にはきたるものなしという。これ不来の名と無得の語とその義相称うが故に、無来の語を以て還って不生の名を釈す。

須菩提、於㆑意云何。阿羅漢能作㆓是念㆒、我得㆓阿羅漢道㆒不。

須菩提言、不也、世尊、何以故、實無㆑有㆔法名㆓阿羅漢㆒。世尊、若阿羅漢作㆓是念㆒、我得㆓阿羅漢道㆒、卽爲㆑著㆓我人衆生壽者㆒。

須菩提よ、意に於ていかん。阿羅漢《あらかん》は、よく、この念いをなして「われ、阿羅漢道を得たり」とするや、いなや。

須菩提言う。いななり、世尊よ。何を以ての故に、実に法として、阿羅漢と名づくるもの、有ること無ければなり。世尊よ、もし阿羅漢にして、この念いをなして「われ、阿羅漢道を得たり」とせば、即ち、我・人・衆生・寿者に著すとなす。

《阿羅漢》arhat の音訳、通常、応供、殺賊、不生と意訳される。応供は尊敬供養に応じ得る値ある人という意味で、古くは佛を指し、佛十号の一に数えられたが、部派佛教では、理想的な修業者を指すようになった。殺賊は arihan (arihat) の訳語で、阿羅漢と同義語、ari が賊で、han (hat) が殺すという意味で、賊は煩悩を指す。不生は a-ruh からきたり、煩悩などの不生を意味する。なお、『中阿含』舎梨子相応品教化病経第八には、給孤独長者と舎梨子との問答で、長者が四向四果を得ることを説く（大正蔵経一・四五八ページ下―）。

## 9・d

師は問うた。須菩提よ、どう思うか。最後に世の尊敬供養に価する者が、私はそういう価値ある人になったというような考えを起こすだろうか、どうであろう。

須菩提はいった。いいえ、そういうことはありません、師よ。なぜかといいますと、実際には、法として、そのような阿羅漢といわれるものはどこにもないからです。師よ、もしも阿羅漢が、わたしは阿羅漢になったというような考えを起こしたならば、彼にはかの自我に対する執着があることなるし、生きているもの、個体、個人などに対する執着があることになるでしょう。

Bhagavān āha : tat kiṃ manyase Subhūte, api nv arhata evaṃ bhavati : mayā-arhattvaṃ prāptam iti.

Subhūtir āha : no hīdaṃ Bhagavan, na-arhata evaṃ bhavati : mayā-arhattvaṃ prāptam iti. tat kasya hetoḥ, na hi sa Bhagavan kaścid dharmo yo 'rhan nāma, tenocyate 'rhann iti, saced Bhagavann arhata evaṃ bhaven : mayā-arhattvaṃ prāptam iti, sa eva tasya-ātma-grāho bhavet sattva-grāho jīva-grāhaḥ pudgala-grāho bhavet.

第四果よりは、即ち、第二に小乗の果を挙げて、格量の義を成ず。上来、三種は並びに果を称すと雖も、もし、羅漢に望むれば、並びに皆これ因なり。この文に就いて、また開いて二となす。一には通じて羅漢を挙げ、二には別して善吉に明かす。初めにまた問答あり。答中に三あり。一に直答、二に順釈答、三に反釈答なり。

問う。四人は並びに皆果を称す。何が故に前の三は果といい、羅漢のみ道と称するや。答う。果と、道との名は皆四人に通ずるも、ただ羅漢のみはすでにその徳極まれるが故に、上の三との相異を簡んで、偏えに道という。然る所以は、大経にいう。菩提を尽智、無生智と名づくと。菩提はこれを称して道となす。羅漢はすでにこの二智とその道の名を得。上の三果は、未だ二智と道とを得ざれば、道と名づけざるなり。

世尊、佛説㆘我得㆓無諍三昧㆒人中最爲㆓第一㆒、是第一離欲阿羅漢㆖、我不㆑作㆓是念㆒、我是離欲阿羅漢。世尊、我若作二是念一、我得二阿羅漢道一、世尊則不レ説下須菩提是樂二阿蘭那行一者、以三須菩提實無二所行一、而名丙須菩提是樂乙阿蘭那行甲。

世尊よ、佛は、われを「無諍三昧《むじょうざんまい》を得たる人の中に於て、最も第一なり。これ第一の離欲の阿羅漢なり」と説かれたれども、われは、この念いをなさず、「われは、これ離欲の阿羅漢なり」と。世尊よ、われ、もし、この念いをなして、「われ、阿羅漢道を得たり」とせば、世尊は、則ち、「須菩提は、これ阿蘭那《あらんな》の行《ぎょう》を楽しむ者なり。須菩提は、実には所行無きを以て、しかも須菩提は、これ阿蘭那の行を楽しむと名づく」とは説きたまわざりしならん。

《無諍三昧》 原語は araṇa-vihārin または araṇā-vihārin で、すなわち阿蘭那（無諍）に住する者の意である。漢訳中阿含一六九、拘楼痩無諍経（大正蔵経一・七〇一ページ中—七〇三ページ下）、MN. 139. Araṇavibhaṅga-sutta には、——それ故、比丘たちよ、われらは有諍法と無諍法とを知るであろう、そして有諍法と無諍法とを知って、無諍道を行ずるであろう、とこのように、比丘たちよ、学ばなければならない。而して、比丘たちよ、善男子須菩提は無諍道を行じた者である。(tasmāt iha, bhikkhave, saraṇañ ca dhammaṃ jānissāma araṇañ ca dhammaṃ jānissāma saraṇañ ca dhammaṃ ñātvâ araṇañ ca dhammaṃ ñātvā araṇapaṭipadaṃ paṭipajjissāmāti, evaṃ kho bhikkhave sikkhitabbaṃ. Subhūti ca pana bhikkhave kulaputto araṇapaṭipadaṃ paṭipanno ti. (MN. vol. 3. p.237.)。なお、無諍の意義については、本文の『大毘婆沙論』引用の文を参照。

それは何故かというと、師よ、如来、応供、正等覚を得た人は、わたしのことを無諍住者の中で第一人者といわれました。師よ、わたしは、離欲の阿羅漢です。しかし、師よ、わたしは離欲の阿羅漢というような考えを起こしません。師よ、もしこのような考えを起こして、わたしは阿羅漢を得たと考えたなら、如来は、わたしのことを無諍住者の中の第一人者であり、善男子、須菩提は何者にもとらわれないから、無諍に住する者である、無諍に住する者である、とは授記しなかったでありましょう。

tat kasya hetoḥ, aham asmi Bhagavaṃs Tathāgatena-arhatā samyaksambuddhena-araṇā-vihāriṇām agryo nirdiṣṭaḥ, aham asmi Bhagavann arhan vītarāgaḥ. na ca me Bhagavann evaṃ bhavati : arhann asmy ahaṃ vītarāga iti. sacen mama Bhagavann evaṃ bhaven : mayā-arhattvaṃ prāptam iti, na māṃ Tathāgato vyākariṣyad : araṇā-vihāriṇām agryaḥ Subhūtiḥ kulaputro na kvacid viharati, tenocyate 'raṇā-vihāry araṇā-vihāri-iti.

吉蔵によると、第二に偏えに善吉の悟解の勝れたるによって、証となすは、善吉はなおこれ羅漢なり。ただ今はこれ対揚の主なり。またまた別して、勝定を得て余人に異なる。また自ら引いて証となし、義を明らかならしめんと欲す。文について四あり。一に、佛の、その上果を得るに就くを明かし、二に、その果が得の意をなさざるを明かし、三に、もし、得の意あらば、則ち佛の印可する所とならざるを明かし、四に、無著を以ての故に、佛の歎ずる所となるを明かす。

「人中に最も第一となす」に、およそ三種の第一あり。一は人第一。二は離第一、いわゆる二種の障を離る。一に煩悩障を離れ、二に定障を離る。三は徳第一なり。即ち無諍定及び断煩悩障智、断定障智を得。

問う。何の因縁により無諍三昧を修するや。答う。およそ三義あり。一には昔、佛、この三昧に種々の功徳ありと説くを聞き、心に信じて得んことを願う。今、羅漢と成るが故にこの定を修す。昔の因によるが故に、すなわち習得するなり。二には凡夫にありし時、多くの衆生に於て諍を起こすが故に苦の報いを受けたり。今は無学を得て、還って昔を憶い憂悔するが故にこの定を修す。三には多くの人をして現果報を得しめんとするが故に、またこれを修す。この定を得已るも、前に方便を作して他を守護し、心に一衆生も、われに於て諍を起こすことなからんとし、然る後に身を現ずるが故に無諍と名づく。

問う。何らの方便法を以てこの定を修するや。答う。前の散心中に発願し、その心願の要期の近遠、あるいは一土、一村、人物のおるところに従って、悉くその形相、姓族、名字を見、及びその心の趣向する所を知らんことを願う。この願を発し已って達分三昧に入り、昔の所願の如く、皆悉く分明す。このこと已って還って出で、散心《じん》に、定中の所見を憶念するに、夢中の所見を覚め已って還って憶するが如し。この義を以ての故に、よく悪を遮し、善を生じ、他をなやまさず。故に無諍と名づく。無諍と願智と相成ずること前に説くが如し（『大毘婆沙論』巻第一七九、大正蔵経二七・八九六ページ下参照）。

問うていわく、何をか名づけて無諍となす。答う。有人いわく、慈心を以て無諍となす。慈心を以ての故に物と諍わずと。有人いわく、第四禅を無諍と名づくと。この定は三災を離れ、四受を免がるるを以ての故なり。

有人いわく、空解を無諍定となすと。有人いわく、無諍智を以て無諍定となすと。

今、『論』によって釈せん。論にいわく、「かの善吉によらば、二種の障を遠離せり」とは、煩悩を断ずるが故に羅漢を得、三昧の障を断じて無諍定を得るなり。故に知る。これは別、これは方法定にして、これ空解に非ず、また四禅にも慈心にも非ざるなり。――流支訳『経論』には、

取り及び説くべからず。自果を取らざるが故なり。
かの善吉によらば、二種の障を離ると説く。

agrāhyānabhilāpyatvaṃ svaphalānām anudgrahāt,
dvayāvaraṇanirmokṣāt Subhūtāv araṇādvayam. (G. Tucci, op. cit. 参照。以下省略。)

この義はいかん。聖人は無為法に名を得るを以て、この故に、一法をも取らざるなり。取らずとは、六塵の境界を取らざるなり。この義を以ての故に、取らずと名づくるなり。逆流とは、経に、色、声、香、味、触、法に入らず、これを須陀洹と名づく、というが如くなるが故なり。乃至、阿羅漢は一法をも取らず、この義を以ての故に名づけて阿羅漢となす。

然るに、聖人は無為法を取らざるに非ず、自果を取るを以ての故なり。もし聖人にしてかくの如きの心を起こし、われはよく果を得たりとせば、即ち、我等《がとう》に著すとなすなり、とはこの義いかん。使煩悩のみあるも、行煩悩に非ざるを以てなり。何を以ての故に、彼は証の時に於て、我等の煩悩を取ることを離れたればなり。この故に、かくの如き心なし――われはよく果を得たりと。

何故に須菩提は自ら身の受記を得たるを歎ずるや。自身に果を証せしを以て、かの義の中に於て信心を生ぜしめんがための故なり。何故ただ無諍行のみを説くや。勝功徳を明かさんがための故と、深信を生ぜしめんがための故なり。何故須菩提は実には所行なきを以て、しかも須菩提は無諍なり、無諍行なりと名づくというや。

偈に、かの善吉によらば、二種の障を離れたりと説く、というが故なり。二種の障とは、一に煩悩障、二に三昧障なり。かの二種の障を離れたるが故に、所行なしという。この義を以ての故に説いて二種の障を離れたりと名づく。かの二種の障を離れたるが故に、名づけて無諍なり、無諍行なりとなす(流支訳『金剛般若波羅蜜経論』巻上、大正蔵経二五・七八五ページ中―下)。

問う。文に離欲羅漢という。何欲を離るるや。答う。これは煩悩の欲を離るるに非ず。乃ちこれ、善吉好んで阿蘭若行を修し、五欲、五塵の境を遠離するを名づけて離欲となす。阿蘭若とはここに無事という。即ちこれ優遊任放にして、塵累の拘わる所とならざるをいう。

四段の文の所は知り易く、別に出だすを用いず。

以上の吉蔵の見解に対して、次に『大毘婆沙論』の文を挙げてその見解をうかがうこととする。それによって、阿含経からの須菩提と無諍行との消息を知ることができよう。すなわち『大毘婆沙論』巻第一七九には、次のようにいう。

いかんが無諍行なりや。乃至広説。

問う。何が故にこの論をなすや。答う。契経の義を分別せんと欲するが故なり。契経に説くが如し。「わが弟子中、善現(須菩提)苾芻(比丘)は無諍行に住すること第一なり」と。この説をなすと雖も、未だいかんが無諍行なりや、無諍は何の法に名づくるやを広く弁ぜず。かの経はこれこの論の所依の根本なるを以て、彼に説かざる所のものを、今、まさにこれを説くべきが故に、この論をなすなり(契経については、長老偈 Thera-gāthā の第一偈と註、及び中阿含『拘楼瘦無諍経』MN. 139 前掲を参照)。

いかんが無諍行なりや。答う。一切の阿羅漢は内時に善達するも、外はかくの如くならざるものあり。もしまた外時に善達するものなれば、無諍行と名づくるなり(中略)。

問う。無諍とは何の法に名づくるや。答う。他相続をして雑穢の転ずることなからしむるをいう(中略)。

問う。外時に善達すると、雑穢の転ずることなしというとに何の差別ありや。答う。外時に善達すとは慧をいい、雑穢に転ずることなしとは煩悩の起こらざるをいうなり(中略)。

問う。何が故に阿羅漢はすでに解脱を得るに、しかもこの法を修して自らを拘縛するや。答う。かの阿羅漢は、先にはこれ菩薩の種姓にして、有情、悪を造り苦を招くを(見るに)忍びず、彼を苦より抜かんがための故に、恒にこの念いをなす、――われは無始よりこのかたもろもろの有情と共に互いに纏縛を起こし、五趣に輪廻し、もろもろの劇苦を受く。われ幸に免るることを得たるを以て、またまさに彼らを救うべしと。またこの念いをなす。われは無始よりこのかたあるいは倡妓、あるいは婬女などの鄙穢の身となり、百千の衆生はわれに於て結を起こし、なお、これによるが故に長夜に苦を受く。況んや、われ今、貪、恚、癡を離れて世の福田となれるに、われに於て結を起こして苦を招かしめんや。故にわれ今まさに復《ふたた》び煩悩の因縁をなさざるべしと。故に阿羅漢は自ら解脱すと雖も、しかも有情のために無諍行を起こすなり（中略）。

問う。無諍行の自性はいかん。これ定なりとせんや、これ慧なりとせんや、もし然らば何の失ありや、というに、もしこれ定なりとせば、いかに通ずるや。外時に善達するを無諍行と名づくと、説くが如し。善達はこれ慧なればなり。もしこれ慧なりとせば、余の説をいかに通ぜんや。説くが如し、まさに静定の無諍を習すべしと。答う。まさにこれ慧なりと説くべし。問う。もし然らば、何が故に、まさに静定の無諍を習すべしと説けるや。答う。彼はまさに静慧の無諍を習すべしと説くべし。しかも、まさに静定の無諍を説くべしと説けるは、定と倶なることを顕わさんと欲するが故に、定と名づくるも、しかも実にはこれ慧なり。これを無諍の自性と名づく。自性の如くわれ、物などもまた然り。すでに自性を説けり。所以は今まさに説くべし。

問う。いかんが無諍行と名づくるや。答う。この行はよく他の煩悩の諍を対治するが故に、無諍行と名づくるなり。しかも諍に三あり。一に煩悩諍、二に蘊諍、三に闘諍なり。煩悩諍とは、百八煩悩をいい、蘊諍とは、死をいい、闘諍とは、もろもろの有情が互いに相凌辱し、言語相違するをいう。まさに知るべし、この中には煩悩諍を説くことを。有情が煩悩を起こすことを遮せんがための故なり。また説く者あり。これによってよく自他の諍をなからしむるが故に無諍行と名づくと。即ちこれはよく無我行を修するの義なり。この故に尊者善現は、かつて日暮に、一毘訶羅に至り門を扣きて立つ。門内の苾芻問うていわく、これは誰ぞと。尊者善現は無諍に住すること久時にして、無諍行を熟修するによるが故に、黙してわれはこれ善現なりと答うること能わず。やや久しうして乃ちいわく、これはこれ世間にかりに立つる所の名を善現となすものなりと。またかの尊者は、かつて路を行きて雨に遭い、一外道の門側に至ってこれを避くるに、外道問うていわく、おんみの字《あざな》は何らなりやと。尊者善現は無諍に住すること久時にして、無我行を熟修するによるが故に、黙してわれはこれ善現なりと答うること能わず。再三問われ已って、乃ち徐ろに答えていわく、われはこれ世間にかりに善現と名づくるものなりと。故に知る、無我行を善修するものが自他の諍をなからしむるを、説いて無諍行と名づくることを。

ある(人)が説く、もろもろの瑜伽師はこれに住するによるが故に、愛と不愛と、宜と不宜と、可意と不可意と、有利と無利と、苦と楽との具《そな》わる中に於て悉く皆無諍なり。故に無諍行と名づくるなりと(中略)。

問う。佛と独覚と到究竟の声聞とは、また無諍に住すとなすや、いなや。もし然らば何の失ありやというに、もし彼らもまた無諍に住すとせば、無諍はよく他の相続の煩悩を遮するに、何が故に、なお百千の衆生ありて彼を縁じて煩悩を起こすや。もし彼無諍に住せずんば、契経の説をいかに通ずるや。説くが如し、尊者善現は無諍に住すること第一なりと。彼の根性は劣なるに、なおよく無諍に住す。佛、独覚などの根は勝れるに、彼らは何故無諍に住すること能わざるや。答う。まさに佛らもまた無諍に住すというべし。問う。もし然らば、何故なお百千の衆生ありて彼を縁じて煩悩を起こすや。答う。佛及び到究竟の声聞は倶にこれ他を説法教化するものにして、皆願智を得、有情を、われは今よく彼らをしてわれに於て煩悩を起こさずして善を種えしむること能うやいなやと観察して、もし能くすと知れば、便ち往きてこれを化す。もしかの結を起こさざらしむること能わざるも、ただよく彼をして善根を種えしむべしと知れば、即ち寧ろかの結を起こすも、要《かなら》ずまさに善根を種えしむ〳〵

しと念ず。所以はいかん。彼もしよく毛許りの勝善を起こさば、必ずよく山の如き煩悩ともろもろの悪行とを摧滅するが故に。もし倶に能わずと知らば、則ち方便して、これを避くること、善現に勝ること百千倍を過ぐるなり。

有るが説く、佛及び到究竟の声聞は無諍に住せずと。問う。何故、善現はよく無諍に住するに、佛らの根勝るものが住すること能わざるや。答う。尊者善現は無諍中に於て愛楽し尊重し、恒時に修習するも、佛らは然らず。無諍に於て尊重の想いを起こすに非ざるが故に。しかも住すること能わざるには非ざるなりと。

かくの如く説者はいう。――佛らもまた無諍に住す。しかも多く住するには非ず。有情を化せんがための故なり。所以はいかん。もろもろの受化者は根性など然らず。あるいはよろしく慰喩すべく、あるいはよろしく訶責すべく、あるいはよろしく称讃すべく、然る後に法に入らしむべし。彼あるいは訶責などの位に於て、貪、瞋、慢を起こすと雖も、しかも必ずこれによって諸善根を種ゆればなり。この故に、如来と舎利子などはよく恒に無諍行に住すと雖も、有情を化せんがために、しかも多く住せざるなりと（中略）。

契経に説くが如し、善現苾芻は無諍行を修して法、随法を証すと（いかんが法なりや。答う。寂滅涅槃なり。いかんが随法なりや。答う。八支聖道なり。いかんが法の随法を行ずるや。答う。もしこの中に於て義に随って行ずれば、法の随法を行ずと名づく云々と。同巻第一八一、大正蔵経二七・九一〇ページ下。また寂滅涅槃と八支聖道については、中阿含拘楼瘦無諍経に、――……この二辺を離れれば則ち中道あり。眼を成じ、智を成じ、自在に定を感じ、智に趣き、覚りに趣き、涅槃に趣く。

これは何によって説くや。聖道八支あり、正見乃至正定なり。これをいって八となす。この二辺を離れば則ち中道あり、眼を成じ、智を成じ、智に趣き、覚りに趣き、涅槃に趣くは、これによるが故に説くなり。大正蔵経一・七〇一ページ下。MN. 139. Araṇavibhaṅga-sutta. p. 231. を参照)。

問う。無諍はもろもろの煩悩を断ずること能わざるに、世尊は何故かくの如き説をなすや。答う。かの尊者は無諍行に於て昔より以来、愛楽し修習し、これにより展転してよく聖道を起こし、もろもろの煩悩を断じて阿羅漢を成ず。これよりよく無諍を起こして現前す。この密意によるが故に、この説をなすも、無諍がよく煩悩を断ずるの謂いには非ず。この事はいかん。かつて聞く、尊者は昔、二縁によって無諍中に於て正願を発起す。一に見により、二に聞による。見によるとは、いわく、往昔に佛弟子の無諍に住するによって、毎に城邑、衢路、市里に至るも、まさに有情を護って結を起こさざらしめんとするを見しなり。聞によるとは、いわく、往昔に佛弟子の無諍に住するによって――余説は前の如し――既に見聞し已って、正憶念を起こし、随って修習せし所の施、戒、多聞、精勤、梵行の一切を、皆以て無諍に廻向し、願わくは、われ未来に佛弟子となり、恒に無諍に住して、まさに有情を護ること見聞せる所の諸佛の弟子の如くならんと。かの願力によって衆同分を感じ、釈迦牟尼佛の法の中に於て、無諍に住すること第一の弟子となる。無諍のための故に、速疾に阿羅漢果を証得す。無諍は必ず無学身によるを以ての故にと。この密意によって、契経は説いて、無諍行を修して法、随法を証す、といえるなり（大正蔵経二七・八九八ページ上―九〇〇ページ中）。

# 第五断疑

## 第一〇　荘厳浄土分

佛告㆓須菩提㆒、於㆑意云何。如來昔在㆓然燈佛所㆒、於㆑法有㆑所㆑得不。

世尊、如來在㆓然燈佛所㆒、於㆑法實無㆑所㆑得。

佛、須菩提に告げたまう。意に於ていかん。如来は昔、然燈佛《ねんとうぶつ》の所《みもと》に在って、法に於て得る所有りしや、いなや。

世尊よ、如来は然燈佛の所に在って、法に於て、実には得る所無し。

《然燃佛》 原語は Dipaṅkara-tathāgata である。釈尊の因位に於ける授記の師佛である。今、その一例として『大毘婆沙論』巻第一七八の文を挙げれば――問う。この四波羅蜜多を修する時、一々の劫阿僧企耶に於て、いくばくの佛に逢事するや。答う。初劫阿僧企耶に七万五千佛に逢事す。最初を釈迦牟尼と名づけ、最後を宝髻と名づく。第二劫阿僧企耶に七万六千佛に逢事す。最初は即ち宝髻にして、最後は然燈と名づく。第三劫阿僧企耶には七万七千佛に逢事す。最初は即ち然燈にして、最後を勝観と名づく。相異熟業を修する九十一劫中に於て、六佛に逢事す。最初は即ち勝観にして、最後は迦葉波と名づく。まさに知るべし、これは釈迦菩薩によって説くことを。もし、余の菩薩なれば不定なり。かくの如く、釈迦菩薩は迦葉波菩薩の時に於て四波羅蜜多を先に分に随って満たし、相異熟業は今よく円満し、この瞻部洲より歿して覩史多天に生まれ、天趣の最後の異熟を受く。その他、『増一阿含経』第一一、一三、四〇、『修行本起経』、『マハーヴスツ』、『大智度論』第四など参照。

## 10・a

師は問うた。須菩提よ、どう思うか、如来が、応供、正等覚者である然燈佛の所で何か得られたものがあるだろうか、どうであろう。

須菩提は答えた。いいえ、如来が応供、正等覚である然燈佛の所で得られたものは何もありません。

Bhagavān āha: tat kiṃ manyase Subhūte, asti sa kaścid dharmo yas Tathāgatena Dīpaṇkarasya Tathāgatasya-arhataḥ samyaksambuddhasya-antikād udgṛhītaḥ.

Subhūtir āha: no hīdaṃ Bhagavan, na-asti sa kaścid dharmo yas Tathāgatena Dīpaṇkarasya Tathāgatasya-arhataḥ samyaksambuddhasya-antikād udgṛhītaḥ.

この段は二十七断疑中の第五「断釈迦然燈取説疑」で、この疑も第三疑中の不可取、不可説からきたものである。

嘉祥大師の『疏』によれば、

「佛、須菩提に告げたもう、如来は昔、然燈佛の所に有りて」の下は、これ第二章にして、大乗の因果を挙げて、上の義を釈成するなり。文に就いて両つとなす。第一は大乗の因を挙げて、前の義を釈成し、第二は大乗の果を挙げて、前の義を釈成す。

大乗の因を挙げるに就いて、開いて二別とす。第一は受記を挙げ、第二は厳土を明かす。今は即ち初めなり。この文のきたる所以は、上、如来の所説の法は不可取、不可説の文より生ず。もし、諸法不可取なりといわば、昔、儒童菩薩は記を得ずとなさん。もし、昔、儒童菩薩、遂に記を得るとなさば、則ち諸法は可取ならん。もし、諸法は不可説なりといわば、然燈佛はまさに、それに記を授けざりしならん。すでに釈迦に記を授け、汝、来世に於て佛となることを得んと。則ちこれ可説なり。時会はこの疑あるを以ての故に、佛は衆疑を挙げて、善吉に問う。故に「如来は然燈佛の所に於て、法ありて菩提を得るや、いなや」をいう。善吉答えていわく、「然燈佛の所に於ては実には得る所なし」と。——また、釈迦如来、昔、然燈佛の所に在って受くる所の法に就いて疑あり。かの佛、この佛のために法を説く。もし、かくの如くば、いかんが、かの法は不可説、不可取ならんと。この疑を断ぜんがため、かの佛の所に於ては、法として取るべきものなしと説く。何が故にかくの如く説くや。偈にいう。

佛は、然燈の語に於ては、理としての実智は取らざりき。

この真実義を以て、かの取ることと説くことのなかりしを成ず。

buddhadipaṃkarāgrāhād vākyenādhigamasya hi,
tataś cādhigame siddhā agrāhyānabhilāpyatā.

この義はいかん。釈迦如来は然燈佛の所にあって、言語の所説にては、証法を取らざりしが故に、この義を以ての故に、かの証智は不可説不可取なりしを顕わす。偈に、この真実義を以て、かの取ると説くとの無かりしを成ずという故なり（流支訳『金剛般若波羅蜜経論』巻上、大正蔵経二五・七八五ページ下）。

## 第六・七断疑

須菩提、於レ意云何。菩薩莊ニ嚴佛土一不。
不也、世尊。何以故。莊ニ嚴佛土一者則非ニ莊嚴一。是名ニ莊嚴一。
須菩提よ、意に於ていかん。菩薩は佛土を荘厳《しょうごん》するや、いなや。いなり、世尊よ。何を以ての故に。佛土を荘厳すというは、則ち、荘厳に非ざればなり。これを荘厳と名づくるなり。

10・b

師はいうた。須菩提よ、もし菩薩が、わたしは佛国土を荘厳にするであろう、といったとすれば、彼は間違ったことをいったことになる。なぜかというと、須菩提よ、佛国土の荘厳、佛国土の荘厳というのは、荘厳ではないと説かれているからだ。それだから、佛国土の荘厳といわれるのである。

Bhagavān āha: yaḥ kaścit Subhūte bodhisattva evaṃ vaded: ahaṃ kṣetra-vyūhān niṣpādayiṣyāmi-iti sa vitathaṃ vadet. tat kasya hetoḥ, kṣetra-vyūhāḥ kṣetra-vyūhā iti Subhūte, 'vyūhās te Tathāgatena bhāṣitāḥ, tenocyante kṣetra-vyūhā iti.

第六断疑、すなわち二十七断疑中の第六「断厳土違於不取疑」で、これもまた、第三疑中の不可取からきたものである。しかも昭明太子が荘厳浄土分と名づけたのは、この一段の経文によるものである。またこの段は『維摩経』佛国品第一の「直心はこれ菩薩の浄土なり、深心はこれ菩薩の浄土なり、あるいは、もし菩薩、浄土を得んと欲せば、まさにその心を浄むべし。その心の浄きに随って、則ち佛土浄し」と対応される。嘉祥大師は次のようにいっている。

「意に於ていかん、佛土を荘厳するや、いなや」の下は、これ第二の厳土を弁じて、上の義を釈成するなり。来意は前と同じ。もし、諸法は不可取、不可説ならば、いかんが菩薩は浄佛土を取って行ずるや。この疑を釈せんがための故に、この文きたることあるなり。問う。因行は無量なるに、何故、前に受記を弁じて、今、厳土を明かすや。答う。受記はこれ菩薩の自行、厳土はこれ化他行なり。自ら無生を悟るが故に、佛の授記はこれ自行なり。衆生の類はこれ菩薩の佛土なる故厳土の行なり。則ちこれ化他の行なり。行門多きと雖も、この二つを出でず。この故に明かすなり。また、前に記を得るを論ずるは、則ちこれ正しく果なり。今、厳土を論ずるは、則ち果による。また、菩薩、無生を得已って、さらに余事なし。ただ衆生を成就して佛国土を浄むるのみ。故に次に第二句きたる。文にまた二あり。一に問い、二に答う。問いの意は知るべし。答えに就いて二つあり。第一は正しく厳土の真偽を明かす。第二は浄土の因を修するを勧む。今は即ちこの初めなり。もし、『大品経』の説によらば、このうち始終一意を円成す。即ちこれ菩薩は大荘厳なきを大荘厳となすと（その時、須菩提、佛に白していわく、世尊よ、われ佛より聞くが如くんば、菩薩・摩訶薩は大荘厳なきを大荘厳となす。諸法は自相空なるが故に。『大品経』大正蔵経八・二四八ページ下)。大荘厳すと雖も、実には荘厳なきなり。

しかるに『論』(下記の『経論』巻上の文を参照)によって釈せば、この中の文に「須菩提いわく、いななり。世尊よ」は、これ、如来の法身は、実には七宝の形相もて荘厳することなきを明かす。故に菩薩は七宝の浄土の取るべきあるをいうべからず。如来、佛土を荘厳すと説くは、疑う者いわく、もし、形相もて荘厳するは真土に非ずとせば、佛は何故七宝などを説いて浄土とし、菩薩をして浄土の因を修め、浄土の果を取らしむるやと。故に今釈していう、如来は正法を以て身は無身、非身となす。この故に無土なり。今、形相を説いて浄土となすは、これ、始行の人をして土沙の穢を棄て、宝玉の浄を取らしめんがためのみ。これ第一義の真浄土に非ざるなり。故に如来、佛土を荘厳するは、則ち荘厳に非ずというなり。これを荘厳と名づくとは、これはこれ、第一義の真実の荘厳なり。正しく諸法実相の徳の具わらざるなく、累の浄ならざるはなきを以ての故に荘厳と名づく。至人の栖止する所となすが故に、これを名づけて土となす。

是故須菩提、諸菩薩摩訶薩應三如レ是生二清淨心一。不レ應二住レ色生一レ心、不レ應下住二聲香味觸法一生上レ心。應三無レ所レ住而生二其心一。須菩提、譬如三有レ人身如二須彌山王一。於レ意云何。是身爲レ大不。須菩提言、甚大、世尊。何以故。佛說三非身是名二大身一。

この故に、須菩提よ、もろもろの菩薩・摩訶薩は、まさに、かくの如くに清浄の心を生ずべし。まさに、色に住して心を生ずべからず。まさに、声・香・味・触・法に住して心を生ずべからず。まさに、住する所無くして、しかもその心を生ずべし。須菩提よ、譬えば、もし、人有りて、身、須弥山《しゅみせん》王の如しとせんに、意に於ていかん。この身を大となすや、いなや。

須菩提言う。甚だ大なり、世尊よ。何を以ての故に。佛は、「非身をこれ大身と名づく」と説かれたればなり。

《須弥山》 Sumeru は、古代インドの神話的宇宙観に説かれた山で、佛教に於ても、この須弥山説を採用し、中国及び日本にも伝えられた。しかし諸経論に記す所は異同少なしとせず、『長阿含経』第一八閻浮提洲品、『立世阿毘曇論』第二数量品などを参照。

## 10・c

それ故、須菩提よ、菩薩・摩訶薩は無所住の心を起こさなければならない。何者かにとらわれた心を起こしてはならない。形にとらわれた心を起こしてはならない。声や、香りや、味や、触れられるものや、心の対象にとらわれた心を起こしてはならない。

須菩提よ、譬えば、もし人がその身体は整っていて、大きく、須弥山王のようであったとするならば、どう思うか。彼の身体は大きいであろうか。

須菩提は答えた。師よ、それは大きいですとも、善逝よ、その身体は大きいですとも。なぜかといいますと、師よ、身体、身体というが、それは実体がないと、如来によっていわれたからです。

だから身体といわれるのです。師よ、それは体でもなく、非体でもない、だから身体といわれるのです。

tasmāt tarhi Subhūte bodhisattvena mahāsattvenaivam apratiṣṭhitaṃ cittam utpādayitavyaṃ yan na kvacit-pratiṣṭhitaṃ cittam utpādayitavyam, na rūpa-pratiṣṭhitaṃ cittam utpādayitavyaṃ na śabda-gandha-rasa-spraṣṭavya-dharma-pratiṣṭhitaṃ cittam utpādayitavyam.

tad-yathāpi nāma Subhūte puruṣo bhaved upeta-kāyo mahā-kāyo yat tasyaivaṃrūpa ātma-bhāvaḥ syāt tad-yathāpi nāma Sumeruḥ parvata-rāja, tat kiṃ manyase Subhūte api nu mahān sa ātmabhāvo bhavet.

Subhūtir āha : mahān sa Bhagavan mahān Sugata sa ātmabhāvo bhavet. tat kasya hetoḥ, ātmabhāva ātmabhāva iti Bhagavann abhāvaḥ sa Tathāgatena bhāṣitaḥ. tenocyata ātmabhāva iti. na hi Bhagavan sa bhāvo na-abhāvaḥ, tenocyata ātmabhāva iti.

この一段（10・c—14・a）は、第七「断受得法身有取疑」であって、この疑もまた第三疑中の不可取からきたものであるとする。

また、この段は、前段に続いて、佛が須菩提に、「如是に清浄心を生ずべし、……まさに、住する所なくして、しかもその心を生ずべし」と説いている段である。『六祖壇経』や『金剛経五十三家註』には、——五祖、六祖（慧能）のために『金剛経』を説く。あたかも「まさに住する所なくして、しかもその心を住すべし」に至り、六祖は言下に大悟す。乃ちいわく、何ぞ期せん、自性本より自ら清浄ならんとは。何ぞ期せん、自性本より生滅せずとは。何ぞ期せん、自性本より自ら具足せんとは。

何ぞ期せん、自性本より動揺なしとはと。五祖いわく、本心を識らずんば法を学ぶも益なし。もし言下に自の本心を識り、自の本性を見る者は、即ち大丈夫の人と名づくと重要視している（大日本続蔵経第一輯、第三八套、第五冊、四四四枚裏下）。

吉蔵の『疏』は、次のようにいう。

「まさに、如是に清浄の心を生ずべし」の下は、これ第二の浄土の因を明かすなり。然れども、上に土果を明かすは、別相の世俗の土を破して、第一義の真の浄佛土を明かすものなる故、二土の真偽同じきにあらざるを明かすなり。この中、因に得失の異あるを弁ず。文に就いて、開いて三別となす。第一は正しく得を修するを勧め、二は失を捨つるを勧め、三は重ねて得を修するを勧む。「まさにかくの如く、清浄の信心を生ずべし」は、これ即ち得を修するを勧むるなり。「まさに声・香・味・触・法に住して心を生ずべからず」は、これ第二句の失を捨つるを勧むるなり。「まさに住する所なくして」の下は、第三句の得を修するを勧むるなり。

これに対して、流支訳『経論』では次の如くいっている。

またもし、聖人は無為法を以て名を得、この法にして不可取、不可説ならば、いかんが諸菩薩は取って浄佛国土を荘厳するや、いかんが受楽報佛（受用佛身）は自らを取って法王身となすや。いかんが余の世間は、また彼に於てこの法王身を取るや。自下の経文はこの疑を断ぜんとす。

この義は、かくの如く知るべし。いかに知る。偈にいわく、

智の習が唯識に通ず、かくの如くならば浄土を取らんや。

非形と第一体となれば、非厳が荘厳の意なり。

jñānaniṣyandavijñaptimātratvāt kṣetranodgrahaḥ,
avigrahatvād agratvād avyūhaṃ vyūhatā matā.

この義はいかん。諸佛には国土を荘厳することあることなし。ただ諸佛如来の真実の智慧の習のみが識に通達す。この故にかの土は取るべからず。もし、人かの国土の形相を取って、この言をなして、われは清浄なる佛国土を成就すといわば、彼は実説せざるなり。経に、何を以ての故に、須菩提よ、如来の説く所の佛土を荘厳すとは、則ち非荘厳なり、これを佛土を荘厳すと名づくというが如くなるが故なり。

何が故にかくの如く説くや。偈に、非形（無形）と第一体（勝）との故に非厳が荘厳なりとの意なり、というが故なり。荘厳に二種あり。一に形相、二に第一義相（勝相）なり。この故に非厳が荘厳なりと説く。また、佛土を荘厳するに非ずとは、形相なきが故に荘厳に非ざるなり。かくの如く荘厳なきが、即ちこれ第一荘厳なり。何を以ての故に、一切の功徳の成就を以て、荘厳するが故なり。もし、人、佛国土はこれ有為の形相なりと分別して、われは清浄なる佛国土を成就すといわば、かの菩薩は色などの境界の中に住して、かくの如き心を生ずるなり。これを遮せんがための故に、経に、この故に須菩提よ、もろもろの菩薩・摩訶薩はまさにかくの如き清浄心を生じ、しかも住する所なく、色に住して心を生ぜず、声、香、味、触、法に住して心を生ぜず、まさに住する所なくして、しかもその心を生ずべしというが如くなるが故なり。

前にいかんが受楽報佛は自らを取って法王身となさんや、という。この疑を除かんがために受楽報佛の体はかの須弥山王に同じと説く。鏡像の義なるが故なり。この義はいかん。偈にいう。

山王に取なきが如く、受報身にもまたまた然り。
諸漏と及び有為法とを遠離せるが故なり。
sumeror iva rājatve saṃbhoge nāsti codgrahaḥ,
sāsravatvena cābhāvāt saṃskṛtatvena cāsya hi.

この義いかん。須弥山王の如きは、勢力の高遠なるが故に、名づけて大となす。しかもかの山王の体を取って、われはこれ山王なりとはせず、無分別なるを以ての故なり。受楽報佛もまたかくの如し。無上法王の体を得たるを以ての故に、名づけて大となすも、しかもかの体を取って、われはこれ法王なりとはせず、無分別なるを以ての故なり。何故に無分別なるや。分別することなきを以ての故なり。経に、何を以ての故に、佛は非身と説く、これを大身と名づく、かの身は身に非ざれば、これを大身と名づくというが如くなる故なり。何故にかくの如く説くや。偈に諸漏と及び有為法とを遠離せる故なりという故なり。かの受楽報身の体は諸漏を離れたればなり。もしかくの如くんば、即ち物あることなからん。もしかくの如くんば、即ち物ありと名づくれば、ただ清浄身あるのみなるを以ての故なり。有為法を遠離せるを以ての故なり。この義を以ての故に、実には我体あり、他縁によって住せざるを以ての故なり（流支訳『金剛般若波羅蜜経論』巻上、大正蔵経二五、七八五ページ下―七八六ページ中）。

これに対して嘉祥大師はその『疏』に次のようにいう。

「須善提よ、譬えば、人ありて、身、須弥山王の如しとせんに」の下は、第二の大乗の果を明かし、前の無取無説を証し、格量の義を成ず。文に就いて二となす。前に佛問い、次に善吉答う。今は即ち初めなり。疑っていう。もし、無取無説ならば、いかんが諸佛は取って菩提を得、しかも他のために菩提を得ると説くやと。故に須弥山を挙ぐるは、須弥、十宝山中に於て最大なることを明かして、佛、十地中に於て最大なるに譬う。須弥はここに妙高山といい、また安明山という。釈意にいう。須弥山の如きは、十宝山中に於て大なりと雖も、また無心なれば大という。佛もまた然り。衆聖中に於て大なりと雖も、また無心をいいて大といい、菩提を得と雖も、また無心にして得という。

「佛は非身をこれ大身と名づくと説かれたればなり」とは、また疑を釈するなり。疑っていわく、須弥の無心を大といい、佛と等しというを聞く。須弥は、すでにこれ有為有漏なれば、佛もまたこれ有為有漏ならんというべしと。故に今釈して、佛は非身を説くというは、佛は須弥と同じからず、これ有為有漏身に非ざるを明かす。故に非身をこれ大身と名づくという。即ちこれ無為無漏身なり。故にこれを大身と名づくというなり。

問う。これは三佛中の何佛を挙ぐるや。答う。正しく報佛を挙ぐ。然る所以は報佛は正しくこれ因を修し満つる故菩提を得。法佛はこれ佛性にして、未だ菩提を得ず。故に法佛を説くにあらず。報佛を得已って、まさに応化を起こす。故に化佛もまた菩提を得るに非ず。故にただ報佛を挙ぐるのみ。

## 第一一　無為福勝分

須菩提、如㆓恒河中所有沙數㆒、如㆑是沙等恒河、於㆑意云何。是諸恒河沙寧爲㆑多不。

須菩提言、甚多、世尊。但諸恒河尚多、無數。何況其沙。

須菩提、我今實言告㆑汝。若有㆓善男子善女人㆒、以㆓七寶㆒滿㆓爾所恒河沙數三千大千世界一、以用布施、得レ福多不。

須菩提言、甚多、世尊。

佛告二須菩提一、若善男子善女人於二此經中一、乃至、受二持四句偈等一、爲二他人一說、而此福德勝二前福德一。


須菩提よ、恒河《こうが》の中のあらゆる沙の数の如き、かくの如き沙に等しき恒河ありとせんに、意に於ていかん。このもろもろの恒河の沙は、寧ろ多しとなすや、いなや。

須菩提言う。甚だ多し、世尊よ。ただもろもろの恒河すら尚多く、無数なり。いかに況んや、その沙をや。

須菩提よ、われ、今、実言もて汝に告げん。もし、善男子善女人有りて、七宝を以て、爾所《そこばく》の恒河の沙の数ほどの三千大千世界を満たし、以て用いて布施せんに、福を得ること多きや、いなや。

須菩提言う。甚だ多し、世尊よ。

佛、須菩提に告げたまう。もし、善男子善女人ありて、この経の中に於て、乃至、四句の偈等を受持して、他人のために説かんに、しかも、この福徳は前の福徳に勝れたり。


《四句偈》『大毘婆沙論』第一七八（大正蔵経二七・八九二ページ中）には、――もし時に、菩薩、心勇猛なるが故に、七昼夜を経るも、一足にして立って晌《またた》かずして視、一伽他を以て佛を讚歎し、しかも一念だに懈怠の心なくば、これを斉《かぎ》って精進波羅蜜多円満となす、とあり、また、『優婆塞戒経』一（大正蔵経二四・一〇三七ページ上）には、――人あり、無量世に無量佛所に於て、十二部経を受持し読誦するも、また解脱分法を得ること能わず。人あり、ただ一四句の偈を読むのみにして、よく解脱分法を獲得す。何を以ての故に、一切衆生の心は同じからざるが故なり、とある。

## 11

師は問うた。須菩提よ、どう思うか。大きな恒河の沙の数だけの恒河があるとして、それらの河の沙の数は多いであろうか。

須菩提は答えた。師よ、それだけの数の恒河ですら無数でしょう。ましてそれらの河の沙に至ってはなおさらのことです。

師はいった。わたしはあなたに告げよう、須菩提よ、あなたに判るように説こう。それらの恒河の沙の数だけの世界を、女や男が七宝で満たして、如来・応供・正等覚に布施したとしよう。須菩提よ、どう思うか。その女や男の人は、それによって多くの功徳を積んだことになるであろうか。

須菩提は答えた。師よ、善逝よ、その女や男の人は、その因縁によって多くの計り数えきれない功徳を積んだことになるのです。

師はいった。須菩提よ、さらに女や男の人が、それだけの世界を七宝で満たして、如来・応供・正等覚に布施したとしても、もし善男子善女人が、この法門から四行詩の一つでも取って、他の人々に示し、説いて聞かせるならば、この方がその因縁によって、一層多くの計り数えられぬ功徳を積むことになるのだ。

Bhagavān āha : tat kiṃ manyase Subhūte, yāvatyo Gaṅgāyāṃ mahānadyāṃ vālukās tāvatya eva Gaṅgā-nadyo bhaveyuḥ, tāsu yā vālukā api nu tā bahavyo bhaveyuḥ.

Subhūtir āha : tā eva tāvad Bhagavan bahavyo Gaṅgā-nadyo bhaveyuḥ, prāg eva yās tāsu

Gaṅgā-nadīṣu vālukāḥ.

Bhagavān āha : ārocayāmi te Subhūte prativedayāmi te yāvatyas tāsu Gaṅgā-nadīṣu vālukā bhaveyus, tāvato lokadhātūn kaścid eva strī vā puruṣo vā sapta-ratna-paripūrṇāṃ kṛtvā Tathāgatebhyo 'rhadbhyaḥ samyaksambuddhebhyo dānaṃ dadyāt, tat kiṃ manyase Subhūte, api nu sā strī vā puruṣo vā tato-nidānaṃ bahu puṇyaskandhaṃ prasunuyāt.

Subhūtir āha : bahu Bhagavan bahu Sugata strī vā puruṣo vā tato-nidānaṃ puṇyaskandhaṃ prasunuyād aprameyam asaṃkhyeyaṃ.

Bhagavān āha : yaś ca khalu punaḥ Subhūte strī vā puruṣo vā tāvato lokadhātūn sapta-ratna-paripūrṇāṃ kṛtvā Tathāgatebhyo 'rhadbhyaḥ samyaksambuddhebhyo dānaṃ dadyāt, yaś ca kulaputro vā kuladuhitā veto dharma-paryāyād antaśaś catuṣpādikām api gāthām udgṛhya parebhyo deśayet saṃprakāśayed, ayaṃ eva tato-nidānam bahutaraṃ puṇyaskandhaṃ prasunuyād aprameyam asaṃkhyeyam.

この分節は、有為の福は限りがあり、無為の福は殊勝にして比なしといわれるによって、無為福勝分とされている。第七断疑中の一段として、外財を校量して、経の勝れたことを顕わさんとしたものであるが、13・e の「恒河の沙に等しき身命を以て布施したりとせん」の内財に対応して、さらに経の勝れたことを顕わさんとするものである。今、嘉祥大師の『疏』によれば、

「須菩提よ、意に於ていかん。恒河中のあらゆる沙の数の如きの」下は、これ第二に、もろもろの恒河沙の数に等しき珍宝もて布施するを挙げ、持して四句の偈を説くを格量するなり。この文のきたる

所以には、およそ二義あり。一には上に布施少なく、まさにこの三千世界の珍宝を以てするが故に、持経に及ばざるを明かす。今は布施多く、諸恒沙の世界の珍宝を謂って、まさに持経に及ぶべきを明かす。また、上の大千の珍宝はただ衆生に施すのみ故、これ福田劣る。今は恒沙の珍宝は諸佛を供養す。これはこれ福田勝れり。まさに持経に及ぶべし。今は施多く(福)田勝ると雖も、これによる有所得の施は、また持経に及ばざるなり。

問う。先に大千を格量(校量)して、すでに持経に及ばざるを説く。何の故に恒沙の珍宝を即説せず、以て持経を格量するや。答う。数を増して義を明かす。小より多に至り実応相次ぐ。ただ上に大千を格量して持経に及ばざるを聞き、時の会(衆)のあるいは及ばざる所以を了せざるものあって、波若はなおこれ可取、可説なり、いかんが四句を受持せん、及び大千の珍宝より勝れんやという。これ上に広く疑を釈するを以て、波若は可取、可説に非ざるが故に、四句は少なりと雖も、もしくは持し、もしくは説かば、その福は則ち多きを明かす。布施は多しと雖も、これ可取、可説なれば、その福は則ち少なし。所以に前疑を釈し已って、まさに勝の所由を顕わすが故に、まさに更めて格量するなり。

流支訳『経論』巻中によれば、前にすでに多福徳の譬喩を説けるに、何故、この中にてまた説くや。偈にいう。

多義を説く差別により、また勝校量を感ずるために、
後の福が前のものよりも過ぐるが故に、重ねて勝譬を説くなり。
bahutvabhedakhyātyartham viśeṣasya ca siddhaye.

paurvāparyeṇa puṇyasya punar dṛṣṭāntadeśanā.

この義はいかん。前には三千大千世界の譬喩を説いて、福徳の多きことを明かす。今、重ねて無量の三千世界を説くが故なり。何故先にはこの喩えを説かざりしや。漸（次）衆生を化して、信心を生ぜしめんがためなり。上妙の義なるがためなり。また、前には未だ何らの勝功徳を以て、よく大菩提を得るやを顕わさざりしが故なり。この喩えがかの功徳を成ずるを以て、この故に重ねて勝譬を説くなりという。

さらに吉蔵はその『疏』に、次のようにいう。

この文に就いて、二とする。一は財施の福多きを明かし、二には法施を明かして格量す。初めに就いて両問答あり。即ち二意とす。初めの一番は沙の数の多きを明かし、後の一番は福徳の多きを明かす。今は問答の相承を以てただちに四別となす。一は沙の数を挙げて問いとなし、二は事を称《はか》って答え、三は財施を挙げて問いをなし、四は施の福多きを明かす。初問の中に三意あり。前に一恒沙を挙げて本となし、二には沙を以て河を数え、三にはかの沙の数ほどの河の中の沙を以て問いをなす。第二答中に両意あり。初めにただちに多と答え、後の徳に従う。ただ諸恒河の下は、多の義を顕わす。諸河は数を顕わすも、なお以て無辺なり、況んや河中の沙の如き、いかんが数うべけんやを明かす。

次に経を挙げて格量す。その文見るべし。財施の法施に及ばざるは、具さには多義あり。一には法施の時、能施の人は多くこれ聖人、智人なるを明かす。もし、財施をして能施の者たらしめば、則ち然らず。愚人は施を行ずる能わず。故に財施は則ち劣り、法施は則ち勝れり。二には法施を受ける人もまた必ず智人にして、まさによく領受す。愚者は畜生と共によく受けず。この故に法施は勝るるを明かす。三には福を得るの勝れたるを明かす。財施は則ちただ能施の者のみ福を受け、受施の者は則ち得ざるを明かす。もし、法施たらしむれば、則ち能・所の二人は並びに皆福を得。この故に勝れりとなす。四には法施は則ち能施所施皆得て失わず。もし、財施たらしむれば、則ち受施の人は五事の果を得て、能施は則ち失う。五には財施は則ちただ肉身を益するのみ。法施は則ち法身を益す。六には則ち法施はよく惑を断じ、財施は正しくこれ慳（貪愛）を伏す。七には法施は則ち有法を出で、財施は則ちこれ流転あり。八には財施の果は尽きるあり、法施の果は無尽なり。九には財施は一時の得にあらず、法施は則ち一時にして得。十には法施は四摂を具するを明かす。財施はただ一摂のみ。この故に法施は財施に勝るという。

## 第一二　尊重正教分

復次須菩提、隨說二是經乃至四句偈等一、當レ知、此處一切世間天人阿修羅、皆應三供養如二佛塔廟一。何況、有レ人盡能受持、讀誦。須菩提、當レ知、是人成二就最上第一希有之法一。若是經典所在之處、則爲レ有二佛若尊重弟子一。

また次に、須菩提よ、（所在の処に真諦本）随いてこの経の、乃至、四句の偈等を説かば、まさに知るべし。この処は、一切世間の天・人・阿修羅の、皆、まさに供養すること、佛の塔廟の如くなるべきを。いかに況んや、人有りて尽《ことごと》くよく受持し、読誦せんをや。須菩提よ、まさに知るべし、この人は、最上第一希有の法を成就したることを。もしは、この経典所在の処には、則ち、佛、もしくは尊重の弟子有りとなすことを。

また次に、須菩提よ、どのような地方でも、この法門から四行詩の一つでも取り出して、話したり、説いて聞かせたりすれば、その地方は、神と人間と阿修羅の世間の塔廟となるであろう。まして、この法門を余す所なく受持し、読誦し、学修して、他の人々のために詳しく説いて聞かせる者があれば、須菩提よ、彼らは最勝希有の者となるであろう。そして須菩提よ、そういう地方には、大師が住み、あるいはさまざまな有智の師の地位にある者が住むことになる。

api tu khalu punaḥ Subhūte yasmin pṛthivī-pradeśa ito dharma-paryāyād antaśaś catuṣpādikām
api gāthām udgṛhya bhāṣyeta vā saṃprakāśyeta vā, sa pṛthivī-pradeśas caitya-bhūto bhavet
sa-deva-mānuṣa-asurasya lokasya ; kaḥ punar vādo ya imaṃ dharma-paryāyaṃ sakala-samāptaṃ
dhārayiṣyanti vācayiṣyanti paryavāpsyanti parebhyaś ca vistareṇa saṃprakāśayiṣyanti, param-
eṇa te Subhūte āścaryeṇa samanvāgatā bhaviṣyanti. tasmiṃś ca Subhūte pṛthivī-pradeśe ś-
āstā viharaty anyatara-anyataro vā vijñaguru-sthānīyaḥ.

吉蔵の『疏』によれば、「また次に、随って（所在の処に）この経を説く」の下は、上来、二財施を挙げて、四句の経を格量し已る。この下は第二に、経の在る処を歎じ、及び受持の人を美《ほ》め、経の在る処は則ち処貴《たつと》く、人にあっては則ち人尊きを明かす。文に就いて四あり。一は経のある処は則ち処の重んぜられることを明かし、二には人にあっては則ち人尊きことを明かし、三には人尊を釈し、四には重んぜられることを釈す。

「塔の如し」とは、塔婆は外国語にして、また支提という。ここでは方墳という。然るに法身を尊ぶ、この故に塔を敬うとなす。この経を重んずるが故に所在の処を供養するとなす。問う。『大品』（大正蔵経八・二九〇ページ中）にいう。「十方に満つる舎利を一分となし、波若の経巻を一分となす。佛、天主に問いたまわく、二分のうち、こころにいずれの分を取らんとするや。天主答う。寧ろ波若の経巻を取らん。よく舎利及び一切の佛法を生ずるを以ての故に」と。もし、然らば、経すでに舎利に勝れたれば、則ちまさに経の所在の処は塔廟に過ぐべし。今いかんが、塔の如しというや。経のあるところを、もし、塔の如しといわば、則ち波若の経巻はまさに塔の舎利の如し。理を以てこれをいわば、実にはまさに塔に過ぐべし。ただ世間は塔を敬って尊極となす。この故に今は借りて以て喩えるのみ。

「いかに況んや、人ありて」の下は、第二に、人にあっては、則ち人尊なるを明かす。

「まさに知るべし、この人は」の下は、第三の人尊を釈す。

「もしくは、この経典」の下は、第四に処の貴ばることを釈す。この経は諸佛の母にして、よく諸佛及び三乗の十地を生ず。『大品』（大正蔵経八・二九三ページ中、参照）にいう。波若の所在の処には十方の諸佛常にその中にあり。故に佛を供養せんと欲せば、まさに知るべし。波若を供養すべしと。波若と佛とは無二無別なり、故に、「則ち佛ありとなす」という。

「及び尊重の弟子」とは、この所は、乃ち文殊、普賢（などの菩薩）あり。止《ただ》に目連、身子（舎利弗）のみにあらず。『大品』（大正蔵経八・三一〇ページ下、参照）にいう。諸天、日に三時、礼敬し六斎日にはいよいよ多しと。故に経所在の処は四面皆清浄ならしむなり。

これに対して『賛述』（大正蔵経三三・一三九ページ下）によれば、述に曰く、以下第二に所以を釈す。中に於て三つの「復次」あり。何を以て多財の布施も少受持に然ざるや。この意を釈するにより、三つの「復次」あり。いわゆる、一には在処の処勝《まさ》り、人にあっては人尊き故、二にはまさにいかんがこの経を名づけんの下は、よく二障を摧くが故に勝り、三には三千大千以下は、財施は染因のためなれど法施は浄因のための故に勝るを明かすと。これは即ち初めなり。中に於てまた二あり。初めは在処の処勝ることを明かし、次には人にあっては人尊なることを明かす。佛の塔廟の如しとは、これ十方諸佛の真法身なる故、いわゆる、身を砕ける舎利は、ただ一化佛の体なるも、この般若経は一切の諸佛の真法身なるが故なりと。無著の造と伝えられる『金剛般若論』巻下（大正蔵経二五・七六二ページ上）によらば、この一段の文は、即ちこれ十八差別中の第九の「外論に随順する散乱を遠離する」なり。故に第四の離障住処十二中の第五の「外論を楽《ねが》う散乱を離る」るなり。この般若によって修学せしめ、外の典籍を習読せしめざるをいう。故に文中に二あり。初めに四種の因縁を以て、この法の勝り異なるを顕示し、次に「まさにいかんがこの経を名づけん」の下は、言の如くに義を執するを対治せんがためなり。前の四因縁に就いて、即ち四となす。一には福徳を摂取す。経に福を得ること彼より多しというが如く、二には天などの供養なり。経にあらゆる処に随ってというが如く、三には難作なり。経に最上希有を成就すというが如く、四には如来（に等しき）念いを起こすなり。経に則ち佛ありとなすなどの如しと。

## 第一三　如法受持分

爾時須菩提白レ佛言。世尊、當何名二此經一、我等云何奉持。

佛告二須菩提一。是經名爲二金剛般若波羅蜜一。以二是名字一、汝當二奉持一。所以者何。須菩提、佛說二般若波羅蜜一、則非二般若波羅蜜一。

その時、須菩提、佛に白して言う。世尊よ、まさに、いかんがこの経を名づけ、われら、いかんが奉持《ぶじ》すべきや。

佛、須菩提に告げたもう。この経を名づけて金剛般若波羅蜜となす。この名字を以て、汝、まさに奉持すべし。所以はいかん。須菩提よ、佛の般若波羅蜜を説けるは、則ち、般若波羅蜜に非ざればなり。

《金剛般若波羅蜜》 羅什訳は経名を金剛般若波羅蜜というとするが、梵本はただ般若波羅蜜というとして、金剛をいわない。経名については、隋の笈多訳の直本には「金剛断割般若波羅蜜経」とあり、同じく笈多訳の金剛般若論では、「亦名金剛能断般若」となっているから断割は能断に改められたことになる。そして玄奘訳や義浄訳は、いずれも能断金剛であって、金剛能断と区別される。能断も金剛もいずれも般若の形容詞で、金剛の如き能断としての般若が所断としての煩悩を断ずるという意味であろう。なお、カマラシーラの Ārya-vajracchedikā-prajñāpāramitā-ṭīkā を参照。

13・a

このように説かれた時、須菩提長老は、次のように、師に問うた。師よ、この法門は何と名づけられ、またこれをどう受持したらよいでしょう。

このようにいった時、師は須菩提長老に次のようにいわれた。須菩提よ、この法門は般若波羅蜜と名づけられる。そのように受持するがよい。なぜかというと、須菩提よ、如来が般若波羅蜜と説くものは非波羅蜜であると、如来によって説かれたからである。だから般若波羅蜜といわれるのである。

evam ukta āyuṣmān Subhūtir Bhagavantam etad avocat : ko nāma-ayaṃ Bhagavan dharma-paryāyāḥ, kathaṃ cainaṃ dhārayāmi.

evam ukte Bhagavān āyuṣmantaṃ Subhūtim etad avocat : prajñāpāramitā nāma-ayaṃ Subhūte dharma-paryāyaḥ, evaṃ cainaṃ dhāraya. tat kasya hetoḥ, yaiva Subhūte prajñāpāramitā Tathāgatena bhāṣitā saiva-a-pāramitā Tathāgatena bhāṣitā, tenocyate prajñāpāramiteti.

吉蔵の『疏』は次のようにいう。「まさにいかんがこの経を名づけ」の下は、もし、開善（智蔵）によらば、上よりこのかた、並びにこれ波若の体を説けり。この一章は波若の名を明かす。即ちこれ名を説くなりと。今、名を説き、体を説くとは、この義なきにあらず。ただこの文は、なお格量の段に属す。前の格量中、開いて二別とす。第一は正に二種の財施を挙げて、格量し称嘆す。第二章は経名を弁ず。経名を弁ずる所以は、上に二施を挙げて、格量及び称歎し、経の在る所は貴ばれ、人にあっては人尊となす。時に衆はこの勝れし徳あるを聞いて、皆受持せんと欲するも、ただ名字を知らず。この故に、この中に名を弁ずるなり。

文に就いて二となす。初めは問い、次に答う。問いの中に二あり。一に経名を問い、二に受持を問う。今具さに二問に答う。開いて二別とす。第一は正に二問に答え、第二は問いに答える意を釈成す。今、前に二問に答う。即ち二となす。初めは名に答え、二に受持に答う。今は前に名に答う。

「金剛波若」とは、波若未曾法の譬えなり。譬不譬に非ざれども、譬えの名を仮設し、法不法に非ざれども、強いて法の名とし、名不名に非ざれども、強いて名を立てて、金剛波若と名づくるのみ。

「この名字を以て」の下は、第二の経を持すの問いに答う。

「所以はいかん」の下は、第二の問いに答える意を釈成す。他にいう。名に答えるうちに三段あり。第一に、金剛の名を標するは、即ち堅利の義を弁じ、第二に、体の堅を遣り、第三に、その用利を遣る。上、名に答えるは、即ち堅利の義を標し已り、この下は、即ちこれ、その体の堅を遣る。

体の堅を遣るに就いて、中に二句あり。初めは、「佛の波若を説けるは、即ち波若に非ざればなり」を明かし、心行断ずるを明かすなり。下の「如来には説く所なし」は、言語を絶するを明かすなり。今は上の不可取、不可説を問い已って、心行断じ、語言絶するを明かす。

今、何の因縁により、さらにまた絶するを明かすや。今、論によってこの二句を判ず。初めの句は、下、異なる所あるを明かし、次の句は、上、同じ所あるを明かす。

問う。何故に下、異なる所あり、上、同じ所あるや。答う。下、二乗に同じく、上、諸佛に異ならば則ち波若は尊敬受持すべきに足らずと。良《まこと》に、下、二乗に異なり、上、諸佛に同じきによるが故に尊敬すべし。物（衆生）に勧むるの意を以ての故にこの説をなすなり。下、異なりあるは、上にこの経を標し、名づけて金剛となす。ただ二乗断惑の智もまた金剛と名づく。未だこの経を知らず。金剛と名づくるは、これ何金剛なるや。故に釈していう。「佛の般若を説けるは」、これ佛の波若、佛の金剛なり。「則ち般若に非ざればなり」は、これ二乗の智慧に非ず、二乗の金剛に非ざるなり。

須菩提、於レ意云何。如來有二所説法一不。

須菩提白レ佛言。世尊、如來無レ所レ説。

須菩提よ、意に於ていかん。如来の所説の法有りや、いなや。
須菩提、佛に白して言う。世尊よ、如来には説く所無し。

## 13・b

須菩提よ、どう思うか。如来によって説かれた法というものが何かあるだろうか。
須菩提は答えた。師よ、いいえ、如来によって説かれた法というものは何にもありません。

tat kiṃ manyase Subhūte, api nv asti sa kaścid dharmo yas Tathāgatena bhāṣitaḥ.
Subhūtir āha : no hīdaṃ Bhagavan, na-asti sa kaścid dharmo yas Tathāgatena bhāṣitaḥ.

嘉祥大師はいう。「須菩提よ、意に於ていかん」の下は、他にいう。前に心行を断ずるを明かし、今は語言を絶するを弁ずと。今、『論』の意によらば、然らず。――いかんがかの勝福を成ずるや。
偈にいう。

二処を尊重するにより、習と大体を証するとにより、
彼は習煩悩に因たるにより、此は染の福を降伏するによりてなり。

dvayasya pātrīkaraṇān niṣyandatvamahattvataḥ.
asaṃkleśasya hetutvād dhīnābhibhavanād api.

この義はいかん。二処を尊重するとは、一に所説の処なり。何らかの処に随って、この経を説く

も、尊重奇特の想いを生ぜしむるが故なり。二に能説の人なり。何らかの人に随って、よく受持し及び説くも、経論を尊重するを以ての故なり。七宝などはいずれの処に随って捨するも、いずれかの人に随ってよく捨するも、かくの如くに、敬重を生ずるに非ざるが故なり。この法門は一切の諸佛如来が法を証するがために勝因となるが故なり。経に、「須菩提はいう。世尊よ、如来によって説かれたる所の法なし」、というが如くなるが故なり。この義はいかん。一法として、ただ独り如来のみ説きて、余佛は説かれざるものあることなきが故なり。かの珍宝の布施の福徳はこれ染煩悩の因にして、よく煩悩の事を成ずるを以ての故なり。この因は煩悩の因を遠離することを示現するが故に、この故に、地微塵の喩えを説く。経に、須菩提よ、この諸微塵を如来は非微塵と説く、これを微塵と名づく、如来は世界を説いて非世界となす、これを世界と名づくというが如くなるが故なり。何が故にかくの如くに説くや。かの微塵は貪などの煩悩の体に非ず、この義を以ての故に、名づけて地微塵となすが故なり。かの世界は煩悩染の因の界なるに非ず、この故に世界と説くなり。

これは何の義を明かすや。かの福徳はこれ煩悩塵染の因なり、この故に外の無記の塵よりも、かの福徳の善根を近しとなす。いかに況んや、この福徳はよく佛の菩提を成ぜんやの故に、及び大人相を成就する福徳の中にて勝れたるが故に、この故に、この法門を受持し演説すれば、よく佛の菩提を成じて、かの福徳に勝るなり。何を以ての故に、かの相は佛の菩提に於ては相に非ざるが故に、彼は法身に非ざるを以ての故に、この故に、大丈夫相は彼を以て相となす、と説くが故なり。この受持及び説く福徳はよく佛の菩提を成ず、この故に、彼は勝なるに非ざるが故なり。

またかの福徳はよく珍宝などの福を降伏す。いかに況んや、この福をやの故なり。よく降伏す、この故に、この福は最近にして最勝なり。かくの如くにして、かの檀などの福徳の中にては、この福徳は最勝なることを、かくの如くに成じ已れり（流支訳『金剛般若波羅蜜経論』巻中、大正蔵経二五・七八七ページ上）。

前の文は、下、異なりあるを明かし、今の句は、上、同じ所あるを明かす。時に会（衆）は疑っていう。ただ釈迦のみこの般若を説くや、余の佛もまたこの説をなすやと。故に佛、時衆の疑いに牒して善吉に問う、——如来は説く所ありや、いなやと。この問いの意は、釈迦独りこの説あり、余の佛はこの説をなさざるやを明かす。須菩提の如来は説く所なきをいうは、これ釈迦は別に説くことなく、還《また》十方三世の佛説と同じにして、三世の佛説を離れて外に説あるなきを明かすなり。故に『大品』無作品（大正蔵経八・三一〇ページ上）にいう。——この波若を説く時、十方の各千佛現われて同じくこの波若経を説き、難問する者は皆釈提桓因と号し、波若を解釈する者は皆須菩提と名づく。天主さらに問う。ただ現在の十方佛のみこの説をなし、未来の諸佛もまたこの説をなすやと。佛、答う。当来の弥勒もまたかくの如き説をなすと。故に十方三世の諸佛は同じくこの説をなすを知る。

以上の吉蔵の見解は『金剛仙論』（大正二五・八三〇ページ下―八三一ページ上）と比べてみればよく理解されよう。『仙論』には、「佛の般若波羅蜜を説く」というは、ただ佛境界のみにして、二乗凡夫の知るところに非ずと、故に「即ち般若波羅蜜に非ず」という。……釈していわく、この金剛般若波羅蜜はただこれ如来の境界にして、余人の取得するものに非ずと。これにより疑を生ず。ただ釈迦如来のみ独り得、独り説きて、余人は得ず、説かざるやと。ために十方の諸佛は同じく得、同じく説くなり。余人の語は濫る故、須らく料簡すべきなり。この中、まさに問答あるべきも、問答をなさずして、ただちに、須菩提よ、意に於ていかん、如来に所説の法ありや、いなやを問う。故に世尊よ、如来に所説の法なしと答え、この経と三世諸佛は果を現わし、法を証して勝因をなすを明かす。故に三世諸佛は相共に、われらは皆金剛般若経を受持するによるが故に、発菩提心を得ると説く。この経によるが故に、十地の行を修し、三菩提を成じ、不多不少、不増不減を同じく得、同じく説く。ただわが釈迦のみ独り得て説くのみに非ざるが故に、所説の法なしというなり。故に『大集経』中に、佛自ら語っていわく、われ得道の夜より涅槃の夜に至る、その中間に於て一字も説かずと。然れども、如来一代にわたり無量の諸経を説く。いかんが一字も説かずというのは、われ今、説く所の十二部と三世諸佛のとは同説にして、十方の諸佛の所説と異ならず、われ別に一字も説かざるを明かすなりと。また解す。如来は得道の夜より涅槃に至るまで、さらに一字も説かざるは、証法の名相なく、言語道断、心行処滅にして、名相を以て往説すべからざるが故に一字も説かずというと。

また『金剛般若論』(大正蔵経二五・七六二ページ上)によらば、——この外論を楽《ねが》う散乱の対治法の勝異なるを顕示し已って、かくの如き法の中に於て、あるいは言の如くに義を執(著)することを起こさば、かの未来の罪を対治せんがための故に、経に、如来の説く所の般若波羅蜜は、即ち非般若波羅蜜なりというが故なり。般若波羅蜜は非波羅蜜なるが如く、かくの如く、また余法にして如来の説くものあることなし。この義を顕わさんがための故に、経にいわく、もし法にして如来の説くべきものありや、いなやと。これは自相及び平等相法門の第一義を顕示す。——といっている。

これに対して、無著と世親の説によりつつ『纂要』(大正蔵経三三・一六二ページ上)は簡潔に、次の如く述べている。

まず二の「義に約して勝と名づくるを釈し弁ずる」項のうちで、「佛の般若波羅蜜を説けるは、則ち般若波羅蜜に非ざればなり」は、佛、経名を立てて、能断惑に約す。断惑の故に勝るなり。「則ち般若に非ざればなり」は、無著いわく、言の如くに（義を）執することを対治せんがための故なりと。

三の「佛は異なるなく勝を説く」は、

「須菩提よ、意に於ていかん。如来によって説かれたる所の法ありや、いなや。須菩提、佛に白していう。世尊よ、如来には説く所なし」の「説く所なし」は、別異の増減の説なく、ただ証する如くに説くなり。すでにその如くに説かば、則ち説く所なし。三世の佛も皆然る故無異説という。故に『論』（流支訳『経論』大正蔵経二五・七八七ページ上）に「一法として、ただ独り如来のみ説いて、余佛は説かざることとあるなし」という。無著は第一義は不可説なりというと。

これに対して『刊定記』巻第五（大正蔵経三三・二一〇ページ上）には、然れども無著、天親の語は異なるに似たりと雖も、その意実は同じ。すでにその如く証す、あに第一義に非ざらんやと結んでいる。

しかし、『註解』（大正蔵経三三・二三二ページ上）には、善現すでにこの希有の法を聞くが故に、この経をいかんが名づけ、いかんが受持すべきやを問う。佛はこの経を金剛般若と名づくと答う。よく一切の疑執を断ずるが故に、まさに奉持すべきなり。執を断ずるには、般若の智を用うと雖も、しかも法性はもと空にして取著すべからず。故に「即ち般若波羅蜜に非ず」という。如来はまた、善現未だ般若の性空に違せざるを慮《おもんぱ》かりて、言説ありという。故にまた詰して、如来によって説く所の法ありや、いなやという。しかも善現は説は即ち無説なるを了知し、乃ち如来によって説く所なしと答う」といっている。これは簡にして要を得たものということができよう。


須菩提、於レ意云何。三千大千世界所有微塵、是爲レ多不。

須菩提言、甚多、世尊。

須菩提、諸微塵如來説レ非二微塵一。是名二微塵一。如來説二世界非二世界一。是名二世界一。


須菩提よ、意に於ていかん。三千大千世界のあらゆる微塵《みじん》、これを多しとなすや、いなや。

須菩提言う。甚だ多し、世尊よ。

須菩提よ、もろもろの微塵を、如来は微塵に非ずと説き、これを微塵と名づく。如来は、世界は世界に非ずと説き、これを世界と名づくるなり。

## 13・c

師は問うた。須菩提よ、どう思うか。三千大千世界にある限りの地の塵は多いであろうか。

須菩提は答えた。師よ、多いですとも、善逝よ、多いですとも。なぜかというと、師よ、如来によって説かれた地の塵は非塵であると説かれたからです。それだから地の塵といわれるのです。また、如来によって説かれたかの世界は非界であると説かれているからです。それだから世界といわれるのです。

Bhagavān āha : tat kiṃ manyase Subhūte, yāvat trisāhasramahāsāharse loka-dhātau pṛthivī-rajaḥ kaccit tad bahu bhavet.

Subhūtir āha : bahu Bhagavan bahu Sugata pṛthivī-rajo bhavet, tat kasya hetoḥ, yat tad Bhagavan pṛthivī-rajas Tathāgatena bhāṣitam a-rajas tad Bhagavaṃs Tathāgatena bhāṣitaṃ, tenocyate pṛthivī-raja iti. yo'py asau loka-dhātus Tathāgatena bhāṣito 'dhātuḥ sa Tathāgatena bhāṣitaḥ, tenocyate loka-dhātur iti.

さらに吉蔵は、続いて「須菩提よ、意に於ていかん」の下は、他にいう。これはこれ、第三の用の利を遣るなり。波若はよく仮実の二惑を断じ、仮実の二解を得るが故に、これ波若の用なりと。今、このうちには仮実の両境は皆空なるを明かす。あに両惑断ずべきものあらんや。二解はよく断ぜしが故に、これはその用の利を遣るなり。

他に、この中に就いて二つとなす。初めは果空によるを明かす。次の身相の下は、正しく果空なるを明かす。初めの中にまた両つあり。一は微塵を挙げて実法の空を明かし、二は世界を挙げて仮名空を弁ず。今、『論』によらば第二に格量優劣を釈成するなり。故に、時に衆疑うらく、何故に持経は小なりとも福多く、布施は多くとも福少なきかと。故に、今、釈していう。布施多しと雖も、これ煩悩塵染の因にして、還って顚倒生死の果を得。譬えば、大千世界の微塵の如きは、多しと雖も、還って世界塵土の果を成ず。四句を明かすは小なりと雖も、これはこれ、不顚倒の因なれば、還って不顚倒の果を得。故に持経は少なりと雖も、福を得ること多く、施は多しと雖も、福は小なり。

文に「諸微塵」というは、微塵に両種あるを明かす。一には塵染の塵、二には世界を成ずる無記の塵なり。両塵相濫るが故に、今これを簡ぶ。諸微塵とは、これ地を成ずる微塵なり。「微塵に非ず」とは塵染の微塵に非ざるなり。「これを微塵と名づく」とは、この地を成ずる微塵を結ぶなり。「如来、世界を説いて」の下は、前に因を明かし、今、果を弁ず。文の如し。

須菩提、於レ意云何。可下以二三十二相一見中如來上不。不也、世尊。不レ可下以二三十二相一得中見如來上。何以故。如來説二三十二相一卽是非レ相。是名二三十二相一。

須菩提よ、意に於ていかん。三十二相を以て如来を見るべきや、いなや。いななり。世尊よ、三十二相を以て如来を見ることを得べからず。何を以ての故に。如来は、三十二相は、即ち、これ、相に非ずと説かれたればなり。これを三十二相と名づくるなり。

《三十二相》 佛や転輪聖王の身に具足せる三十二種の相をいう。三十二種の相については、諸経論に異同があって一致しない。『中阿含』巻一一、三十二相経、『長阿含』大本縁経、『大毘婆沙論』巻一七七、『大智度論』第四などを参照。また転輪聖王との相違については、『大毘婆沙論』巻一七七に、——問う。菩薩所得の三十二相と輪王相とに何の差別ありや。答う。菩薩の得る所に四事の勝れるあり。一に熾盛なること、二に分明なること、三に円満なること、四に処を得ることなり。また次に五事の勝れるあり。一に処を得、二に極く端麗にして、三に文象深く、四に勝智に随順し、五に離染に随順するなり（大正蔵経二七・八八九ページ中）。『大智度論』巻第四には——問うて曰く、転輪聖王に三十二相あり。菩薩にもまた三十二相あり。何の差別ありや。答えて曰く、菩薩の相には、七事の転輪聖王の相に勝れるあり。菩薩の相は、一に浄好、二に分明、三に処を失せず、四に具足、五に深入、六に智慧に随って行じ、世間に随わず、七に遠離に随う。転輪聖王の相は然らず（大正蔵経二五・九一ページ上）。さらに三十二相の因縁については、また、『大智度論』巻一一には、――また次に有人曰く、――布施はこれ三十二相の因縁なり。所以はいかん。施す時、心堅固なるがために、足下安立の相を得。布施する時、五事もて受者を囲繞す。この眷属の業因縁の故に、足下輪相を得。大勇猛力を以て施すが故に、足跟広平の相をう。……これを三十二相の因縁を種うるとなす（大正蔵経二五・一四一ページ下）。

## 13・d

師は問うた。須菩提よ、どう思うか。如来・応供・正等覚は三十二大人相によって見分けられるであろうか。

須菩提は答えた。師よ、いいえ、そうではありません。如来・応供・正等覚は三十二大人相によって見分けられるものではありません。なぜかというと、実に、師よ、如来の説く三十二大人相は、これ非相であると如来は説いているからです。それだから三十二大人相といわれるのです。

Bhagavān āha: tat kiṃ manyase Subhūte, dvātriṃśan-mahāpuruṣa-lakṣaṇais Tathāgato 'rhan samyaksambuddho draṣṭavyaḥ.

Subhūtir āha: no hīdaṃ Bhagavan, na dvātriṃśan-mahāpuruṣa-lakṣaṇais Tathāgato 'rhan samyaksambuddho draṣṭavyaḥ. tat kasya hetoḥ, yāni hi tāni Bhagavan dvātriṃśan-mahāpuruṣa-lakṣaṇāni Tathāgatena bhāṣitāniy alakṣaṇāni tāni Bhagavaṃs Tathāgatena bhāṣitāni, tenocyante dvātriṃśan-mahāpuruṣa-lakṣaṇāni-iti.

次に三十二相を挙ぐるは、他にいう。前に果空によるを明かし、今は正しく果空を明かす。果空による中に仮実あり。今正果空のうちに問答あり。今、前に身相を以て如来を見るべからざるを明かし、すでに正しく果空なるを明かせり。この中、何の因縁にてまた明かすや。『論』によらば、なおこれ上の格量の意を釈成するなり。何ぞただ布施塵染の福は持経に及ばざるのみならず、相好の業もまた持経に及ばず、また持経の福はなお相好の業に勝れるを明かす。あに布施に勝れざらんや。故にこの文のきたるあり。この中、ただちに二果の優劣を明かす。即ち二因の優劣を顕わすなり。何となれば、法身の果は相好の果に勝り、法身の因は相好の因に勝る。持経はこれ法身の法なるを以ての故に、持経の福は相好の業に勝るなり。

「意に於ていかん。身相を以て如来を見るべきや、いなや」とは、相好身を以て法身を見るべきや、いなやを問うなり。

「須菩提答えて、身相を以て如来を見るべからず」とは、相好身を以て法身を見るべからずというなり。

「如来所説の身相は、則ち身相に非ず」とは、これ、所説の身相は法身に非ざることを明かすなり。

「これを身相と名づく」とは、これ相好身なり。

須菩提、若有善男子善女人、以恒河沙等身命布施。若復有人於此經中、乃至受持四句偈等、爲他人説、其福甚多。

須菩提よ、もし、善男子善女人有りて、恒河の沙に等しき身命を以て、布施したりとせん。もし、また、人有りて、この経の中に於て、乃至、四句の偈等を受持し他人のために説かんに、その福甚だ多し。

## 13・e

師はいうた。また実に、須菩提よ、女や男の人が、日々恒河の沙の数に等しい体を捧げ続けて、恒河の沙の数に等しい間、その体を捧げ続けたとしても、この法門から四行詩の一つでも取って、他の人々のために教説し開示する者があるとすれば、こちらの方が、その因縁によって、一層多くの計り数えきれない福聚（功徳）を積むことになるであろう。

**Bhagavān āha : yaś ca khalu punaḥ Subhūte strī vā puruṣo vā dine dine Gaṅgā-nadi-vālukā-samān ātma-bhāvān parityajet, evaṃ parityajan Gaṅgā-nadi-vālukā-samān kalpāṃs tān ātma-bhāvān parityajet, yaś ceto dharma-paryāyād antaśaś catuṣpādikām api gāthām udgṛhya parebhyo deśayet saṃprakāśayed, ayam eva tato-nidānaṃ bahutaraṃ puṇya-skandhaṃ prasunuyād aprameyam asaṃkhyeyam.**

「須菩提よ、恒河の沙の数に等しき身命を以て」の下は、第二に内施の格量を明かすなり。上の外施の格量中に二あり。初めは三千世界の七宝を捨し、次には恒沙の世界の七宝を捨す。今、内施の格量中にまた二あり。初めは恒沙の身命を捨し、次には日に三時、恒沙の身命もて布施するを挙ぐ。今は初めなり。故に、この文のきたるは、上に外施の格量を明かすも、未だ易しと称するに足らず、今、内の身命を捨するは、まさに乃ち重しとなすなり。

また上に外施を明かす。この下は施の格量なり。今、内施を明かす。この中の施の格量なり。何を以てこれを知るや。『大論』には迦旃延は内施を以て上施となす。もしこれ財施ならば、これは下施と名づくるを明かし、内施を中施と名づく。もし、無依無得施ならば、まさにこれ上施なり。汝、何ぞ中を以て上となすを得るや。故に内施はこれ中施なりと知る。故に下施の格量より中施の格量に至る。この文は二つとなす。初めは正しく格量を明かす。第二は領解釈疑なり。初めはまた二となす。初めは正しく恒沙の身を捨するを明かし、第二は正しく格す。今初めに恒沙の身を捨すというは、今生に一身命を捨して施し、次生に一身命を捨して施す。かくの如く恒沙の身命を捨して布施するなり。受施中に就いて、具さに三句あり。一には身を須《もち》いて命を須いず、止《ただ》、食肉を須うるが如し。二には命を須いて身を須いず。怨家の止《ただ》、命を得んと欲するが如し。三には身命倶に須う。上の二句に通ずるなり。

「もしまた、人ありて」の下は、第二に正しく格量す。然れども持・説は倶に功徳を得ること文の如し、という。

## 第一四　離相寂滅分

爾時須菩提聞レ說二是經一、深解二義趣一、涕淚悲泣、而白レ佛言。希有。世尊、佛說二如レ是甚深經典一。我從レ昔來所レ得慧眼、未三曾得二レ聞如レ是之經一。世尊、若復有レ人得レ聞二是經一、信心清淨、則生二實相一。當レ知、是人成二就第一希有功德一。世尊、是實相者則是非相。是故如來說名二實相一。

その時、須菩提、この経を説きたもうを聞きて、深く義趣を解《げ》し、涕涙悲泣して佛に白して言う。希有なり、世尊よ、佛はかくの如き深甚の経典を説きたもう。われ、昔よりこのかた、得る所の慧眼もて、未だ曾《かつ》て、かくの如きの経を聞くことを得ざりき。世尊よ、もし、また、人有りて、この経を聞くことを得て、信心清浄ならば、則ち、実相を生ぜん。まさに知るべし。この人、第一希有の功徳を成就せんことを。世尊よ、この実相とは、則ち、これ、非相なればなり。この故に如来は説いて実相と名づけたもう。

《未曾得聞如是之経》この下に流支訳、真諦訳、義浄訳には、次の如き文がある。今、真諦訳によると、「何以故、世尊(流支訳は須菩提とする)、説般若波羅蜜即非般若波羅蜜、故説般若波羅蜜」とあるが、笈多訳、玄奘訳にはない。ない方が意味が通ずる。

## 14・a

その時、須菩提長老は法に感動して涙を流した。彼は涙を拭うて、師に向って、次のようにいうた。師よ、すばらしいです。善逝よ、全くすばらしいです。最上の乗に発趣した者のために、最勝の乗に発趣した者のために、この法門が、如来によって説かれたということは、そしてそれによって、師よ、わたしに智が生じたということは。師よ、わたしは未だかつてこのような法門を聞いたことがありません。師よ、この経の説かれるのを聞いて、真実だという想いを生ずる菩薩は、この上ない、すばらしい性質を具えた人々でありましょう。何となれば、師よ、真実だという想いは、これ非想である、この故に、如来は真実だという想い、真実だという想い、と説かれるのです。

atha khalv āyuṣmān Subhūtir dharma-vegena-aśrūṇi prāmuñcat, so 'śrūṇi pramṛjya Bhagavantam etad avocat: āścaryaṃ Bhagavan parama-āścaryaṃ Sugata, yāvad ayaṃ dharma-paryāyas Tathāgatena bhāṣito, 'grayāna-saṃprasthitānāṃ sattvānām arthāya śreṣṭha-yāna-saṃprasthitānām arthāya, yato me Bhagavañ jñānam utpannam. na mayā Bhagavañ jātv evaṃrūpo dharma-paryāyaḥ śruta-pūrvaḥ. parameṇa te Bhagavann āścaryeṇa samanvāgatā bodhisattvā bhaviṣyanti ya iha sūtre bhāṣyamāṇe śrutvā bhūta-saṃjñām utpādayiṣyanti. tat kasya hetoḥ, yā caiṣā Bhagavan bhūta-saṃjñā saiva-abhūta-saṃjñā, tasmāt Tathāgato bhāṣate bhūta-saṃjñā bhūta-saṃjñeti.

昭明太子はこの経段（14・a—g）を第一四離相寂滅分とする。嘉祥大師は、この段を領解釈疑とする。すなわち、

「その時、須菩提はこの経を説くを聞いて」の下は、第二の領解釈疑なり。文を二つとなす。初めは領解にして、次は釈疑なり。領解中を二つとなす。初めは領解、第二は佛述成なり。初めの領解を四つとなす。第一は自領解、第二は他領解を明かし、（第）三は自領解を易しとするを明かし、（第）四は他領解を難しとするを明かす。初めの領解もまた二つあり。第一は、その悟解の相貌を序べ、第二は、正しく領解を明かす。初めにその相貌を序ぶるに四つあり。一は領解の人を標し、二は領解する所の法を明かし、三は正しく領解を明かし、四は領解の相貌なり。

問う、解を得ば、まさに歓喜すべし、いかんが乃ち悲泣するや。答う、領解の相貌同じからず。およそ三句あり。一には解を得て歓喜す。法華の身子踊躍歓喜するが如し。二には解を得て悲泣す。この文の如し。三にはまた歓喜し、また悲泣す。善集王の悲喜こもごも集まるが如し。喜ぶは、則ち今

悟るを欣び、悲しむは、則ち昔迷えるを慨《なげ》く。悲喜双びに二事を兼ぬるなり。

「希有なり。世尊よ」の下は、第二の得解を明かす。「われ昔よりこのかた得る所の慧眼もて、未だかつて聞くを得ざりき」は、古来の釈経に、その前後同じからず。一家のいわく、この経は『大品』より初めにあって説く。この文を以て証となす。すでに未だかつて般若を聞かずというが故に、前にあることを知ると。第二師のいわく、この経は『大品』より後にあって説くと。すでに『大品』の後にあり、何ぞ、善吉、昔よりこのかた未だかつて聞くことを得ずというを得ん。彼釈していう。前に『大品』中に於て、善吉、すでに悟ると雖も、中下根の人は未だ悟らず。今その未悟に同ずるが故に、未だかつて聞くことを得ずという。中下根の人、今悟ることを得るが故に、今始めて聞くことを得というのみと。このこと、すでに前に明かすが如し（『金剛般若疏』巻第一、第四重明二経前後の項、大正蔵経三三・八七ページ上―下参照）。

今、さらに一意を開かん。上に外施の格量を竟り、如来自ら経を称歎し、物（善男子善女人）に受持を勧む。今、内施の格量を竟り、善吉自ら経を称歎し、物に受持を勧む。この故に師弟互いに信悟を勧むるのみ。

「もしまた人あり、この経を聞くことを得て」の下は、第二に他の得解を序ぶ。

「則ち実相を生ぜん」は、他にいう。世諦は生にして、真諦は不生なりと。即ち問う。実相は即ちこれ真諦なり。すでに実相を生ず。何ぞ真諦を生ぜざらんやと。彼釈していう。実相の慧を生ずるのみ。実相は不可生なり。ただ慧、境により名をなし、称して実慧となし、境、慧により名をなすのみ、故に慧を生ずとは境を生ずるをいうのみ。今、二諦の倶に不生を生ずるを明かす（次に『十二門論』の宗を明かさば、この論もまた内の迷いを破して二諦『十二門論』観性門、大正蔵経三〇・一六五ページ上参照）を申明すれば、また、二諦を以て宗となす。ただし、今は三論の不同を示さんと欲す。よろしく境智を以て宗となすべし。いう所の境智とは、論にいわく、「大乗の深義（吉蔵『十二門論疏』大正蔵経四二・一八一ページ中参照）は、いわゆる空なり。もしこの義に通達すれば、即ち大乗に通達し、六波羅蜜を具足し、障碍する所なし」と。大乗の深義とは、いわく実相の境なり。実相によりて波若を発生す。波若によるが故に万行なることを得。即ちこれ境智の義なり。故に境智を用って宗となすなり。『三論玄義』参照）。義中の釈の如きは、この文即ちその証なり。ただ一師の観は中を発し、中は観を発す義あり。これ実相を生ずるを明かす、即ちこの観によって中を発すなり。正観明了なれば、則ち実相現前す。故に実相を生ずと名づく（『三論玄義』――次に互いの発と尽とを明かす門。中に就いて、中は観を発し、観は中を発し、縁は観に尽き、観は縁に尽くることあり。いう所の観を発すとは、涅槃経にいうが如し。「十二因縁の不生不滅なる、よく観智を生ず。譬えば、胡瓜のよく熱病を発するが如きなり」と。観は中を発すとは、衆生はもとより、因縁はこれ生なり、これ滅なりといって、これ中なるを知らず。正観を以て生滅を検するに得ず。まさに因縁はこれ中なりと悟る。これ則ち観に因って中を発すなり）。これ迷悟に約して論をなす。迷える者に於ては現前せざるが故に実相不生と名づけ、悟れる者には現前するが故に名づけて実相を生ずとなす。実相を生ぜしむることすでに然り。佛性などの例も然り。実相の未だかつて不生を生ぜざるを至論するなり。「これ実相とは則ち実相に非ず」とは、他に還《また》二諦を以てこの文を釈す。常弾の如し。今、『論』によって実相を成ずる義を釈簡すれば、これ実相とは、独り佛法には大乗にのみ、この実相あるが故に実相という。即ち実相に非ずとは、天魔外道には実相なきが故に、実相に非ずという。(自下の経文は重ねてかの福徳の中にては、この福のうた勝れたるを明かす。この義はいかん。偈にいわく、

身を苦しむるは彼に勝ると、希有なると、及び上の義なると、
かの智の岸は量り難きと、また余法にも同ぜざると、
堅実にして深義を解すると、余の修多羅に勝ると、
大因なると、及び清浄なるとにて、福の中にて勝れた福徳なり。

tatphalaśreṣṭhaduḥkhatvād durlabhārthottamārthataḥ,
jñeyāpāramitatvāc ca parāsādhāraṇatvataḥ.
gāḍhagambhīrabhāvāc ca parasūtraviśiṣṭataḥ,
mahāśuddhānvayatvāc ca puṇyāt puṇyaṃ viśiṣyate.

この二偈は何の義を説くや。身命を捐捨するは資生、珍宝などを捨するよりも重し。かのかくの如くに無量の身命を捨する果報は福徳にして、この福徳はかの福に勝る。何を以ての故に、彼は身命を捨て、身心を苦しめるが故なり。いかに況んや、法のために捨するをやというが故なり。かの身の苦を念じて、慧命須菩提は法を尊重するが故に悲泣し流涙す。経に、その時、須菩提はこの経を説くを聞いて深く義趣を解し、涕涙し悲泣すというが如くなるが故なり。この法門は希有なり。何を以ての故に、尊者須菩提は智眼ありと雖も、昔よりこのかた、未だかつて聞くことを得ざりき。この故に希有なるなり。経に、われは昔よりこのかた、得し所の慧眼も未だかつてかくの如き法門を聞くことを得ざりきというが如くなるが故なり。またこの法門は第一なり、説いて般若波羅蜜と名づくるを以て

の故なり。これはいかに成ずるや。上の義を以ての故なり。経に、何を以ての故に、須菩提よ、佛は般若波羅蜜を説くは、即ち般若波羅蜜に非ずというが如くなるが故なり。何が故にかくの如く説くや。かの智の岸なるが故なり。かの智の岸は人のよく量ることなし。この故に般若波羅蜜に非ず。またこの法門は不同なり。何を以ての故に、この中に実相あるが故なり。余は実相にあらず。佛の法を除き余処には実なきが故なり。かの処は未だかつてあらず、未だかつて信を生ぜざるを以て、この義を以ての故なり。経に、世尊よ、もしまた人ありて、この経を聞くことを得て、信心清浄ならば、則ち実相を生ぜん、まさに知るべし、この人は第一希有の功徳を成就せるなり、というが如くなるが故なり。流支訳『金剛般波羅蜜経論』巻中、大正蔵経二五・七八七ページ中)。

『論』の経に長く一句あり。実相、実相という。この句は二乗を簡ぶ。実相に二種あり。一は大乗の実相にして、二は小乗の実相なり。今はこの大乗の実相を明かして、二乗の実相にあらざるが故に実相、実相という。前の句は外の実相を簡ぶ。この句は内の実相を簡ぶ。所以に二簡は、独り佛法にのみ実相あり、及び独り大乗にのみ実相あるを以て、実相の慧を生ず。まさにこれ希有なるのみ。

世尊、我今得レ聞ニ如レ是經典一、信解、受持不レ足レ爲レ難。若當レ來世後五百歳、其有ニ衆生一得レ聞ニ是經一、信解、受持、是人則爲ニ第一希有一。

世尊よ、われ今、かくの如きの経典を聞くことを得て、信解《しんげ》し、受持することは難しとなすに足らず。もし、まさに来たるべき世の、後の五百歳に、それ、衆生有りて、この経を聞くことを得て、信解し、受持することあらば、この人は、則ち、第一希有となすなり。

## 14・b

しかし、師よ、この法門が説かれている時に、わたしがそれを受け容れて、信解することは、それほど難しいことではありません。けれども、師よ、これから先、後の世、第二の五百年代に、正しい教えの破滅の頃に、人々は、この法門を取って、受持し、読誦し、学修して、他の人々のために詳しく説き聞かせるでありましょうが、そのような人々は最もすばらしい性質を具えた人ということになるでありましょう。

**na mama Bhagavan duṣkaraṃ yad aham imaṃ dharma-paryāyaṃ bhāṣyamāṇam avakalpayāmy adhimucye. ye 'pi te Bhagavan sattvā bhaviṣyanty anāgate 'dhvani paścime kāle paścime samaye paścimāyāṃ pañca-śatyāṃ saddharma-vipralope vartamāne, ya imaṃ Bhagavan dharma-paryāyam udgrahīṣyanti dhārayiṣyanti vācayiṣyanti paryavāpsyanti parebhyaś ca vistareṇa saṃprakāśayiṣyanti, te parama-āścaryeṇa samanvāgatā bhaviṣyanti.**

「世尊よ、われ今聞くことを得て」の下は、第三に自悟の易しとするを述ぶ。易しとする所以は、一には過去久しく三多を殖えたるを明かし、二には現在の者佛に値《あ》う。内因外縁具足するが故に信受は易しとなすなり。また、述中に就いて論をなさば、須菩提はこれ大阿羅漢なり。『大品』（大正蔵経八・二七六ページ中）にいうが如し。般若は甚深なり。誰かよく信解するものぞ。答えていわく、正見成就人漏尽阿羅漢能く信ずと。今、須菩提はすでにこれ羅漢なり。所以に信解は難からざるなり。もし、本に就いて論をなさば、須菩提は内に菩薩行を秘む。あるいはこれ往古に如来なるべけん。示して衆迷に同ず。所以に悟解は易しとなす。

「もし、まさにきたるべき世」の下は、第四に他悟の難しとするを陳ぶ。難しとする所以は、良《まこと》に末世にあって後五百歳に生ずるによるが故なり。叡法師のいわく、前五百歳は道を得る者多く、道を得ざる者少なし。後五百歳は道を得ざる者多く、道を得る者少なし。前五百歳は信無生の者多く、不信の者少なし。後五百歳は信ぜざる者多く、信ずる者少なし。これを以て前五百年を正法と名づけ、後五百年を像法と名づくと。よく像法中に於て信ずるが故に難しとなすなり。また、この時、衆生久しく三多を殖えず、久しく佛に値わず、内因外縁なきも、よく中に於て信を生ずるを明かす。この故に難しとなす。

何以故。此人無㆓我相人相衆生相壽者相㆒。所以者何。我相卽是非相。人相衆生相壽者相卽是非相。何以故。離㆓一切諸相㆒則名㆓諸佛㆒。

何を以ての故に。この人は、我相も、人相も、衆生相も、寿者相も、無ければなり。所以はいかん。我相は、即ち、これ非相、人相も、衆生相も、寿者相も、即ち、これ非相なればなり。何を以ての故に。一切の諸相を離れたるを、則ち、諸佛と名づくればなり。

## 14・c

けれどもまた、師よ、実にそれらの人々には、自己という想いも起こらないし、生きている者という想いも起こらないし、個体という想いも、個人という想いも起こらないでしょう。また、それらの人々には、想うということも、想わないということも起こりません。なぜかといえば、師よ、かの自己という想いは非想であり、生きている者という想いも、個体という想いも、個人という想いも非想に外ならないからです。何となれば、諸佛世尊は、一切の想いを遠離しているからです。

api tu khalu punar Bhagavan na teṣām ātma-saṃjñā pravartiṣyate, na sattva-saṃjñā na jīva-saṃjñā na pudgala-saṃjñā pravartiṣyate, na-api teṣāṃ kācit saṃjñā na-asaṃjñā pravartate. tat kasyahetoḥ, yā sa Bhagavann ātma-saṃjñā saiva-asaṃjñā, yā sattva-saṃjñā jīva-saṃjñā pudgala-saṃjñā saiva-asaṃjñā. tat kasya hetoḥ, sarva-saṃjñā-apagatā hi Buddhā Bhagavantaḥ.

「何を以ての故に」の下は、これ信ずることは難しとなすの意を釈するなり。もし、人ありてよく般若を信ずといわば、信ずる所は則ちこれ人・法の見なり。名づけて信となさず。この信もまた難からず。もし、我を見ざれば、これよく信なるを明かす。即ちこれ人空なり、即ちこれ人見あることなし。般若を見ざるはこれ所信にして、即ちこれ法空なり。即ちこれ法見なし。「所以はいかん。我相は即ちこれ、相に非ず」とは、我等の相を取らざる所以に我相あるに非ず、この故に我相を取らず、実には無我なるを以ての故に取る所なきのみ。故に我相は即ち相に非ずというなり。また、道理として、もし実には我人の相あらば、則ち不可離なり。道理を以ては、実には、我人の相なし。ただ衆生妄りに謂ってありとなすが故に、我相は遠離すべきのみ。故に「我相は即ちこれ相に非ず」という。『大品』にいわく、衆生の著する所、もし一毫末も、これ有とすべきものあらば、則ち不可離なり。所著の所、毛髪許りも離とすべきものあることなきを以てなりと。他にいわく、所謂の我見はこれ無なるのみ。能謂の心はこれ有にして、これ無にあらざるなり。所謂の陽炎はこれ無にして、能謂の心はこれ有なるが如し。今は、能謂の心は所謂に異ならざるを明かすなり。もし、『論』の釈によらば、——（またこの法門は堅実にして深妙なり。何を以ての故に、この経を受持して、思量し修習すれば、我等の相を起こさざるが故なり。また我等の相を起こさずとは、可取の境界が倒相ならざるを示すが故なり。我等の相は即ち非相なりとは、能取境界が倒相ならざるを示すが故なり。この二は我空、法空の無我智を明かすが故に、かくの如くに次第するなり。経に、何を以ての故に、この人は我相も人相も、衆生相も、寿者相もなければなり。何を以ての故に、我相は即ちこれ非相なり、人相、衆生相、寿者相は即ち非相なればなり。何を以ての故に、この一切の諸相を離れし時、則ち諸佛と名づくというが如くなるが故なり。如来は須菩提のために、かくの如き義を説きたり。流支訳『金剛般若波羅蜜経論』巻中、大正蔵経二五・七八七ページ下。なお偈は前掲を参照)。

これは人法両空を明かすなり。前に我人相なきをいう。これはこれ人空なり。今は我相即ちこれ非相なりという。これは則ち法空を明かすなり。問う。もしこれ法空を明かすといわば、まさに法相は即ちこれ非法相というべし。何ぞ我相は即ちこれ非相というや。答う。無我に二種あり。一には人無我、二には法無我なり。今は法無我なり。「何を以ての故に、一切の諸相を離れたるを、則ち諸佛と名づくればなり」とは、一切の諸相を離れたるを以て、名づけて諸佛となすが故に、則ち諸法これ相なきを知るなり。問う。佛は何故に一切の相を離るるや。答う。一切相あらば、則ちこれ有所得、一切相なければ、則ちこれ無所得なり。有所得の故に、これ生死凡夫、無所得を名づけて涅槃となし、名づけて諸佛となすなり。

佛告二須菩提一。如レ是、如レ是。若復有レ人得レ聞二是經一、不レ驚、不レ怖、不レ畏、當レ知、是人甚爲二希有一。何以故。須菩提、如來說二第一波羅蜜非二第一波羅蜜一。是名二第一波羅蜜一。

佛、須菩提に告げたもう。かくの如し、かくの如し。もし、また、人有り、この経を聞くことを得て、(非処に於て)驚かず、(相続して)怖《おそ》れず、(決定して)畏れざれば、まさに知るべし。この人は甚だ希有となす。何を以ての故に。須菩提よ、如来は、第一波羅蜜は第一波羅蜜に非ず、と説かれたればなり。これを第一波羅蜜と名づくるなり。

## 14・d

このようにいわれた時、師は須菩提長老に次のようにいうた。そのとおりだ。須菩提よ、そのとおりだ。彼らが、この経の説かれる時に、驚かず、恐れず、恐怖に陥らないならば、この上ない、すばらしい性質を具えた人々であるであろう。なぜなら、須菩提よ、如来の説いたこの最勝波羅蜜は、即ちこれ非波羅蜜であり、また須菩提よ、如来が最勝波羅蜜として説いた、それをまた無量の諸佛世尊も説いているから、それだからこそ、最勝波羅蜜といわれるのである。

evam ukte Bhagavān āyuṣmantaṃ Subhūtim etad avocat : evam etat Subhūte evam etat. parama-āścarya-samanvāgatās te sattvā bhaviṣyanti ya iha Subhūte sūtre bhāṣyamāṇe nottrasiṣyanti na saṃtrasiṣyanti na saṃtrāsam āpatsyante. tat kasya hetoḥ, parama-pāramiteyaṃ Subhūte

Tathāgatena bhāṣitā yaduta-apāramitā, yāṃ ca Subhūte Tathāgataḥ parama-pāramitāṃ bhāṣate, tāṃ aparimāṇā api Buddhā Bhagavanto bhāṣante, tenocyate parama-pāramiteti.

「佛、須菩提に告げたもう」の下は、第二の佛述成なり。前の領解に四章あり。今はただ述べ、第四に他悟の難きをのぶ。無始以来、有所得を習すること久し。昔日、また小乗の有所得教を受く。たちまちにして般若の人なく法なきを聞き、多く怖畏を生ず。この故に、今よく怖畏せざるは則ち難きとなすを明かす。

いうところの「驚かず、怖れず」とは、一往怛愕これを謂って驚きとなし、内心怯弱これを名づけて畏れとなし、一向に深悪前事これを称して怖れとなす。

「如来第一波羅蜜を説く」とは、他にいわく、般若はこれ六度中の第一故に第一という。「則ち第一に非ず」とは、真諦にして第一を遣るなり。「これを第一と名づく」とは世諦にして、かりに名づけて第一と説くなり。『論』の解によらば、この般若の一経は余の修多羅に勝る。故にこの経を名づけて第一波羅蜜となす。「第一波羅蜜に非ず」とは、余の修多羅（経）は第一に非ず。これを第一と名づくとは、還ってこの経を結んで第一となすなり。この文のきたる所以は、これ近遠二義あり。近きは上の希有の言を成じ、この経の第一なるを以ての故にこの経を信ず。まさにこれ希有なり。この経もし第一に非ずば、これを、信じ称して希有とするに足らず。遠くは上を成ず。上来明かすところの内外の二施は、経の四句を持するに及ばず。この経はこれ諸経中の第一法なるによるなり。――（驚く uttrasisyanti とは非処に懼れを生ず。この故、驚きと名づく。訶《しか》るべきを以ての故に、正道に非ざる行の如くなるが故なり。怖る saṃtrasisyanti とは心体が怖れるが故に、起こって疑心を断つこと能わざるを以ての故なり。畏る saṃtrāsam āpatsyante とは一向に怖れるが故に、その心が畢竟驚怖して堕するが故に、かの処を遠離す。

経に、何を以ての故に、須菩提よ、如来は第一波羅蜜は第一波羅蜜に非ずというが如くなるが故なり。またこの法門は名づけて清浄となす。無量の佛が説くを以ての故なり。経に、かの無量の諸佛もまた波羅蜜を説く、これを第一波羅蜜と名づく、というが如くなるが故なり。かの珍宝の檀などには、かくの如き功徳なし。この故にかの福徳の中にてはこの福を勝となすなり。かくの如く成じ已る(流支訳『金剛般若波羅蜜経論』巻中、大正蔵経二五・七八七ページ下—七八八ページ上、偈は前掲を参照)。

## 第八断疑

須菩提、忍辱波羅蜜如來說レ非二忍辱波羅蜜一。何以故。須菩提、如下我昔爲二歌利王一割中截身體上。我於二爾時一、無二我相一、無二人相一、無二衆生相一、無二壽者相一。何以故。我於二往昔節節支解時一、若有二我相人相衆生相壽者相一、應レ生二瞋恨一。須菩提、又念二過去一、於二五百世一、作二忍辱仙人一、於二爾所世一、無二我相一、無二人相一、無二衆生相一、無二壽者相一。是故須菩提、菩薩應下離二一切相一、發中阿耨多羅三藐三菩提心上。不レ應二住レ色生一レ心。不レ應下住二聲香味觸法一生上レ心。應レ生二無レ所レ住心一。若心有レ住則爲レ非レ住。是故佛說二菩薩心不一レ應二住レ色布施一。須菩提、菩薩爲レ利二益一切衆生一、應二如レ是布施一。如來說二一切諸相卽是非一レ相。又說二一切衆生則非二衆生一。

須菩提よ、忍辱《にんにく》波羅蜜を、如来は、忍辱波羅蜜に非ずと説きたもう。何を以ての故に。須菩提よ、われ昔、歌利《かり》王のために身体を割截《かっせつ》せられたる時の如し。われ、その時に於て、我相も無く、人相も無く、衆生相も無く、寿者相も無かりき。何を以ての故に。われ、往昔《むかし》、節節を支解せられし時に於て、もし我相・人相・衆生相・寿者相あらんには、まさに瞋恨を生ずべかりしならん。須菩提よ、また、過去を念《おも》うに、五百世に於て、忍辱仙人となり、爾所《そこばく》の世に於て、我相も無く、人相も無く、衆生相も無く、寿者相も無かりき。この故に、須菩提よ。菩薩は、まさに、一切の相を離れて、阿耨多羅三藐三菩提の心を発《おこ》すべきなり。まさに、色に住して心を生ずべからず。まさに、声・香・味・触・法に住して心を生ずべからず。まさに、住する所無き心を生ずべし。もし、心に住あらば、則ち、住に非ずとなせばなり。この故に、佛は、菩薩は、心まさに色に住して、布施すべからずと説きたもう。須菩提よ、菩薩は一切衆生を利益せんがために、まさに、かくの如く布施すべし。如来は、一切諸相は、即ちこれ相に非ずと説き、また、一切衆生は、則ち衆生に非ずと説きたもう。

《歌利王》マックス・ミューラー本には Kaliṅga-rāja チベット本にも Ka-liṅ-gaḥi rgyal-po となっているが、コータン本もギルギット本も Kali-rāja となっている。カリンガは国名とされているが、いつしかカリと混同したのかも知れない。羅什、流支本は歌利、玄奘本は羯利、笈多本は悪王と訳し、真諦本は迦陵伽、義浄本は羯陵伽とする。『大毘婆沙論』巻第一八二には、——かつて聞く。過去この賢劫中に王あり。羯利と名づく。時に仙人あり、号して忍辱となす。一林中に住して苦行を勤修す。時に羯利王は男子を除去し、内宮の眷属とともに諸の伎楽をなし、林間に遊戯し、意をほしいままにして娯楽せり。経ること久しうして疲厭し、便ち睡眠せり、内宮の諸女は花果のための故に、諸の林間に遊び、遙かに仙人の自ら所止に於て端身静思するを見て、便ち馳ってこれに趣く。皆そこに集まり到りおわって、頂礼し囲遶して坐す。仙人は即ちために欲の過ちを説く。……王は睡より覚め、諸女を見ず。……乃ち諸女の仙人の辺りにあって囲遶して坐せる見て、大いに瞋恚を生じ、これはこれいかなる大鬼にして、わが諸女を誘いしやと思い、即ちすすみてこれに問う、――汝はこれ誰なりやと。仙人答えていわく、――われはこれ仙人なりと。また問う、――ここにあって何事をなすやと。答えていわく、――忍辱道を修すと。王はこの念いをなす、この人はわれの瞋るを見るが故に、便ちわれ忍辱を修すといえるならん。われ今、これを試みんと。即ちまた問うていわく、――汝は非相非々想処定を得しやと。答えていわく、得ずと。王倍々瞋忿して語っていわく、――汝はこれ未離欲人なるに、いかんが情をほしいままにして、わが諸女を観るや。また、われはこれ忍辱を修する人といわば、一臂を伸ばすべし、よく忍ぶや、いなやと。その時、仙人は便ち一臂を伸ばすに、王は利剣を以て、これを斬ること藕根を断つが如くにして地上に堕す。王また責め問う、――汝はこれ何人ぞと。仙人答えていわく、――われはこれ忍辱を修する人なりと。時に王はまた、余の一臂を伸ばさしめ、即ちまたこれを斬り、前の如く責め問う。仙人もまた前の如く、われはこれ忍辱を修する人なりと答う。かくの如く、ついで両足を斬り、また両耳を截り、またその鼻を割き、一々責め問うに、答うること皆前の如し。仙人の身を七分して地に堕せしめて、七瘡を作りおわって王心は便ち止む。仙人告げていわく、――王は今何が故に自ら疲厭を生ずるや。たとい、われの一切の身分を断じてなお芥子乃至微塵の如くなすとも、われはまた一念の瞋忿を生ぜず。いう所の忍辱に於て終に二あることなし。またこの願いを発す、――汝は今日、われは実に無辜なるに、わが身を断じて七分と成し七瘡をなさしめんが如く、われ未来世に阿耨多羅三藐三菩提を得し時、大悲心を以て、汝が請うを待たずして、最初に、汝をして七種道を修せしめ、七随眠を断ぜしめんと。まさに知るべし、その時の忍辱仙人とは、即ち今の世尊釈迦牟尼これにして、羯利王とは、即ち今の具寿憍陳那これなることを（大正蔵経二七・九一四ページ下―九一五ページ中）。なお、同文のものに『賢愚経』巻第二（大正蔵経四・三五九ページ下―三六〇ページ中）があり、その他に『出曜経』巻第二三（大正蔵経四、七三一ページ上―中）や『六度集経』巻第五（大正蔵経三・二五ページ上―下）がある。また『大智度論』巻第一四（大正蔵経二五・一六六ページ下）、同巻第二六（大正蔵経二五・二五二ページ上）を参照。さらに王名を Kali とせずに、Kalābu と名づける Kāsi-rāja とする物語に Jātaka(Vol.3. Khantivādi-jātaka, pp.39―43) があり、同類のものとして Mahāvastu (vol.3. pp.357―361) がある。『大唐西域記』巻第三烏仗那国の条には、瞢揭釐（Maṅgkil）城の東の四五里に窣堵波あり。極めて霊瑞多し。これはこれ佛が昔忍辱仙となり、ここに於て羯利王のため肢体を割截されし所と伝えている。

# 14・e

しかしまた、須菩提よ、実に如来の忍辱波羅蜜は、これ非波羅蜜である。何となれば、須菩提よ、かつてある悪王がわたしの体や手足から肉を切り取った時にさえも、わたしには、我想も、人想も、衆生想も、寿者想もなかったし、さらに何らの想いも、また非想もなかった。

なぜかというと、須菩提よ、もしその時、わたしに我想があったなら、その時また、わたしに瞋恕想があったに違いないし、もし、衆生想、寿者想、人想があったならば、その時また、わたしに瞋恕想があったであろう。

なぜかというと、須菩提よ、わたしは想い起こす、過去世、五百の生涯の間、忍辱を説く人という名の仙人であった。その際わたしには、我想はなかったし、衆生想も、寿者想も、人想もなかったからである。

だから、須菩提よ、菩薩摩訶薩は一切の想いを捨て、無上正等の菩提に対する心を発さなければならない。色に住した心を発してはならない。声や、香りや、触れられるものや、心の対象に住した心を発してはならない。法に住した心を発してはならない。法でないものに住した心を発してはならない。如何なるものにも住した心を発してはならない。なぜなら、心に住あらば、即ちこれ住に非ずとなすからである。それだから如来は説いた、菩薩は不住にして布施すべきであって、色や香や触や法に住して布施すべきではないと。

api tu khalu punaḥ Subhūte yā Tathāgatasya kṣānti-pāramitā saiva-apāramitā. tat kasya hetoḥ, yadā me Subhūte Kali-rājā-aṅga-pratyanga-māṃsāny acchaitsīn na me tasmin samaya ātma-saṃjñā vā sattva-saṃjñā vā jīva-saṃjñā vā pudgala-saṃjñā vā babhūva nāpi me kācit saṃjñā vā-asaṃjñā vā babhūva.

tat kasya hetoḥ. sacen me Subhūte tasmin samaya ātma-saṃjñā-abhaviṣyad vyāpāda-saṃjñā api me tasmin samaye 'bhaviṣyat. sacet sattva-saṃjñā jīva-saṃjñā pudgala-saṃjña abhaviṣyad, vyāpāda-sa-ṃjñā-api me tasmin samaye 'bhaviṣyat.

tat kasya hetoḥ, abhijānāmy ahaṃ Subhūte 'tīte 'dhvani pañca-jāti-śatāni yadāhaṃ Kṣāntivādīṛṣir abhūvam. tatra-api me na-ātma-saṃjñā babhūva, na sattva-saṃjñā na jīva-saṃjñā na pudgala-saṃjñā babhūva.

tasmāt tarhi Subhūte bodhisattvena mahāsattvena sarvasaṃjñā-vivarjayitvā-anuttarāyāṃ samyaksambodhau cittam utpādayitavyam. na rūpa-pratiṣṭhitaṃ cittam utpādayitavyam, na śabda-gandha-rasa-spraṣṭavya-dharma-pratiṣṭhitaṃ cittam utpādayitavram, na dharma-pratiṣṭhitaṃ cittam utpādayitavyam, na adharma-pratiṣṭhitaṃ cittam utpādayitavyam, na kvacit-pratiṣṭhitaṃ cittam utpādayitavyam. tat kasya hetoḥ, yat pratiṣṭhitaṃ tad eva-apratiṣṭhitam. tasmād eva Tathāgato bhāṣate : apratiṣṭhitena bodhisattvena dānaṃ dātavyam, na rūpa-śabda-gandha-rasa-spraṣṭavya-dharma-pratiṣṭhitena dānaṃ dātavyam,

「須菩提よ、忍辱」の下は、第二に疑念を釈く。問う。何の因縁の故に般若について忍辱を明かすや。六度によらば、数の前後並びに非次第なり。今、何の次第あってこの文を生ずるや。答う。開善解していわく、三門によって般若を説く。前に体名二門に就いて説き已り、今は次第して第三功用門を説き、般若の功用無窮にして、能く諸佛を生じ、能く世間を示し、能く煩悩を断つを明かす。また用を摂し、用を導き、用を忘る。諸用一に非ず。今ここに忘懐を明かす。忍辱の用とは、この用を得るを以ての故に、則ち苦に逢うも憂えず楽に値うも喜ばず、その功最要なるが故に偏えにこれを明かすと。また解にいわく、忍は般若と倶にこれ慧、慧と同体なる故共に明かすなりと。今、無方の意この義を妨げざるを明かす。もし、『論』の意によらば、疑を釈くが故にきたる。衆の疑う所以は、遠く前の身命を捨する格量より生ず。上に捨身の施も経の四句を持するに及ばざるをいう。及ばざる所以は、捨身はこれ有所得の顛倒苦因のため、還って有所得の苦果を得るが故に、持経に及ばず。衆即ち疑うらく、佛の昔よりこのかたの種々の苦行もまたまさにこれ顛倒の因たるべく、まさに顛倒の果を得て菩提を得ざるべしと。故に今釈していわく、佛、昔、苦行を行ぜしは、これ無生忍心なり。また捨身すと雖も苦悩にあらず。ただ苦なきにあらずして、還ってさらに楽あり。故に『論』の偈にいう。――自下の経文は、また疑を断たんがためなり。いかんが疑うや。向《さき》にかの身の苦は彼が身を捨てて身を苦しめるを以ての果報にして、しかもかの福は劣ると説けり。もししからば、この法門によって、受持し演説して、諸菩薩の苦行を行ずるかの苦行もまたこれ苦果ならん。いかんぞ、この法門に於て苦果を成ぜざるや。この疑を断たんがための故なり。これは何の義を示すや。偈にいわく、

能く苦行を忍ぶは、苦行に善あるを以てなると、かの福は不可量なると、かくの如くなれば、最勝

の義あり。

我と及び恚との相を離れたれば、実には苦悩なし。楽と共なるは慈悲あればなり。かくの如きは苦行の果ならんや。

sahiṣṇutā ca caryāyāṃ duṣkarāyāṃ śubhā yataḥ,
tadguṇāparimāṇatvād agrārthena nirucyate.
ātmavyāpādasaṃjñāyā abhāvād duḥkhatā na ca,
sasukhā karuṇābhāvāc caryā 'duḥkhaphalā tataḥ.

この二偈は何の義を説くや。

この苦行は苦果に同じと雖も、しかもこの苦行は疲倦せず。羼提波羅蜜あるを名づけて第一となすを以ての故なり。彼岸に二種の義あり。一に波羅蜜の清浄の善根の体、二に彼岸の功徳の不可量なり。経に、即ち非波羅蜜なり、というが如くなるが故なり。非波羅蜜なり、とは人のかの功徳の岸を知ることなきが故に、非波羅蜜という。この故に第一法を得んがためには、この苦行はかの捨身に勝る。いかに況んや、我相、瞋恚相を離れたるやの故なり。またこの行は苦なし。ただ苦なきのみならず、及び楽あり、慈悲あるを以てなり。経に、われはその時、我相もなく、乃至相もなく、また無相にも非ざりき、というが如くなるが故なり。これは慈悲心の相応を明かすが故に、かくの如く説くなり。もし菩薩ありて、我相などを離れずば、かの菩薩は苦行の苦なるを見、また菩提心をも捨てんと欲す、かのための故に説くなり（流支訳『金剛般若波羅蜜経論』巻中、大正蔵経二五・七八八ページ上—中）。

苦楽に慈悲あり。この苦行果の如きは、無所得忍を修するを以ての故に菩提を得るなり。故に「如来は忍辱波羅蜜を説く」という。

「忍辱に非ず」とは、これ有得捨身の忍辱には非ず。また忍辱に非ずとは、この無所得忍は不可称量なり、故に『論』に、かの忍辱の岸は量り難しというなり。

「何を以ての故に、われはその時に於て、我相もなく」とは、これ二義の故にきたる。一に反って無瞋の義を釈す。もし我相あらば、則ちまさに瞋を生ずべし。我相なきを以ての故に、誰をか瞋らしめんや。また瞋る者は誰ぞと。二に無忍の義を明かす。即ち不忍不瞋を忍波羅蜜となす。もし能忍の人あらば、則ちまさに瞋を生ぜん。今なお能忍の人を見ず。何によって他に瞋を起こす者あらんは、これはこれ節に跨《わた》る釈なり。

「歌利王」とは、事証の因縁を引く。歌利王は即ちこれ本身の如きは、昔かつて仙人を害するを陳ぶ。仙人発願し、汝今罪なくしてわれを害す。われ得道の時、要《ちか》って前に汝を度せんと。『毘婆沙』の文に出ずるが如し。

「この故に須菩提よ、菩薩はまさに一切相を離れて」の下は、この文のある所以は、前の忍辱の義を成ぜんがためなり、新発意菩薩すでに歴世、忍を修し、菩提を得るを聞く。彼すでにあるを見て、身心あるいは退転を生ず。身子の如きは、六十劫も菩薩行を行じて、後、眼を捨つるに因り退（転）して声聞と成る。故に今勧めていう。菩薩心を退（転）せざらんと欲する者は、まさに一切の相を離れて三菩提の心を発すべしと。問う。上来、三処に不住を明かす。何の異なりありや。釈していう。初めの不住は、檀度の義を成じ、勧めて無得の施を行ぜしめんがためなり。次の不住は、浄土の因の義を成ぜんがためなり。もし心に住あらば則ち心穢れあり、心穢るるが故に土穢る、心無所住なるを以ての故に心浄し、心浄きが故に土浄し。今、不住を明かすは、菩提心を成じ、不住発心を勧めんがためなり。もし心に住あらば、則ち正道に乖く。あにこれ道心ならんや。菩提はこれ正道なり。今、道心を発す故菩提心と名づくるのみ。

「もし心に住あらば、則ち非住となす」とは、もし心に住あらば、則ちこれ顚倒に住して、則ち住に非ずとなす。般若に住せざるなり。大経の一切法に住せざるは即ちこれ般若に住し、一切法を信ぜざるは、これ名づけて般若を信ずというが如し。生の義もまた然り。

「この故に、佛は菩薩、心まさに住すべからずと説けり」の下は、前に住することなくして菩提の心を発すべきことを勧むるを明かす。今は住することなくして菩薩の行を修することを勧む。善財の言の如し。問う。経の初めにすでに発心修行を明かす。今何ぞさらに説くことを得ん。答う。前に広大などの四心を建てて発心と名づくるを明かす。不住の義に就いて、以て修行を明かす。今このうち、通じて不住に就いて、即ち発心と修行とを明かす。故に前は離、今これは合弁を明かすなり。ただ布施を挙ぐるは、布施は六度の初めにあり、また檀の義は六度を摂す。『論』の偈に云々するが如し。

——(経に、この故に、須菩提よ、菩薩はまさに一切の相を離るべし、などというが如くなるが故なり。これは何の義を明かすや。未だ第一菩提心を生ぜずんば、かくの如きの過あり。この過を防がんために、偈にいわく、

不捨の心の起こるがために修行し、及び堅固にす。
忍波羅蜜のために彼を習し、よく心を学す。

cittatyāgābhinirhāre yatnaḥ kāryo dṛḍho yataḥ,
kṣāntipāramitāprāptau tatprāyogika eva ca.

この義はいかん。何らの心を起行相として修行し、何らの心を不捨相となすや。偈に、忍波羅蜜のために彼を習し、よく心を学す、というが故なり。また第一義心はすでに初地に入って羼提波羅蜜を得るが故に、これを不住心と名づく。経に、この故に、須菩提よ、菩薩はまさに一切の相を離れて阿耨多羅三藐三菩提心を発すべし、というが如くなるが故なり。何を以ての故に、不住心の義を示すが故なり。もし心にして色などの法に住せば、かの心は佛の菩提に住せず。これは不住心の布施を行ずるを明かす。この経文は不住心の起行の方便を説いて、檀波羅蜜を以て六波羅蜜を摂するが故なり。いかんが衆生を利益せんがために修行し、しかも衆生の事に住すと名づけざるや。この疑を断たんがために、経に、須菩提よ、菩薩は一切の衆生を利益せんがために、まさにかくの如く布施すべきや、というが如くなるが故なり。これは何の義を明かすや。偈にいわく、

修行は衆生を利す、かくの如き因なればなり、まさに識るべし。
衆生と及び事の相とよりの遠離もまたまさに知るべし。

pratipattiś ca sattvārthā vijñeyā hetubhāvataḥ,
sattvavastunimittāt tu vijñeyā parivarjitā.

この義はいかん。利益はこれ因体なるが故に、かの修行は衆生を利益するなり。衆生の相の事を取るに非ざるが故なり。いかんがこれ衆生の事なる。偈にいわく、
仮名と及び陰とが事なり。如来はかの相を離れたればなり。

諸佛にはかの二なし。実法見たるを以ての故なり。

nāmaskandhāś ca tadvastu tatsaṃjñāpagamāj jine,
tadabhāvo hi buddhānāṃ tattvadarśanayogataḥ.

これは何の義を説くや。名相は衆生と及びかの陰との事なり。いかんが彼は修行して衆生事の相を遠離するや。即ちかの名相の相は非相なり。かの実体なきを以ての故なり。この義を以ての故に、衆生は即ち非衆生なり。何らの法を以て五陰を衆生と名づくというや。かの五陰には衆生の体なし。実なきを以ての故に、かくの如く法無我、人無我を明かす。何を以ての故に、一切の諸佛如来は一切の相を遠離せるが故なり。

この句はかの二相の不実なるを明かす。偈に、如来はかの相を離れたり、諸佛にはかの二なし、実法を見たるを以ての故なり、という。これは何の義を説くや。もしかの二にして実有ならば、諸佛如来にはまさにかの二相あるべし。何を以ての故に、諸佛如来は実見あるが故なり（流支訳『金剛般若波羅蜜経論』巻中、大正蔵経二五・七八八ページ中―下）。

「須菩提よ、菩薩、一切衆生を利益せんがために」とは、前にすでに無住発心、無住修行を明かす。人便ちいわく、すでに無所住なり。何故発心し、何故修行するやと。即ち、釈していわく、衆生を利せんがための故に発心修行すと。また、無住修行は、まさによく衆生を利するのみと。有所住修行は自ら利し、人を利すること能わざればなり。

「如来は一切諸相は……と説く」の下は、これ上の修行及び衆生のためを成ぜんとす。すでに修行をいう。便ち、行の修すべきあり。すでに利益衆生をいう。衆生の利すべきあり。便ち、これ人法見なるのみ。故に今明かして、如来は一切相は則ち一切相に非ずと説く。故に万行を修すると雖も、行として修すべきなく、衆生を利すると雖も、実には衆生の利すべきなし。また佛の誠言を引いて、菩薩に如説修行を勧む。佛は衆生と法と皆不可得なり、菩薩もまた須らくかくの如く学ぶべしと説けるなり。

## 第九断疑

(須菩提、菩薩爲㆔利㆓益一切衆生㆒。應㆓如㆑是布施㆒。如來説㆓一切諸相卽是非㆒㆑相、又説㆔一切衆生則非㆓衆生㆒。)須菩提、如來是眞語者、實語者、如語者、不誑語者、不異語者。

(須菩提よ、菩薩は一切衆生を利益せんがため、まさにかくの如く布施すべし。如来は、一切の諸相は、即ち、これ相に非ずと説けり。また、一切の衆生は、則ち衆生に非ずと説きたもう。)須菩提よ、如来は、これ、真を語る者なり。実を語る者なり。如《によ》を語る者なり。不誑《わう》を語る者なり。不異を語る者なり。

14・f

さらにまた、須菩提よ、実に、菩薩は一切衆生のために、このような布施をなすべきである。なぜかというと、須菩提よ、この衆生という想いは、これ非想に外ならないから。このように如来が一切衆生と説くものは、非衆生である。何となれば、須菩提よ、如来は真実を語る者であり、ありのままに語る者であり、誤りなく語る者であり、如来は決して偽りを語る者ではないからである。

api tu khalu punaḥ Subhūte bodhisattvenaivaṃrūpo dāna-parityāgaḥ kartavyaḥ sarva-sattvānām arthāya. tat kasya hetoḥ, yā caiṣā Subhūte sattva-saṃjñā saiva-asaṃjñā, ya evaṃ te sarva-sattvās Tathāgatena bhāṣitās ta eva-asattvāḥ. tat kasya hetoḥ, bhūta-vādī Subhūte Tathāgataḥ satya-vādī tathā-vādy ananyathā-vādī Tathāgataḥ, na vitatha-vādī Tathāgataḥ.

この経段（14・f）は第九断疑、すなわち「断能証無体非因疑」、つまり第八疑中で、色に住して布施すべからず、かくの如く布施せば、衆生を利益せんと説かれたことに基づいて、能証の人も、所証の果も、所度の人もなく、すべては不可得ならば、何を因として衆生を度する行願を全うすべきやの疑を断ぜんとするもので、嘉祥はこの段のきたるに近遠の二意ありとする。すなわち「須菩提よ、如来はこれ真を語る者なり」の下は、この文のきたるに近遠あり。遠き意は、前の内外二施の格量の義を成ず。何となれば、前に捨すると雖も、内外二施はついに経の四句を持するに及ばざるを明かす。人これを聞いて疑を生ず。諸法実相は言を絶す。いかんが名字文句もて、能く実相を表わし、しかも四句を受持して頓にかくの如き福あらんやと。故に今釈していう。実相は言を絶すと雖も、言はこれ無言の因なり。言に因るが故に無言を表わすことを得。故にこの言を受持する功徳は無量なり。問う、これは乃ち言よく道を表わすを釈す。いかんがこれ五語の文を釈するや。答う。言必ずよく道を表わすを以ての故なり。佛言はこれ実にして、よく道を表わすによるが故に、受持すれば福多し。近き意は、上に佛は一切の諸相は則ちこれ非相なりと説き、一切衆生は則ち非衆生なりと説くを引いて、菩薩に如説に行ずるを勧めたり。今重ねて、須らく佛説を信ずべき所以を釈するは、良《まこと》に佛語の不虚なるによるが故なり。「真を語る者なり」とは、真諦によって説くなり。「実を語る者なり」とは、世諦によって説くなり。二語を挙げる所以は、如来常に二諦によって法を説くがための故なり。「如を語る者なり」とは、十方三世諸佛の如く二諦によって法を説く。これ上の諸佛に同ずるなり。「不誑を語る者なり」とは、佛は衆生を誑《たぶら》かさず。大経にいうが如し。何によってまさに子の如く想う者を誑かして地獄に堕せしめんとするや。「不異を語る者なり」とは、疑を釈かんがための故にきたる。人疑うらく、もし衆生を誑かさずんば、何ぞ一佛にして種々の異説をなすを得んや。初三後一、乃至今常にして昔無常ならんやと。故に釈していわく、諸説ありと雖も、一道を成ずるとなす。故に異ならず。智者はついにいわず、われに二語すると。われこの人に於てもまた二語せずと。法華にいわく、種々の乗を説くと雖も、皆一乗となると。

『論』の釈によらばただ四語のみあり。――（この中に疑あり。証果の中に於て道無ければ、いかんが彼は果に於て能作因ならんや。この疑を断たんとす。経に、須菩提よ、如来はこれ真を語る者なり、実を語る者なり、如を語る者なり、不異を語る者なり、というが如くなるが故なり。この四句は何らの義を説くや。偈にいわく、

果は道に住せずと雖も、しかも道は能く因となる。
諸佛は実語なるを以て、かの智に四種あり。

phalāpratiṣṭhito mārgas tatphalasyāpi kāraṇam,
buddhānāṃ bhūtavāditvāt tac ca jñeyaṃ caturvidham.

この義はいかん。かの境界に四種あり。この故に如来には四種の実語あるなり。いかんが四種な

る。偈にいわく、

実智と及び小乗と、摩訶衍の法を説くと、
及び一切の授記とが虚説ならざるを以ての故なり。
pratijñā hīnayānasya mahāyānasya deśanā,
sarvavyākaraṇānāṃ ca na visaṃvādini yataḥ.

これは何の義を明かすや。如来の実智は妄語せざるを以て、佛菩提と及び小乗と大乗と授記の事とは皆妄語ならず。この四境を以ての故に次第に四語を説くなり。経に、須菩提よ、如来はこれ真を語る者なり、実を語る者なり、如を語る者なり、不異を語る者なり、というが如くなるが故なり。小乗を妄説せずとは、小乗の苦諦などのただこれ諦のみを説くが故なり。大乗を妄語せずとは、法無我真如を説くが故なり。真如とは、即ちこれ真如なるが故なり。授記を妄説せずとは、一切の過去未来現在の授記なるが故に、かの義の如く、かくの如く説きて顚倒せざるが故なり（流支訳『金剛般若波羅蜜経論』巻中、大正蔵経二五・七八八ページ下）。

故に偈にいう、――実智と及び小乗と、摩訶衍の法を説くと、三世に於て事を記すると。これを四種の語と名づく。実智は真語にして、佛菩提を説くをいう。及び小乗とは四諦を説く、即ち実語なり。摩訶衍の法を説くとは、菩提のためにして、即ちこれ如語なり。三世に事を記するとは、後の二と合わせて不異語なり。この四語は、小・大・理・事・因・果を含む。真語はこれ果にして、如語はこれ因なり。この二つはこれ大にして、実語は小となし、三世に記するはこれ事なり。三語はこれ理なり。

## 第一〇断疑

須菩提、如來所㆑得法、此法無㆑實、無㆑虛。須菩提、若菩薩心住㆓於法㆒、而行㆓布施㆒、如㆓人入㆑闇則無㆑所㆑見。若菩薩心不㆑住㆑法、而行㆓布施㆒、如㆔人有㆑目日光明照見㆓種種色㆒。

須菩提よ、如来の得る所の法、この法には、実も無く、虚《こ》も無し。須菩提よ、もし菩薩、心を法に住せしめて布施を行ぜば、人の、闇に入れば、則ち、見る所無きが如し。もし、菩薩にして、心を法に住せしめずして、布施を行ぜば、人の、目有りて、日光明らかに照らして、種種の色を見るが如し。

### 14・g

さらに、また、須菩提よ、実に、如来が現に覚り、教示し、深慮した法の中には、真実もなければ虚妄もない。例えば、須菩提よ、闇の中に入った人は何ものをも見ないようなものである。およそ事に堕した菩薩もそのように見られる。彼は事に堕して布施するのである。

また、例えば、須菩提よ、具眼の人は、夜が明けて太陽が昇った時、色々な彩りを見るように、事に堕しない菩薩もそのように見らるべきで、彼らは事に堕しない者として布施するのである。

api tu khalu punaḥ Subhūte yas Tathāgatena dharmo 'bhisaṃbuddho deśito nidhyāto, na tatra satyaṃ na mṛṣā. tad-yathāpi nāma Subhūte puruṣo 'ndhakāra-praviṣṭo na kiṃcid api

paśyet, evaṃ vastu-patito bodhisattvo draṣṭavyo yo vastu-patito dānaṃ parityajati.
tad-yathāpi nāma Subhūte cakṣuṣmān puruṣaḥ prabhātāyāṃ rātrau sūrye 'bhyudgate nānāvidhāni rūpāṇi paśyet, evam avastu-patito bodhisattvo draṣṭavyo yo 'vastu-patito dānaṃ parityajati.

この経段（14・g—16・c）は、第一〇「断真如有得無得疑」で、先の第三断疑、すなわち第七の無得無説分の文に、「一切の賢聖は、皆、無為の法を以て、しかも差別あればなり」の一段を受けたもので、真如無為の法は一切の時処に即して如遍である。然るに何故得不得ありやの疑を断ずるものである。吉蔵は三文を挙げて説く。即ち、「須菩提よ、如来の得る所の法」は、この文のきたるは、上来ここに至るにおよそ三文あり。佛語を引いて信ずることを勧む。初めに、如来の一切相は則ち非相なりと説き、一切衆生は則ち非衆生なりと説くを引く。これは菩薩に人法の見を捨つるを勧めて、無所住の教えを信ぜしむ。次には、五語を引いて、佛語の不虚なるを証し、菩薩に勧めて、佛の無所住の教えを説くを信ぜしむ。今第三には、佛の証得せし所の法を引いて、また無所住の教えを信ずることを勧む。佛は親しく無所住の教えによって菩提を得たるを以ての故に、菩薩は須らく無所住の教門を信ずべきなり。『論』の経には長く一句あり。「如来所得の法、如来所説の法」は釈し已ること向《さき》の如し。如来の所説の無実無虚なるは、上よりこのかた三過、語を信ずることを勧めたり。ただ鈍根にして語を（固）守して住することを恐るるが故に、今、佛語の非実非虚なるを明かす。正道は絶言なるを以て、もし言を（固）守せば、則ち道を失うが故に、言は則ち非実なり。言に因らずして道を表わすには非ざるが故に、言は則ち非虚なり。月を指さすの譬えは即ちその事なり。

以上の吉蔵の見解は、流支訳の『金剛般若波羅蜜経論』によるもので、両者の見解を比べることによって経の趣旨が明らかになるであろう。すなわち『論』によれば、経にまたいう。須菩提よ、如来所得の法、所説の法は、実無く、妄語無し、とは何が故にかくの如く説くや。偈にいわく、

かの実智に随順するが故に、説は実ならず、
声を聞くが如くに証を取るを、対治としてかくの如くに説く。
aprāpter ānukūlyāc ca na satyā na mṛṣā matā,
yathārutaniveśasya pratipakṣeṇa deśanā.

この義はいかん。諸佛の所説の法は、この法はかの法を得ること能わず。義に随順する故なり。所説の法は、かの証法を得ること能わざるを以てなり。何を以ての故に、聞く所の声の如きは、かくの如きの義なきが故に、この故に実無し。この所説の法はかの証法に随順するを以て、この故に妄語無し。もし然らば、何が故に如来の所得の法を所説の法と説くや。字句によって説くを以ての故なり。何が故に如来は前に、如来はこれ真を語る者なりと説いて、また所説の法は実無く、妄語無しというや。偈に声を聞く如くに証を取るを対治して、かくの如くに説く、というが如くなるが故なり（流支訳『金剛般若波羅蜜経論』巻中、大正蔵経二五・七八九ページ上）。

さらに吉蔵はその疏の中で次のようにいう。

「須菩提よ、もし人の闇に入れば……の如し」の下は、流支の十二分によらば、前の格量分終り、今はこれ顕性分なりという。これは二十七断疑中の第十の「如遍の有得無得の疑を断ずる」文と見たもので、前の無得無説分第七の「一切賢聖は皆無為法を以てして、しかも差別あり」と説かれた一段を

受ける疑難を断ずるものとするものである。吉蔵はそれを受けて続けていう。今三種を以てこれを弾ず。一には顕性分は、経論に文なきが故に用いず。二には、もし布施に就いて得失を明かすを以て顕性分を判ずるは、前に忍辱の修行を明かすもまたまさにこの分なるべし。三には、内外の格量中おのおの二格あり。今、内格中止《ただ》一章巳るも、余に一格量あり。何ぞ後の格量を合わせ取って顕性分となすを得んや。今、二意の故に文あってきたるを明かす。一に近生なり。上来ここに至るに、およそ三処あり。不住を修して住の義を捨すべしと勧むるも、未だ住に何の失あり、不住に何の得ありて、不住を修して住を捨すべしと勧むるやを知らず。故に今最後にその得失を釈するなり。心有所得なれば、則ち外に光明なく、内に黒暗あるが如し、故に正道を見ず。心無所得なれば、外に光明あり、内に眼目あるが如し。よく正道を見る。この得失を以ての故に上来の三勧あり。無住の教えによらば、外に光明あるが如く、無所住の観解を得るは、内に眼目あるが如し。かくの如きの人、正道を見るなり。有住の失はこれに反して知るべし。『論』の生起によらば、真如は一切処一切時に常にありという。何が故に、衆生に如を得るあり、如を得ざるありや。論師のいわく、真如は即ちこれ佛性なり。一切の凡聖衆生皆佛性あり。何が故に聖は見、凡は見ざるや。——また疑あり。もし聖人にして無為真如法を以て名を得ば、かの真如は一切時、一切処にあるに、いかんが不住心にて佛菩提を得る時、則ち不住に非ざらんや。もし一切時、一切処に、実に真如あらば、何が故に人のよく得るもあり、得ざる者もあるや。この疑を断たんがための故に、闇に入るなどの喩えを説く。これは何の義を明かすや。偈にいわく、

時及び処に実有なるも、しかも真如を得ず。

無智にして法に住するを以てなり。余者には智あれば得らる。
(de bshin ñid ni rtag tu yaṅ kun la yod bshin)〔a〕lābhatā,
ajñānāt sapratiṣṭhena jñānād anyena lābhatā.
この義はいかん。一切時とは、いわく、過現未なり。一切処とは、いわく、三世の衆生なり。実有の真如法を何が故に得ざるや。偈に、無智にして法に住するを以てなり、というが故なり。彼は無智にして、心が法に作するを以ての故なり。これはまた何の義なりや。清浄ならざるが故なり。有智者の心は法に住せざるを以て、この故によく得。この義を以ての故に、諸佛如来は清浄真如に名を得。この故に住心は佛菩提を得ざるなり。またこの譬喩は何の義を明かすや。偈にいわく、
闇と明とは、愚の無智と明者の智あるが如きとなり。
対法と及び対治との得と、滅との法はかくの如し。
tamaḥprakāśam ajñānaṃ jñānam ālokavan mata〔m〕,
pratipakṣavipakṣasya lābhahānyamukhatvataḥ.
この義はいかん。かの闇と明との喩えは相似法なるが故に、闇は無智を示現し、月光明は有智を示現す。目ある者は何の義を明かすや。偈に、対法と対治との得と滅との法はかくの如しという。故にかくの如く次第す。また目ある者とは、能対治法の如くなるが故なり。夜分すでに尽くとは、所治の闇法が尽きたるが如くなるが故なり。日光の明の照らすとは、能治法が現前するが如くなるが故なり。経に、須菩提よ、譬えば人ありて闇に入る時、則ち見る所無きが如し、かくの如きなどというが如くなるが故なり（流支訳『金剛波羅蜜経論』巻中、大正蔵経二五・七八九ページ上―中）。

吉蔵は『疏』に続けていう。即ち経文を以てこれを釈せん。常に一色ありと雖も、もし外に光明あり、内に眼目あれば、則ち見、この内外なければ、則ち見ざるが如し。常に真如佛性ありと雖も、心に所住なければ、則ち見、心に所住あれば、則ち見ざるなり。顕性の言事ここにあり。今、この意をなすもまた義に於て失なきを明かす。『大智論』にいう。あるいは実相法性涅槃と名づくるも、ただ衆生の悟迷に約して得不得あるのみと。佛性涅槃を至論せば、未だかつて得失隠顕非ざるなり。問う。『論』によらば、乃ち如を見、如を見ずと明かす。次第なく、便ちこれ孤りこの文を生ずるに似たり。答う。この文は即ち前の布施の得失に接して生ず。故に有住の布施は、則ち如を見ず。無住の布施は便ち如を見る。故に次第なきに非ざるなり。ただ講論者その近を見ず、便ち孤り生ずることをいいて顕性分となすのみ。講経師はその近文の両施の得失を見ると雖も、その因施の得失の遠を見るを得ずして、皆佛性あることを明かす。有方便無方便のための故に見不見の異なりあり。もし近遠の両義を取らば、則ち経論皆成ずるなり。

須菩提、當來之世、若有二善男子善女人一能於二此經一受持、讀誦、則爲如來以二佛智慧一悉知二是人一、悉見二是人一、皆得三成二就無量無邊功德一。

須菩提よ、まさに来るべきの世に、もし、善男子善女人有りて、よくこの経に於て、受持し、読誦せんに、則ち、ために如来は、佛の智慧を以て、悉くこの人を知り、悉くこの人を見、皆、無量無辺の功徳を成就することを得んと。

## 14・h

また、実に、須菩提よ、善男善女がこの法門を取り挙げて、受持し、読誦し、学修し、さらに、他の人々のために詳しく説いて聞かせるならば、須菩提よ、如来は佛智によってこういう人々を知っている。須菩提よ、如来はこういう人々を佛眼を以て見ている。須菩提よ、如来はこういう人々を覚《し》っている。須菩提よ、これらすべての人々は、無量無数の福徳を生じ、かつ受持するようになるであろう。

api tu khalu punaḥ Subhūte, ye kulaputrā vā kuladuhitaro vemaṃ dharmaparyāyam udgrahīṣyanti dhārayiṣyanti vācayiṣyanti paryavāpṣyanti parebhyaś ca vistareṇa saṃprakāśayiṣyanti, jñātās te Subhūte Tathāgatena buddha-jñānena, dṛṣṭās te Subhūte Tathāgatena buddha-cakṣuṣā, buddhās te Tathāgatena. sarve te Subhūte sattvā aprameyam asaṃkhyeyaṃ puṇya-skandhaṃ prasaviṣyanti pratigrahīṣyanti.

「須菩提よ、もし当来世」の下は、この一章のきたるは、還って上の失を捨て得に従うの義を成ずるなり。菩薩にしてもし失を捨てて得に従わんには、須らく般若を受持読誦すべきを要するが故なり。問う。信受門すでに、もし一念だに浄信を生ぜば、則ち佛智見のために無量の功徳の得らるるを明かし已れり。今何故に重ねて佛智見のために無量の功徳の得らるるを説くや。答う。この般若経に三門あり功徳を明かす。一に自信門、二に自受持読誦復為他説門、三に但自受持読誦門なり。初めは一念の信、佛智見のため無量の功徳の得らるるを明かす。これ自信門の功徳を明かすなり。三千七宝施より恒沙身命の施に至る、これは自行化他門を明かし、功徳を明かすなり。今この章は受持読誦の自行門功徳を明かす。故に重説に非ざるなり。この三門は一切の般若経を摂し功徳を明かすなり。

## 第一五　持経功徳分

須菩提、若有二善男子善女人一、初日分以二恒河沙等身一布施、中日分復以二恒河沙等身一布施、後日分亦以二恒河沙等身一布施、如レ是無量百千萬億劫以レ身布施。若復有レ人聞二此經典一、信心不レ逆、其福勝レ彼。何況、書寫、受持、讀誦、爲レ人解說。

須菩薩よ、もし、善男子善女人有りて、初めの日分に、恒河の沙に等しき身を以て布施し、中の日分にも、また、恒河の沙に等しき身を以て布施し、後の日分にも、また、恒河の沙に等しき身を以て布施し、かくの如く、無量百千万億劫、身を以て布施したりとせん。もしまた、人有りて、この経典を聞き、信心して逆らわずんば、その福は彼に勝《すぐ》れたり。いかに況んや、書写し、受持し、読誦し、人のために解説《げせつ》せんをや。

15・a

また、実に、須菩提よ、女や男の人が、午前中に、恒河の沙の数に等しい体を捧げ、昼間にも恒河の沙の数に等しい体を捧げ、夕刻にも恒河の沙の数に等しい体を捧げ、このようにして、無限の永い間、体を捧げるとしても、この法門を聞いて、誹《そし》ったりしないならば、こちらの方が、その因縁によって、さらに多くの無量無数の福徳を積むことになるであろう。ましてや、書写し、受持し、読誦し、学修し、そして他の人々のために詳しく説き聞かせる者があれば、なおさらのことである。

yaś ca khalu punaḥ Subhūte strī vā puruṣo vā pūrva-āhṇa-kāla-samaye Gaṅgā-nadī-vālukā-samān ātmabhāvān parityajet, evaṃ madhya-āhṇa-kāla-samaye Gaṅgā-nadī-vālukā-samān ātmabhāvān parityajet, sāya-āhṇa-kāla-samaye Gaṅgā-nadī-vālukā-samān ātmabhāvān parityajet, anena paryāyeṇa bahūni kalpa-koṭi-niyuta-śatasahasrāṇy ātmabhāvān parityajet; yaś cemaṃ dharma-paryāyaṃ śrutvā na pratikṣipet, ayam eva tato-nidānaṃ bahutaraṃ puṇyaskandhaṃ prasunuyād aprameyam asaṃkhyeyam, kaḥ punar vādo yo likhitvodgṛhṇīyād dhārayed vācayet paryavāpnuyāt parebhyaś ca vistareṇa saṃprakāśayet.

「初日分」の下は、第二の三時捨身格量の功徳なり。二となす。初めは格量、第二は称歎し修を勧む。格量の中を二となす。初めは正しく捨身を挙げ、第二は格量す。上の捨身と異なるもの二義あり。一には施多く、日に三時捨身という。この日は初分、日中分、日後分なり。これ三日を三分とするに非ず。二には時節久し。無量千万億劫常に捨身を行ずることをいう。次に般若を格量す。直かに信心逆らわざるを明かす。その福すでに勝る。況んや自ら受持読誦し他のために説くをや。これは則ち格量転《うたた》高く、般若の福転重し。またこの文のきたる所以は、上の信受門中、直かに信心は佛智見により無量の功徳の得らるるを明かす。なお未だ信心の功徳の少多を格量せず。今は信心の功徳の少多を格量せんと欲するが故にこの文のきたるあり。問う。何故に信心の功徳を格量することを須《ま》つや。答う。すでに三門ありて功徳を明かす。則ち三門ありて格量を明かす。上にすでに自行化他功徳を格量する門をおわる。いわゆる三千布施、捨身布施なり。皆自行化他の門にして、なお未だ信心門を格量せず。故に今これを明かすなり。

問う。何故に自信門の功徳の多と上の自行化他の功徳とを格量するや。答う。自行門を格量す、功徳はなお多し。自行化他に至っては則ち不可量なり。故に今の文は、信心逆らわず、その福は彼に勝るをいう。いかに況んや、受持読誦して他のために説くをや。故にこの文のきたるは深旨あり。講誦せんとする者はまさにこの意によるべきなり。

以上の吉蔵の見解に対して、流支訳の経論は次の如くいう。

自下はまた何の義を説くや。偈にいわく、

いずれの法に於て修行するや、何らの福徳を得るや、

またいずれの業を成就するや、かくの如くに修行を説く。

yādṛśyā pratipa[ttyā] (bsod nams ci ḥdra ḥthob pa daṅ),

yat karmikā ca sā dharme pratipattis tad ucyate.

いずれの法に於て修行するやとは、かの行を示現す。いかんが示現するや。偈にいわく、

名字は三種なり。法の受と持と聞いて広説するとなり。

修は他よりと及び内よりとにて得。聞はこれ修の智なり。

vyañjane trividhā dharmadharatve śrutavistare,

arthasya parato 'dhyātmam āptau śravaṇacintanāt.

これは何の義を説くや。かの名字に於て聞慧を成ずることを得。これに三種あり。一に受、二に

持、三に読誦なり。偈に、受と持と聞いて広説すとなり、というが故なり。受と持との修行は総持の法によるが故なり。読誦の修行は聞慧が広きによるが故なり。広く多く読み習うもまた聞慧と名づく。これはこれ名字の中の聞慧なり。経に、また次に、須菩提よ、もし善男子善女人ありて、よくこの法門に於て受持し読誦すというが如くなるが故なり。

かの修行はいかんが得るや。偈に、修は他よりと及び内よりとにて得、聞はこれ修の智なり、というが故なり。この義はいかん。修の得相のために、他と及び自身とに於てす。いかんが他と自身とに於てするや。いわく、聞と及び修とは、かくの如くに次第す。他より法を聞き、内に自ら思惟して修行するを得るがための故なり。向に名字と及び修行とを説けるは、これは自身のためなり。偈にいわく、

これは自の淳熟のためにして、余のものは衆生を化す。
事と及び時との大なるを以て、福の中の勝れたる福徳なり。

(ḥdi ni bdag smin byed gshan ni sems)〔pari〕pācane,
vastukālamahatvena puṇyāt puṇyaṃ viśiṣyate.

この義はいかん。かの名字の聞慧と修行とは自身の淳熟のためなるが故なり。余は衆生を化するなり。広く法を説くが故なり。何らの福徳を得るやとは、勝れたる校量の福徳を示現するが故なり。偈に、事と及び時との大なるを以て、福の中の勝れたる福徳なり、というが故なり。この捨身の福徳は前の捨身の福徳に勝るなり。いかんが勝るや。事の勝るを以ての故なり。時の大なるを以ての故なり。即ち一日の時にも多く捨身するが故なり。また多時なるが故なり。経に、須菩提よ、もし善男子善女人にして初日分に恒河沙等の身を以て布施し、乃至もしくはまた人あり、この法門を聞いて、信

心して謗らずんば、その福は彼に勝ること無量阿僧祇なり。いかに況んや、書写し、受持し、読誦し、修行して、人のために広説せんをや、というが如くなるが故なり。

須菩提、以レ要言レ之、是經有二不可思議不可稱量無邊功德一。如來爲下發二大乘一者上說、爲下發二最上乘一者上說。若有レ人能受持、讀誦、廣爲レ人說、如來悉知二是人一、悉見二是人一、皆得レ成二就不可量不可稱、無レ有レ邊不可思議功德一。如レ是人等則爲レ荷二擔如來阿耨多羅三藐三菩提一。何以故。須菩提、若樂二小法一者、著二我見人見衆生見壽者見一、則於二此經一不レ能二聽受、讀誦、爲レ人解說一。

須菩提よ、要を以てこれを言わば、この経には不可思議、不可称量の無辺の功徳有り。如来は大乗に発《ほっ》(趣《しゅ》)する者のために説き、最上乗を発《おこ》す者のために説くなり。もし、人有りて、よく受持し、読誦して、広く人のために説かば、如来は悉くこの人を知り、悉くこの人を見、皆、不可量、不可称にして辺あること無き不可思議の功徳を成就することを得ん。かくの如きの人らは、則ち、如来の阿耨多羅三藐三菩提を荷担すとなす。何を以ての故に。須菩提よ、もし、小法を楽《ねが》う者は、我見・人見・衆生見・寿者見に著し、則ち、この経に於て、聴受し、読誦し、人のために解説すること能わざればなり。

《荷担》梵本は samāṃśena bodhiṃ dhārayiṣyanti とあり、南條博士は「等分に覚りを持ち」と訳しているが、宇井博士は、漢訳本によって、samāṃśena を svāṃśena の誤写と推定し、「自己の肩によって菩提を担うであろう」と訳されている。コンツェ氏はその著 Vajracchedikā Prajñāpāramitā の一一三ページで、Vin. II 259, S IV 326a : eka-amsena dhāreyyāsi（一向に……と知るべし）の用例を引いて、本文では will carry along an equal share of enlightenment と訳している。しかしチベット訳文は sems-can de-dag thams-cad ṅaḥi byaṅ-chub phrag-pa-la thogs-par ḥgyur ro (一切の衆生は自己の覚りを肩に担うであろう) となっており、漢訳本と同じになる (前掲、岩波文庫本、註二五参照)。

## 15・b

さらに、また、須菩提よ、実にこの法門は不思議で、比べるものがない。そして、須菩提よ、如来はこの法門を、最上乗に発趣した人々のために、最勝乗に発趣した人々のために説いたのである。この法門を取り挙げ、受持し、読誦し、学修し、さらに他の人々のために詳しく説いて聞かせるであろう人々を、須菩提よ、如来は佛智によって知っている。須菩提よ、如来は佛眼を以て、そういう人々を見ている。須菩提よ、如来はそういう人々を覚知している。それらすべての人々は、無量の福徳を具有するものとなるであろう。不思議で、無比、不可量、不可計の福徳を具有するものとなるであろう。須菩提よ、それらすべての人々は、自己の覚りを肩に担うであろう。

なぜかというと、この法門を小法を信解する人々は聞くことができないからである。また、我見を有する者にも、衆生見を有する者にも、寿者見を有する者にも、人見を有する者にも聞くことはできないからである。菩薩の誓いを立てない人々は、この法門を聞いたり、取り挙げたり、受持したり、読誦したり、学修したりすることはできない。そのような道理はないからである。

api tu khalu punaḥ Subhūte, 'cintyo tulyo 'yaṃ dharmaparyāyaḥ. ayaṃ ca Subhūte dharmaparyāyas Tathāgatena bhāṣito 'grayāna-saṃprasthitānāṃ sattvānām arthāya śreṣṭhayāna-saṃprasthitānāṃ sattvānām arthāya, ya imaṃ dharmaparyāyam udgrahīṣyanti dhārayiṣyanti vācayiṣyanti paryavāpsyanti parebhyaś ca vistareṇa saṃprakāśayiṣyanti, jñātās te Subhūte Tathāgatena buddha-jñānena, dṛṣṭās te Subhūte Tathāgatena buddha-cakṣuṣā, buddhās te Tathāgatena. sarve te Subhūte sattvā aprameyeṇa puṇya-skandhena samanvāgatā bhaviṣyanti, acintyena-atulyena-amāpyena-aparimāṇena puṇya-skandhena samanvāgatā bhaviṣyanti. sarve te Subhūte sattvāḥ svāṃśena bodhiṃ dhārayiṣyanti.

tat kasya hetoḥ, na hi śakyaṃ Subhūte 'yaṃ dharmaparyāyo hīna-adhimuktikaiḥ sattvaiḥ śrotuṃ na-ātma-dṛṣṭikair na sattva-dṛṣṭikair na jīva-dṛṣṭikair na pudgala-dṛṣṭikaiḥ. abodhisattva-pratijñaiḥ sattvaiḥ śakyam ayaṃ dharma-paryāyaḥ śrotuṃ vodgrahītuṃ vā dhārayituṃ vā vācayituṃ vā paryavāptuṃ vā. nedaṃ sthānaṃ vidyate.

「須菩提よ、要を以てこれをいわば」の下は、第二に称歎して修を勧むるなり。文を開いて四となす。第一は法を歎じ、第二は人を歎じ、第三は重ねて法を歎じ、第四は重ねて人を歎ず。今、初めに法を歎ず。前に格量し竟り、すでに称歎す。今は格量し竟り、また称歎するなり。

「如来は大乗を発す者のために説く」の下は、第二の人を歎ずるなり。問う。大乗と最上乗とは何ぞ異なる。答う。通論するに異ならず。これは種々に歎ずるのみ。別しては大包含広博の義にして、また最上高絶取超出二乗の義なり。広博などはこれ得の義、出二乗は即ちこれ離の義、また大はこれその始めの義にして、浅より行ずるの人により、最上はこれその終りの義にして深く行ずる人によるものなり。

「如来は悉くこの人を知る」は、問う、前にすでに二処に知見を明かし竟る。今また明かすは、いかんが異なりあるや。解していわく、初めは自ら功徳を信ずを知見し、次は自ら受持読誦するの功徳を知見し、今は受持しまた人のために功徳を得るを説くを知見す。故に三知見は異なるなり。

「もし小法を楽う者」とは、これは失を挙げて得を顕わすを明かす。この中に二人を挙ぐ。小法を楽う者は、これはこれ小乗なり。我見に著する者は、これはこれ外道なり。この二人は聴受すること能わず。小乗の人の聴受すること能わざる所以は有所得を以ての故に、信ぜず得なし。またこの経は、如来の法身常住を明かすも、小乗の人は、佛も無常にして畢竟滅するというが故に信ぜず。故に『大智論』にいう。五百歳に五百部は大乗の法の畢竟空を説くを聞いて、刀もて心を傷つくるが如しと。叡法師の喩疑論にいう。外国の三十六国皆小乗を学び、大乗を信ぜずと。問う。小乗もまた空を明かし、大乗もまた空を明かす。小乗の人は何の意もて大を信ぜざるや。答う。『大論』にいう。空に二種あり。一には但空《たんくう》、二には不但空なり、小乗は但空を得て、不但空を得ずと。この経は不但空を明かすが故に空を信ぜざるなり。また小乗の人はただ生空を得て、法空を得ず。『大智論』にいう。佛滅後分かれて二分となる。一は衆生空を信じて、法空を信ぜず、二は倶に二空を信ずと。今この経は具さに二空を明かす。故に小乗の人は信ぜざるなり。

外道の我見に著して信ぜざるは、則ち知り易し。

須菩提、在在處處若有二此經一、一切世間天人阿修羅所レ應二供養一。當レ知、此處則爲二是塔一、皆應下恭敬、作禮、圍繞、以二諸華香一而散中其處上。

須菩提よ、在在処処《ざいざいしょしょ》に、もし、この経有らば、一切世間の天・人・阿修羅の、まさに供養すべき所なり、まさに知るべし。この処は、則ち、これを塔となして、皆、まさに恭敬《くぎょう》し、作礼《さらい》し、囲繞《いにょう》し、もろもろの華香《けこう》を以て、その処に散ずべきことを。

《阿修羅》原語は asura で、非天、不端正、非善戯、非同類などと訳し、六道の一、十界の一、戦いを事とする一類の鬼類をいう。『大毘婆沙論』巻第一七二（大正蔵経二七・八六八ページ中）には、問う。何が故に阿素洛と名づくるや。答う。素洛 sura はこれ天なり。彼は天に非ざるが故に、阿素洛 asura と名づく。また次に、素洛を端政と名づく。彼は端政に非ざるが故に阿素洛と名づく。彼は諸天を憎嫉するを以て、所得の身形をして端政ならざらしむるを以ての故なり。また素洛を同類と名づく。彼先に天と相近うして住す、しかも類同じからざるが故に阿素洛と名づくと。『増一阿含』巻第三、阿須倫品第八では、阿須倫の形は広長八万四千由旬、口は縦広千由旬なり。もし日を触犯せんとする時は、倍して十六万八千由旬の身を化し、日月の前に住くに、日月王これを見て恐怖を懐き、また光明あらず。阿須倫の形は甚だ畏るべきが故なり。されど日月は威徳あるが故に、遂に阿須倫に捉えられずと（大正蔵経二・五六〇ページ下）。これは、日月蝕がこの阿須倫によって触犯される結果と考えたものによるであろう。このスラは、インド最古神の一で、ペルシャの神 ahura と語源を同じうするといわれている。なお、詳しくは『長阿含経』巻第二〇、阿須倫品第六（大正蔵経一、一二九ページ中―）、『起世経』巻第八、闘戦品第九（大正蔵経一・三四九ページ下―）、『起世因本経』巻第八、闘戦品第九（大正蔵経一・四〇四ページ下―）などを参照。

## 15・c

しかし、また、実に須菩提よ、どのような地方でも、この経が説き聞かれる地方は、天、人、阿修羅を含む世界が供養すべき所になるであろう。そして、その地方は右繞し三周せられる所となり、塔廟にも等しい所となるであろう。

api tu khalu punaḥ Subhūte yatra pṛthivīpradeśa idaṃ sūtraṃ prakāśayiṣyate, pūjanīyaḥ sa pṛthivīpradeśo bhaviṣyati sa-deva-mānuṣa-asurasya lokasya, vandnīyaḥ pradakṣiṇīyaś ca sa pṛthivīpradeśo bhaviṣyati, caitya-bhūtaḥ sa pṛthivīpradeśo bhaviṣyati.

「須菩提よ、在々処々に」の下は、第三に重ねて法を歎ず。問う。この法を歎ずると初めと何の異なりありや。答う。初めは直かに経法を歎じ、今は法の所在の処を歎ずる故に異なるなり。問う。上にすでに経の在処を歎じたれば、則ち処貴《とうと》し。なお塔廟の如し。今何故また塔の如く歎ずるや。答う。前には略し歎じ、今は広く歎ず。前には直かに塔廟の如しという故にこれ略にして、今は種々の供養をいう故にこれ広なり。前は略して人を歎じ、今は広く人を歎ず。前は略して処を歎じ、今は広く処を歎ずるなり。

また前は経の所在の処を歎じたれば、則ち処貴きなり。今はただ経所在の処のみ貴きに非ざるを歎ず。即ちこの経を持する人の行住坐臥の処皆塔廟の如く、皆恭敬し供養すべきなり。法華にいう如し。法華経を持する人の所在の方に面して皆まさに礼をなすべしと。

## 第一六　能浄業障分

復次、須菩提、善男子善女人受二持‐讀‐誦此經一、若爲二人輕賤一、是人先世罪業應レ墮二惡道一、以二今世人輕賤一故、先世罪業則爲二消滅一、當レ得二阿耨多羅三藐三菩提一。

また次に、須菩提よ、善男子善女人、この経を受持し、読誦して、もし、人に軽賤《きょうせん》せられんに、この人、先《せん》世《ぜ》の罪業にて、まさに悪道に堕すべかりしを、今世に人に軽賤せらるるを以ての故に、先世の罪業、則ち、消滅し、まさに阿耨多羅三藐三菩提を得べし。

## 16・a

然るに、須菩提よ、善男子善女人が、このような経を取り挙げて、受持し、読誦し、学修し、そして如理に作意し、また他の人々のために詳しく説き聞かせたとしても、なおかつ、そういう人が軽賤され、また甚だしく軽賤されることがあるかも知れない。これはなぜかといえば、須菩提よ、そういう人たちは、前生に於て、悪趣を招くような汚れた行ないをしていたけれども、この現生に於て、軽賤されることによって、前生の汚れた行ないの償いをしたことによって、佛の菩提（覚り）を得るようになるのである。

api tu ye te Subhūte kulaputrā vā kuladuhitaro vemān evaṃrūpān sūtrāntān udgrahīṣyanti dhārayiṣyanti vācayiṣyanti paryavāpsyanti yoniśaś ca manasikariṣyanti parebhyaś ca vistareṇa saṃprakāśayiṣyanti, te paribhūta bhaviṣyanti, suparibhūtāś ca bhaviṣyanti. tat kasya hetoḥ, yāni ca teṣāṃ Subhūte sattvānāṃ paurva-janmikāny aśubhāni karmāṇi kṛtāny apāya-saṃvarta-nīyāni, dṛṣṭa eva dharme tayā paribhūtatayā tāni paurvajanmikāny aśubhāni karmāṇi kṣapayiṣ-yanti, buddha-bodhiṃ ca-anuprāpsyanti.

「また次に、須菩提よ、もし善男子善女人、この経を受持し、もし人のために軽賤せられる時」の下は、これ第四に重ねて人を歎ずるなり。

問う。今、人を歎ずると前とは何らの異ありや。答う。上は得門に就いて歎じ、今は離門に就いて歎ずるなり。何を以てこれを知るや。前の文に、持経は無辺の功徳を得るをいい、今は持経は悪道を離るるをいう。これ即ちこの金剛よくもろもろの患難を摧くなり。

次の意は疑を釈かんが故にきたる。上よりこのかた、並びに持経の人の無辺の功徳を明かす。今那《なん》ぞ持経の人を見るに、もろもろの障礙あり、いわゆる疾病し、官に遭うては横《よこしま》に打罵を得、意の如く事ならざるや。この疑を釈かんがための故に、この人の先世の罪業はまさに八難に堕すべく、持経の力を以ての故に、現世は軽く受くることを明かすなり、と嘉祥はいう。

須菩提、我念、過去無量阿僧祇劫、於二然燈佛前一、得レ値二八百四千萬億那由他諸佛一、悉皆供養、承事、無二空過者一。若復有レ人於二後末世一、能受二持-讀-誦此經一所レ得功德、於レ我所レ供二養諸佛一功德、百分不レ及レ一、千萬億分乃至算數譬喩所レ不レ能レ及。

須菩提よ、われ念うに、過去無量阿僧祇劫のとき、然燈佛の前《みまえ》に於て、八百四千万億那由他《なゆた》の諸佛に値《あ》うことを得て、悉く皆、供養し、承事《しょうじ》して、空しく過ごすこと無かりしことを。もし、また人有りて、後の末世に於て、よくこの経を受持し、読誦して得る所の功徳にたいし、われに於て諸佛を供養する所の功徳は、百分の一にも及ばず。千万億分、乃至、算数譬《さんじゅひ》喩《ゆ》も及ぶ能わざる所なり。

16・b

それはなぜかというと、須菩提よ、わたしは想い起こす。数えきれないほどの無限の昔、然燈如来・応供・正等覚者がおられ、さらにそれよりもっと以前に、数限りもない諸佛がおられた。わたしはこれらの諸佛に承事親近してやめることがなかった。

須菩提よ、わたしはこれらの諸佛世尊に承事親近してやめなかったが、後の世、第二の五百年代、正法の破滅の時、このような経典を取り挙げ、受持し、読誦し、学修し、他の人々のため詳しく説いて聞かせる者があるとすれば、須菩提よ、実にこちらの方の福聚に比べると、前の方の福聚は、その百分の一にも及ばないし、千分の一にも、百千分の一にも、億分の一にも、百億分の一にも、百千億分の一にも及ばないし、数量にも、区分にも、計算にも、譬喩にも、類比にも、乃至相似にも堪えることはできない。

tat kasya hetoḥ, abhijānāmy ahaṃ Subhūte 'tīte-dhvany asaṃkhyeyaiḥ kalpair asaṃkhyeyatarair Dīpaṅkarasya Tathāgatasya-arhataḥ samyaksaṃbuddhasya pareṇa paratareṇa catur-aśīti-buddha-koṭi-niyuta-śatasahasrāṇy abhūvan ye mayā ārāgitā ārāgya na virāgitāḥ.

yac ca mayā Subhūte te Buddhā Bhagavanta ārāgitā ārāgyā na virāgitā, yac ca paścime kāle paścime samaye paścimāyāṃ pañcaśatyāṃ saddharma-vipralopa-kāle vartamāna imān evaṃrūpān sūtrāntān udgrahīṣyanti dhārayiṣyanti vācayiṣyanti paryavāpsyanti parebhyaś ca vistareṇa saṃprakāśayiṣyanti, asya khalu punaḥ Subhūte puṇyaskandhasya-antikād asau paurvakaḥ puṇyaskandhaḥ śatatamīm api kalāṃ no-paiti sahasratamīm api śatasahasratamīm api koṭitamīm api koṭi-śatatamīm api koṭi-śatasahasratamīm api koṭi-niyuta-śatasahasratamīm api saṃkhyām api kalām api gaṇanām apy upamām apy upaniṣadam api yāvad aupamyam api na kṣamate.

「われ念うに過去」の下は、第三に釈迦の往因を挙げて格量す。前の内外両施は具さに現世を挙ぐ。今は往因を明かす。これは過去世に就いて、現在世と格量す。前は所化の功徳に就いて格量し、今は能化の功徳に就いて格量す。かくの如く格量し、まさに格量の極みを尽せり。

問う。いかなる意で、能化所化の功徳を挙げて格量するも、皆持経に及ばざるや。答う。これもついにこれ有所得の功徳にして、持経に及ばざるなり。問う。何を以て知るを得るや、皆これ有所得の功徳を挙げて格量すると。答う。経論皆証あり。『論』に初めの三千施を釈していわく、「二はよく菩提に趣くも、福は菩提に趣かず。いう所の二とは、即ちこれ自らよく受持すると、また他のために説くとなり。この二はよく菩提に趣く。施福は、これ有漏、有所得にして、よく菩提に趣かざるなりと(流支訳『金剛般若波羅蜜経論』巻上、大正蔵経二五・七八四ページ下―七八五ページ上)。経証とは、これは然燈佛の前を取る。その前とは、これ有所得故、未だ無生を得ず。故に有所得の施を取るを知るなり。

また一意の釈迦往因を挙げて格量する所以は、三門、功徳を明かす。上来すでに両門の功徳を格量し竟るも、未だ自ら受持、読誦する功徳を格量せず。今は自ら受持読誦する功徳を格《ただ》すを歎ずるが故にこの文あるなり。

問う。自ら受持、読誦するを格して、何が故に功徳転重《うたた》しとするや。答う。自ら受持読誦するその福はなお重きも、自行化他を具すると、あに称量すべけんや。これはこれ功徳の重きを顕わすが故に自行を格すなり。講誦者は須らく細かに看経すべし。爾らず覚らざればなり。

問う。三門の功徳を明かすと、三門を格量すると何の異なりありや。答う。自行化他門は則ち功徳即格量なり。三千より恒沙の身命に至るはこれなり。自信門と自受持門のこの二門は前に功徳を明かし、後に格量す。故に文に開合の異なりあるなり。

問う。三門の功徳を明かすに何の異なりありや。答う。即ち、この三品は、ただ信心を生ずるを下品とし、受持読誦して他に説くことをなさざるを中品とし、次に受持し、また他に説くことをなすを上品とす。また前はこれ自行、後の一つは自他を具するなり。

須菩提、若善男子善女人於二後末世一、有三受二持-讀-誦此經一、所レ得功德、我若具説者、或有二人聞一、心則狂亂狐疑不レ信。須菩提、當レ知、是經義不レ可二思議一、果報亦不レ可二思議一。

須菩提よ、もし、善男子善女人の、後の末世に於て、この経を受持し、読誦する者有らんに、得る所の功徳を、われ、もし具さに説かば、あるいは人の、聞きて、心、則ち、狂乱し、狐疑《こぎ》して信ぜざること有らん。須菩提よ、まさに知るべし。この経の義は思議すべからず、果報もまた思議すべからず。

## 16・c

またもし、須菩提よ、わたしが、これらの善男女の積む福聚に就いて説くとしたならば、これらの善男女が、どれだけ福聚を産み、摂受するかを聞くに及んで、人々は心狂乱に陥り、動乱するようになるであろう。また実に、須菩提よ、如来の説いたこの法門は不思議であり、その果報も実に不思議であると期待すべきである。

sacet punaḥ Subhūte teṣām kulaputrāṇām kuladuhtrīṇām vā-ahaṃ puṇyaskandhaṃ bhāṣeyam, yāvat te kulaputrā vā kuladuhitaro vā tasmin samaye puṇyaskandhaṃ prasaviṣyanti pratigrahīṣyanti, unmādaṃ sattvā anuprāpnuyuś citta-vikṣepaṃ vā gaccheyuḥ, api tu khalu punaḥ Subhūte 'cintyo 'yaṃ dharmaparyāyas Tathāgatena bhāṣitaḥ, asya-acintya eva vipākaḥ pratikāṅkṣitavyaḥ.

「須菩提よ、善男子善女人」の下は、大章第二なり。前の第一は格量を明かし、今は格量も格量する能わざる所を明かし、格量の及ぶ所にあらざるを会す。もしそれ、さらに格さば、則ち人信ぜざらん。故に不思議というなり。

以上経典の15・b「須菩提よ、要を以てこれをいわば」から16・cまでを一括して、流支訳の『金剛般若波羅蜜経論』では偈を挙げて釈している。すなわち、

余者の境界に非ざると、ただ大人にのみよって説くと、
及び聞くことを希い、法を信ずると、無上界を満足すると、
真妙法を受持すると、尊重する身が福を得ると、
及び諸障を遠離すると、またよく速かに法を証すると
種々の勢力を成じて、大妙の果報を得ると、かくの如きなどの勝業が法に於ける修行なりと知らる。

agocaratvaṃ kaivalyaṃ mahātmāśritatā tathā,
durlabhaśravatā caiva dhātupuṣṭir anu〔ttarā〕.
(dam paḥi chos ni ḥdsin pa daṅ) 〔pātra〕tāśraye,
śodhanāvaraṇānāṃ ca kṣiprābhijñātvam eva ca.
vicitralokasampattivipākaḥ sumahānn api,
karmāṇi etāni dharme pratipatter matā〔ni〕.

この三行の偈は何らの義を説くや。不可思議ありとは、不可思議境界を示すが故なり。不可称量とは、いわく、ただ独り大人のみにして声聞などに共《ぐう》ならざるなり。第一大乗に住する衆生のために説くを以ての故なり。これは大人に依止することを示すが故なり。また大乗と説くは、最妙の大乗の修行の勝るが故に、小乗などを信ずる時は、則ち聞くこと能わざるを以て、これは聞くことを希い、しかもよく法を信ずることを示すが故なり。経に、要を以てこれをいわば、この経には不可思議、不可称量の無辺の功徳あり。如来は大乗に発（趣）する者のために説き、最上乗に発する者のために説く、というが如くなるが故なり。聞を希うとは、いわく、不可思議などの文句の不可思議などの福徳を得て、満足性を顕わすが故なり。福徳の善根が満足するを以ての故なり。これ不可思議などの文句を説けばなり。経に、皆不可思議、不可称にして辺あることなき無量の功徳聚を成就す、というが如くなるが故なり。かくの如き人等は則ち如来の阿耨多羅三藐三菩提を荷担すとなすは、真妙法を受持することを示現するが故なり。法を受持すとは、即ちこれ大菩提を荷担するなり。経に、かくの如き人等は則ち如来の阿耨多羅三藐三菩提を荷担す、というが如くなるが故なり。在々処々に供養すとは、まさに知るべし、この人は必定して無量の功徳を成就す。経に、在々処々にもしこの経あらば、一切世間の天人阿修羅のまさに供養すべき処にして、まさに知るべし、この処は則ちこれ塔たり、皆まさに恭敬作礼囲繞し、もろもろの香華を以て、その処に散ずべし、というが如くなるが故なり。この経を受持読誦し、人のために軽賤せらるるとは、一切の諸障を遠離することを示現するが故なり。何が故に人に軽賤されて、しかも諸障を離るるや。大功徳あるを以ての故なり。経に、この人の先世の罪業は則ち消滅せらる、というが如くなるが故なり。然燈佛の前に於て諸佛を供養する功徳あるも、後世末世に於て、この法門を受持する功徳は、福が彼よりも多しとは、これは速かに菩提法を証することを示すが故なり。多くの福徳の荘厳が速疾に満足するを以ての故なり。経に、もしまた人ありて、後世末世に於て、よくこの経を受持し読誦して得る処の功徳にたいし、われに於て諸佛を供養するところの功徳は、かの百分の一にも及ばず、千万億分、乃至算数譬喩も及ぶ能わざるところなり、というが如くなるが故なり。まさに知るべし、この法門は不可思議にして、果報もまた不可思議なり、とはこれ何の義を明かすや。偈に、種々の勢力を成じて大妙の果報を得、というが故なり。いわゆる、四天王、釈提桓因、梵天などを摂受して勢力を成就するが故なり。もしこのことを聞かば、その心は迷乱すとは、かの果報は不可思議にして甚だ勝妙なるを以て、思量智の境界に非ざるをはま示すが故なり。かの修行に住するうちにて、かくの如きなどの功徳を成ず。この故にかの修行などの業まさに知るべきなり。経に、まさに知るべし、この法門は不可思議にして、果報もまた不可思議なり、というが如くなるが故なり。

# 第二周

## 第一一断疑

### 第一七 究竟無我分

爾時須菩提白レ佛言。世尊、善男子善女人發二阿耨多羅三藐三菩提心一、云何應レ住、云何降二伏其心一。

佛告二須菩提一。善男子善女人發二阿耨多羅三藐三菩提心一者、當レ生二如レ是心一。我應レ滅二度一切衆生一。滅二度一切衆生一已、而無レ有二一衆生實滅度者一。何以故。須菩提。若菩薩有二我相人相衆生相壽者相一、則非二菩薩一。所以者何。須菩提、實無レ有下法發二阿耨多羅三藐三菩提心一者上。

その時、須菩提、佛に白して言う。世尊よ、善男子善女人ありて、阿耨多羅三藐三菩提の心を発さんに、いかんが、まさに住すべきや。いかんが、その心を降伏すべきや。

佛、須菩提に告げたもう。善男子善女人にして阿耨多羅三藐三菩提の心を発さん者は、まさに、かくの如き心を生ずべし。われ、まさに一切衆生を滅度せしむべし。一切衆生を滅度せしめ已って、しかも、一の衆生も、実には滅度する者有ること無しと。何を以ての故に。須菩提よ、もし菩薩に、我相・人相・衆生相・寿者相有らば、則ち、菩薩に非ず。所以はいかん。須菩提よ、実に、法として、阿耨多羅三藐三菩提の心を発すという者有ること無ければなり。

## 17・a

その時、実に須菩提長老は、師にいうた。師よ、菩薩乗に発趣した者は、いかに住すべきか、いかに修行すべきであるか、いかに心を制伏すべきであるかと。

師は答えた。須菩提よ、今、菩薩乗に発趣した者は、次のように心を発起すべきである。即ち、わたしは生きとし生けるすべての衆生を、永遠の平安という涅槃の世界に導き入れなければならない。しかし、このようにすべての衆生を涅槃の世界に導き入れても、実は誰一人として永遠の平安に導き入れられたものはないと。

それはなぜかというと、須菩提よ、もし菩薩に生存するものという想い（衆生想）が存するならば、彼は菩薩ではないといわねばならないし、個体という想い（寿者想）やないし個人という想い（人想）が存するならば、彼は菩薩ではないといわねばならないからである。

それはなぜかというと、須菩提よ、菩薩乗に発趣したといわれるような者は何も存在しないからである。

atha khalv āyuṣmān Subhūtir Bhagavantam etad avocat : kathaṃ Bhagavan bodhisattvayāna-saṃprasthitena sthātavyaṃ, kathaṃ pratipattavyaṃ, kathaṃ cittaṃ pragrahītavyam.

Bhagavān āha: iha Subhūte bodhisattvayāna-saṃprasthitenaivaṃ cittam utpādayitavyam: sarve sattvā mayā-anupadhiśeṣe nirvāṇadhātau parinirvāpayitavyāḥ. evaṃ ca sattvān parinirvāpya, na kaścit sattvaḥ parinirvāpito bhavati.

tat kasya hetoḥ, sacet Subhūte bodhisattvasya sattva-saṃjñā pravarteta, na sa bodhisattva iti vaktavyaḥ. jīva-saṃjñā vā yāvat pudgala-saṃjñā vā pravarteta, na sa bodhisattva iti vaktavyaḥ. tat kasya hetoḥ, na-asti Subhūte sa kaścid dharmo yo bodhisattvayāna-saṃprasthito nāma.

この経の分段は、昭明太子のいう第十七究竟無我分であり、また二十七断疑中の第一一の「断三安住降伏存レ我疑二」にあたる。この疑は従前の諸文の無我・人等の相に対するものからきたもの、即ちわれ能く住し、われよく降伏すと、この分別を存するは、真証無住の道を障する故、再びこの問いを起こすとされている（明宗泐・如玘同註『金剛般若波羅蜜経註解』大正蔵経三三・二三四ページ中）。

これについて、天台大師は、この経段を、——須菩提問うより下は第二周重説なり。体中に就くに、三仮に弁ず。初めは受の仮、次は名の仮、後は法の仮なり。受はこれ人なり。人には即ち名あり、この人と名とによって能成の法あるなり。三仮はこれ法を立す。いかんが三仮を以て無所有を釈するや。三仮は乃ちこれ法を立するも、またこれ法を壊《え》するなり。今、無所有を明かさんと欲するが故に、須らく釈を将来すべし。もし横論するに、病を破すれば則ち実にこれ一つも所有なからん。もし竪論するに、道を望めば即ち所有なくして、しかも所有なきにあらず。この三仮もまた然り。能成能破なるが故なり。すでに仮有という、いかんが所有に竟《おわ》らん。すでに仮有という、いかんが、しかもあるにあらずとなさん。初めに得を明かすは、発心して、衆生を度せんと欲して、弘誓願を起こし、われまさに一切衆生を滅度すべしとするを明かす。実には衆生の滅度を得る者なきとは、これ菩薩、衆生如を知らば、いかんが滅すべきものあらんやを明かす。もし、衆生の度すべきものあらば、釈論に菩薩は殺衆生罪を得という。また『大品』如化品に、佛、須菩提に語るらく、諸法は本有りて今無きやと。これ即ち須菩提を責むるの意にして、衆生は本時有り今時無きに非ず。何ぞ始行菩薩を慰諭するを須いん。本より自ら無生、今何ぞ滅すべけんや、という（智顗説『金剛般若経疏』大正蔵経三三・八一ページ中）。

これに対して嘉祥大師はその『疏』に次のようにいう。「その時に須菩提、佛に白して」の下は、二周説中のこれはこれ第二なり。論師の十二分によらば、これはこれ第十断疑なり。今は用いざる所なり。何が故に然るや。『論』に、如来非有為分より下は、皆疑を生ずるを断ずという。何ぞこのうち始めて断疑と言うや。

ここに吉蔵のいう論師の十二分は、『金剛仙論』巻第一によらば、――如是以下、経末に竟るまでは、正しく経体を弁ず。序、正、流通の義常の如く弁じ、中に於て義の（委）曲に随って分かつに、およそ十二段あり。始め序分より終りに流通に訖《いた》るは、即ちその事なり（大正蔵経二五・八〇〇ページ上）、といっている。さらにこれ第十断疑なりというは、同じく『金剛仙論』巻第七に、

その時須菩提は佛に白していう。いかんが菩薩、三菩提心を発し、いかんがその心を降伏すべきやなどより以下、およそ十六段の経文あり。これはこれ大段にして、その中の第十の名づけて断疑分と

なす。これを断疑と名づくる所以は、上の第三段よりきたり、すでに広く断疑を弁ず。何が故に断疑の名を与えず、この段独り断疑の称を得る所以は、衆生の側に到っては、あるいは著心を取り、多く如来の説法を聞くも、一法の上に種々の疑を起こし、第三段よりきたって第九段に至る。これ一周の説法にして、菩薩、衆生、佛、浄土などの四法上に於て、次第に一つずつ遍ねく疑を断ず。然れどもおのおの逐《お》うて明かす所は事義同じからず、別に名字を立つ。また疑を断ずと雖も、しかも断疑分と名づけず。これより以下は、還って上の経を提《ひっさ》げ、その文ほぼ同じ。しかも疑は異なる。故に独り断疑の名を得るなり（大正蔵経二五・八四六ページ中）、といっているのを指すものであろう。

さらに吉蔵が如来非有為分より下は、皆疑を生ずるを断ずというのは、同じく『金剛仙論』巻第二に、――これより以下は一切《すべて》、修多羅、疑心を生ずるを断ずることを示現すといい、「須菩提よ、意に於ていかん。相成就を以て如来を見るべきや、いなや」とは、この一段の経は第五の如来非有為相分と名づく。何が故に、これを非有為相と名づくるやとは、法身如来は古今湛然、万徳円満、体これ無為にして、永く生住滅などの有為三相を絶つを明かすが故に、如来非有為相というなり（大正蔵経二五・八一〇ページ中―下）、を指すものであろう。

吉蔵は『疏』に、続いて次のようにいう。

上来、始めに住問、降伏心の問いに答え、今は次に菩提心の問いに答うと。今、明かさく、前に具さに四問に答え竟れり。いかんが、前に菩提心に答うるに非ずして、今始めてこれに答うるや。その人近きを見て、遠きを見ざるなり。

次に有人のいわく、前には因空を明かし、今は果空を明かすと。彼謂えらく、修行などはこれ因なり。前には修行の空を弁ずるが故にこれ因空なり。菩提はこれ果なり。今、実に菩提の得べきなしというが故にこれ果空なりと。これもまた然らず。上にすでに具さに因果の深き義を説き竟りぬ。何ぞ上は因空、これはまさに果空なりということを得んや。今、明かさく、これはこれ第二周の説なり。何を以て知るや。前後の四問皆同じく、佛の答えもまた同じきを以ての故に。知りぬ、これ二周の説なり。

問う。二周の説に何の異ありや。答う。前は広説、今は略説、前は前会の衆のために説き、後は後会の衆のために説く。故に『大智論』に無生品を解していわく、――問うていわく、前にすでに般若を説き竟りぬ。今、何ぞさらに説くことを得るや。答えていわく、前は前来の衆のために説き、後は後来の衆のために説く。清涼池の前にくる者の飲み竟って去り、後にくる者さらに飲むが如しと（大正蔵経二五・四三六ページ上―中）。

問う。大経に、後来の衆生のために偈頌を以て説くという。今、何が故ぞ偈となさざるや。答う。説法は多体にして一勢なるべからず。自ら前会は長行にして、後来は偈なるものあり。自ら二つ倶に偈、二つ倶に長行なるものあり。大智論に説くが如き、即ちこれ証なり。問う。今何が故に偈をなさざるや。答う。諸般若は多く偈をなさず。偈を以て字を安んずれば限りあり、深義に於て曲尽することを能わず。

次に明かさく、還《また》これ一会にして二周の説あり。初周は利根の人のために説き、鈍根にして未だ悟らざれば、さらに後周の説をなすなり。問う。前説と後説と異なし。いかんが前説は利根の人のために説き、後説は鈍根の人のためにするや。答う。大意は乃ち同じ。その中に形勢を転易するが故に、鈍根はこれを聞いて、すなわち了悟することを得、一種の義、この語をなし、これを説くも解せずとも、さらに異門をなして、これを釈すれば則ち悟るが如し。なお一の米を一種の食となして食することと能わざれば、更めて異食となすに、則ちよく食するが如し。これ近事なりと雖も、これ乃ち聖人制作の大体なり。般若はこれ一法なれども、佛は種々の名を説き、もろもろの衆生の力に随って、これがために異の字を立つるは、即ちその証なり。

次の意は、前周は縁を尽し、後周は観を尽す。前周は縁を尽すとは、正しく菩薩に教えて、無所得の発心は有所得の発心を破し、乃至無所得の修行は有所得の修行を破するなり。故にこれ縁を尽すなり。今この章は発菩提心のあることなく、また修行の人あることなしと明かす。故にこれ観を尽すなり。『論』にいわく、内心の修行に於て我を存して菩薩となさば、これ即ち心を障し不住道に違うなりと。かく経論の作したるや、あに空称ならんや。縁を尽すが故に縁なく、観を尽すが故に観なし。縁なく観なければ、知らず、何を以てかこれに名づけん、歎美して強いて正観と名づく。正観は即ちこれ般若、即ちこれ金剛なり。

また前周は、正しく観行を明かし、後周は観主を除く。故に『大智論』に習応品を釈していわく、――問うていわく、前にすでに生法の二空を明かす、今何が故に生空を弁ずるや。答う。前には生法の二病を破せんがために生法の二空を明かす。今は空を観ずる人を破せんがためなりと(大正蔵経二五・三一九ページ中)。もし論なき経には十五章あり。論ある経にはおよそ十六章あり。信受の一章の経を長ずることあるなり。

問う。前周の説はすでに三問を開く。一に般若の体門、二に信受門、三に功徳門なり。今、後周は後会のためなり。またかくの如くなることを得るや。答う。論経に於ては、またかくの如くなることを得。初めは即ち般若の体門、信受は即ち第二門、三千世界須弥山七宝聚とはこれ功徳門なり。今、形勢を観ずるに、少しく上と異なる。故に三門を開かず。ただし十五章の鉤鏁相生ずるによるが故に、疑を釈し難を解するを以て次第となすなり。

このような吉蔵の見解は、現今の歴史的立場に立つ者にとっては、自ら相容れないもののあることはいうまでもないが、しかしその間に多く参考にすべきもののあることもまたいうまでもない。特に前後の二周説は、すでにインド以来の通説となっているものであるが、天台智者大師説の『金剛般若経疏』によれば、――後魏の末、菩提流支、論本八十偈を訳す。弥勒、偈を作り、天親、長行にて釈す。総じて三巻にして、文を分かつ十二分なり。一に序分、二に護念分、三に住分、四に修行分、五に法身非身分、六に信者分、七に校量顕勝分、八に顕性分、九に利益分、十に断疑分、十一に不住道分、十二に流通分なり。講説時には別に一途に章を開くのみ。この一経に就いて、開いて三段の序、正、流通となす。……序に通あり別あり、正説は前後二周、流通は付嘱奉行なり。……時に長老須菩提より下は、第一に正説となす。文また二となす。初めより果報不可思議に至るは実智道と名づく。重ねて佛に白すよりはこれ方便道なり。あるいは後来のために、あるいは鈍根のために、あるいは智度の善権は菩薩の父母たるべし。大品を判じて般若と方便の両道により文を分かつが如し。この経の略説もまたかくの如し（大正蔵経三三・七六ページ上―下）、といっており、第二周にいって疏では、――「その時、須菩提問う」より下は、第二周説なり、般若はあるいは後来のためにあるいはこれ鈍根の者のためなり。文また三仮あり（大正蔵経三三・八一ページ中）といって前の第一周で説く所と対応している。

これを受けて、明の元賢はその著『金剛経略疏』（大日本続蔵経、第一輯、第三九套、第二冊、一六一枚表上）に、――この問い（17・aの云何応住、云何降伏其心）は、圭峰の疏によるに、住修し降伏するは、これ我なりという疑をなすを以て、義に於てまた通ずるも、ただ空生（須菩提）の問辞、前と異ならず、かつ佛答の意を詳かにするに、また前と異ならず。今強いて不異の中に於て、異を求むるは穿鑿甚し。近代の諸師の多くは、前の問いは人空、後の問いは法空という。愚謂えらく、この経は前に法空を明かし竟る。ただに三令五申するのみにあらず、空生あに再問すべけんや。ただ天台の疏に、謂えらく、この重問は重説なるも、大般若経の中にすでにこの例ありと。故に今これによる。学者必ずしも強いて解せざれ、といっている。

吉蔵の疏によると、初章を二とする。前問、次答なり。もし後会に約して論をなさば、則ち問意は前と同じ。昔来、未だ般若によらずしては発心修行を成ぜざるが故に、今、発心修行の義を請問するなり。もし空観に約して論をなさば、則ち前問は発心修行を成じ、後問は佛に発心を泯《ほろ》ぼし修行を泯ぼすを請うが故なり。問う。前は発心修行を成じ、後は発心修行を泯ぼすとす。まさに相違せざらんや。答う。終に一意を成ずるとするのみ。発心を泯すにより、乃ち発心を成ずるのみ。もし発心あるを見ば、発心を成ぜざるのみ。故に前来、発心を成ずるは即ちこれ発心を泯ぼす、今、発心を泯ぼすは即ちこれ発心なり。

佛答の中を二となす。初牒に問うは、発心即ち縁を尽すの義を明かし、何を以ての故に、実には発心する者なしよりは、観を尽すを明かすなり。問う。佛の答え、上と何の異ありや。答う。上はただ縁を尽し、今は縁観倶に尽す。即ちこれ異なるなり。また上はこれ広く答え、具さに四問に答う。今はこれ略答にして、ただ発心に答う。発心すでに然り。三問の例もまた然り。後周はこれ略説なる故を顕わさんがためなり。

以上の吉蔵の疏も他の註釈家と同じく、流支訳の『金剛般若波羅蜜経論』の偈釈に基づいている。今それを示さば、——何故前に三種の修行を説きたるに、今また重ねて説く。これに何の勝れたるものありや。偈にいわく、

内心の修行に於て、我を存して菩薩となさば、

これ即ち心を障し、不住道に違うなり。

(sgrub pa so so bdag raṅ la, byaṅ chub sems dpar rtog pa yin) [bodhisat] tvakalpanā, cittāvaraṇaṃ ākhyātaṃ yac cittam apratiṣṭhitam.

この義はいかん。もし菩薩、即ち自身の三種の修行に於て、かくの如き心を生じ、われは菩薩の大乗に住し、われはかくの如く修行す、われはかくの如く降伏すと、菩薩にしてこの分別を生ぜば、則ち菩薩行を障す。偈に内心の修行に於て、われを存して菩薩となさば、これ即ち心を障す、という故なり。何らの心を障すや。偈に不住道に違うというが故なり。経に、何を以ての故に、須菩提よ、実に法の名づけて菩薩の阿耨多羅三藐三菩提心を発す者あることなし、というが如くなるが故なり(流支訳『金剛般若波羅蜜経論』巻中、大正蔵経二五・七九〇ページ下)。

# 第一二断疑

須菩提、於レ意云何。如來於二然燈佛所一、有三法得二阿耨多羅三藐三菩提一不。

不也、世尊。如三我解二佛所レ説義一、佛於二然燈佛所一無レ有三法得二阿耨多羅三藐三菩提一。

佛言、如レ是、如レ是。須菩提、實無レ有三法如來得二阿耨多羅三藐三菩提一。須菩提、若有下法如來得二阿耨多羅三藐三菩提一者上、然燈佛則不與二我授記一、汝於二來世一當三得レ作レ佛、號二釋迦牟尼一。以四實無レ有三法得二阿耨多羅三藐三菩提一、是故然燈佛與二我授記一、作二是言一、汝於二來世一當三得レ作レ佛、號二釋迦牟尼一。

須菩提よ、意に於ていかん。如来の、然燈佛の所に於て、法として、阿耨多羅三藐三菩提を得たりというものの有りや、いなや。

いななり。世尊よ、われ、佛の説きたもう所の義を解《げ》するが如くんば、佛は、然燈佛の所に於て、法として、阿耨多羅三藐三菩提を得たりというもの有ること無し。

佛言いたもう。かくの如し。かくの如し。須菩提よ、実に法として、如来の阿耨多羅三藐三菩提を得るというもの有ること無し。須菩提よ、もし、法として、如来の、阿耨多羅三藐三菩提を得るというもの有りとせば、然燈佛は、則ち、われに授記を与えて、「汝、来世に於て、まさに佛となることを得て、釈迦牟尼と号せん」とはせざりしならん。実には、法として、阿耨多羅三藐三菩提を得るというもの有ること無きを以て、この故に、然燈佛は、われに授記を与えて、この言を作し、「汝、来世に於て、まさに佛となることを得て、釈迦牟尼と号すべし」と。

## 17・b

須菩提よ、どう思うか。如来が然燈如来のもとで、無上正等覚を現に覚ったというような事柄が何かあるだろうか。

このように問われた時、須菩提長老は師にこのように答えた。師よ、わたしが師の所説の意味を理解している限りでは、如来が然燈如来・応供・正等覚者のもとで無上正等覚として現に覚ったというような事柄は何もありません。

このようにいわれた時、師は須菩提長老にこのようにいわれた。そのとおりだ、須菩提よ、そのとおりだ。如来が然燈如来・応供・正等覚者のもとで無上正等覚として現に覚った事柄というようなものは何もない。須菩提よ、如来によって現に覚られたものがあるとすれば、然燈如来はわたしに「若者よ、未来の世にシャカムニという名の如来・応供・正等覚となるであろう」と決して予言はなさらなかったであろう。

けれども、今、須菩提よ、如来・応供・正等覚者が無上正等覚として現に覚った何らの法もないから、そのために、わたしは然燈如来によって、「若者よ、汝は未来世に於て、シャカムニという如来・応供・正等覚者になるであろう」と授記されたのである。

tat kiṃ manyase Subhūte, asti sa kaścid dharmo yas Tathāgatena Dīpaṅkarasya Tathāgatasya-antikād anuttarāṃ samyaksaṃbodhim abhisaṃbuddhaḥ.

evam ukta āyuṣmān Subhūtir Bhagavantam etad avocat: yathā-ahaṃ Bhagavan Bhagavato bhāṣitasya-artham ājānāmi, na-asti sa Bhagavan kaścid dharmo yas Tathāgatena Dīpaṅkarasya Tathāgatasya-arhataḥ samyaksaṃbuddhasya-antikād anuttarāṃ samyaksaṃbodhim abhisaṃbuddhaḥ.

evam ukte Bhagavān āyuṣmantaṃ Subhūtim etad avocat: evam etat Subhūte evam etat, na-asti Subhūte sa kaścid dharmo yas Tathāgatena Dīpaṅkarasya Tathāgatasya-arhataḥ samyaksaṃbuddhasya-antikād anuttarāṃ samyaksaṃbodhim abhisaṃbuddhah. sacet punaḥ Subhūte kaścid dharmas Tathāgatena-abhisaṃbuddho 'bhaviṣyat, na māṃ Dīpaṅkaras Tathāgato vyākariṣyad: bhaviṣyasi tvaṃ māṇava-anāgate 'dhvani Śākyamunir nāma Tathāgato 'rhan samyaksaṃbuddha iti. yasmāt tarhi Subhūte Tathāgatena-arhatā samyaksaṃbuddhena na-asti sa kaścid dharmo yo 'nuttarāṃ samyaksaṃbodhim abhisaṃbuddhas, tasmād ahaṃ Dīpaṅkareṇa Tathāgatena vyākṛto: bhaviṣyasi tvaṃ māṇava-anāgate 'dhvani Śākyamunir nāma Tathāgato 'rhan samyaksaṃbuddhaḥ.



## 第一三断疑

何以故。如來者卽諸法如義。

何を以ての故に。如来とは、即ち、諸法如の義なればなり。

《如来者、即諸法如義》以下の文は、笈多本（大正蔵経八・七七〇ページ上）と玄奘本（大正蔵経七・九八三ページ下）以外の漢訳本にはない。今、玄奘本を示すと、——所以者何。善現、言如来者、即是真実真如増語。〔言如来者、即是無生法性増語。言如来者、即是永断道路増語。言如来者、即是畢竟不生増語。何以故。善現、若実無生、即最勝義〕梵文については本文参照。

## 17・c

それはなぜかというと、須菩提よ、如来というのは、真如の異名である。

〔須菩提よ、如来というのは、無生法の異名である。須菩提よ、如来というのは、法断滅（法を超越している）の異名、須菩提よ、如来というのは、畢竟不生の異名である。なぜかというと、須菩提よ、真諦は無生であるから〕。

tat kasya hetos, Tathāgata iti Subhūte bhūta-tathatāyā etad adhivacanam.

Max Müller (Bibl. no. 1) gives here a passage which is omitted in Kumārajīva, Pargiter's Ms (Bibl. no. 2) and Tibetan text of Bibl. no. 11, i. e.: Tathāgata iti Subhūte anutpādadharmatāyā etad adhivacanaṃ. Tathāgata iti Subhūte dharmocchedasyaitad adhivacanaṃ. Tathāgata iti Subhūte atyanta-anutpannasyaitad adhivacanaṃ, 17 d) tat kasya hetoḥ, eṣa Subhūte 'nutpādo yaḥ paramārthaḥ. (Vajracchedikā Prajñāpāramitā ed. by E. Conze. p. 48.)

若有人、言如來得阿耨多羅三藐三菩提。須菩提、實無有法佛得阿耨多羅三藐三菩提。須菩提、如來所得阿耨多羅三藐三菩提、於是中無實無虛。是故如來說一切法皆是佛法。須菩提、所言一切法者、卽非一切法。是故名一切法。

もし、人有りて、如来は阿耨多羅三藐三菩提を得たもうと言わんも、須菩提よ、実には、法として、佛の阿耨多羅三藐三菩提を得るというもの有ること無し。須菩提よ、如来の得る所の阿耨多羅三藐三菩提は、この中に於て、実も無く、虚《こ》も無し。この故に、如来は、一切法は、皆、これ佛法なりと説けるなり。須菩提よ、言う所の一切法とは、即ち、一切法に非ず。この故に、一切法と名づくるなり。

## 17・d

須菩提よ、もし誰かが——如来・応供・正等覚者が無上正等覚を現に覚った——といったなら、その人は誤りをいったことになる。須菩提よ、彼は真実でないことに執着して、わたしを謗《そし》ったことになる。なぜかというと、須菩提よ、如来は無上正等覚を現に覚ったというような法は何もないからである。また、須菩提よ、如来が現に覚ってあるいは示した法には、真実も虚妄もない。だから、一切諸法というのは、佛法であると説くのである。

なぜかというと、須菩提よ、一切諸法というのは、非法であると如来によって説かれている。だから一切諸法は佛法であるといわれるのである。

yaḥ kaścit Subhūta evaṃ vadet : Tathāgatena-arhatā samyaksaṃbuddhena-anuttarā samyaksaṃbodhir abhisaṃbuddheti, sa vitathaṃ vaded, abhyācakṣīta māṃ sa Subhūte asatodgṛhītena. tat kasya hetoḥ, na-asti Subhūte sa kaścid dharmo yas Tathāgatena-anuttarāṃ samyaksaṃbodhim abhisaṃbuddhaḥ. yaś ca Subhūte Tathāgatena dharmo 'bhisaṃbuddho deśito vā, tatra na satyaṃ na mṛṣā. tasmāt Tathāgato bhāṣate sarva-dharmā buddha-dharmā iti.

tat kasya hetoḥ, (sarva-dharmāḥ) sarva-dharmā iti Subhūte(sarve te) 'dharmās Tathāgatena bhāṣitāḥ, tasmād ucyante (sarva-dharmāḥ) sarva-dharmā (buddha-dharmā) iti.

須菩提、譬如二人身長大一。

須菩提言、世尊、如來說二人身長大一、則爲レ非二大身一。是名二大身一。

須菩提よ、譬えば、人身の長大なるが如し。

須菩提言う。世尊よ、如来の、人身長大なりと説きたまえるは、則ち、大身に非ずとなす。これを大身と名づく。

17・e

譬えば、須菩提よ、人あり、具足身、大身を有するが如くである。

須菩提長老はいった。師よ、如来が具足身、大身を有すと説いたかの人は、実は非身であると如来は説かれた。だから具足身、大身といわれるのです。

tad-yathāpi nāma Subhūte puruṣo bhaved upetakāyo mahākāyaḥ.
āyuṣmān Subhūtir āha : yo 'sau Bhagavaṃs Tathāgatena puruṣo bhāṣita upetakāyo mahākāya iti, akāyaḥ sa Bhagavaṃs Tathāgatena bhāṣitaḥ. tenocyata upetakāyo mahākāya iti.

## 第一四断疑

須菩提、菩薩亦如レ是。若作二是言一、我當レ滅二度無量衆生一、則不レ名二菩薩一。何以故。須菩提、實無レ有三法名為二菩薩一。是故佛説下一切法無レ我、無レ人、無二衆生一、無中壽者上。

須菩提よ、菩薩もまたかくの如し。もし、この言を作して、「われ、まさに無量の衆生を滅度せしむべし」とせば、則ち、菩薩と名づけざるなり。何を以ての故に。須菩提よ、実に、法として、名づけて菩薩となすもの有ること無ければなり。この故に、佛は、「一切の法には、我も無く、人も無く、衆生も無く、寿者も無し」と説けるなり。

《無長養者》 原語は niṣpoṣa で、南條本には、tasmāt Tathāgato bhāṣate : nirātmānaḥ sarvadharmā nirjīvā niṣpoṣā niṣpudgalāḥ sarvadharmā iti となっている。今、笈多本のみ、この niṣpoṣa の語があったように思われる。その訳文を

示すと、——彼故如来説無我一切法、無衆生、無寿者、無長養者、無人一切法者（大正蔵経八・七七〇ページ上）。

## 17・f

師はいわれた。須菩提よ、そのとおりだ。もしも菩薩が、わたしは衆生を永遠の平安に導かせるであろうというならば、彼は菩薩であるということはできない。なぜなら、須菩提よ、菩薩と名づけられるようなものがあるであろうか。

須菩提は答えた。いいえ、そうではありません。師よ、かの菩薩と名づけられるようなものは何にもありません。

師はいわれた。須菩提よ、衆生である、衆生であるというのは、実は非衆生であると如来はいっている。だから衆生といわれるのである。この故に、如来は一切諸法は我なく、一切諸法は衆生なく、寿者なく、人もないと説くのである。

Bhagavān āha : evam etat Subhūte, yo bodhisattvo evaṃ vaded : ahaṃ sattvān parinirvāpayiṣyāmi-iti, na sa bodhisattva iti vaktavyaḥ. tat kasya hetoḥ, asti Subhūte sa kaścid dharmo yo bodhisattvo nāma.

Subhūtir āha : no hīdaṃ Bhagavan, na-asti sa kaścid dharmo yo bodhisattvo nāma.

Bhagavān āha : sattvāḥ sattvā iti Subhūte asattvās te Tathāgatena bhāṣitās, tenocyante sattvā iti, tasmāt Tathāgato bhāṣate : nirātmānaḥ sarva-dharmā (niḥsattvāḥ) nirjīvā (niṣpoṣā) niṣpudgalāḥ sarva-dharmā iti,

須菩提、若菩薩作二是言一、我當レ莊二嚴佛土一、是不レ名二菩薩一。何以故。如來說下莊二嚴佛土一者、卽非中莊嚴上、是名二莊嚴一。

須菩提よ、もし菩薩にして、この言を作して、「われ、まさに佛土を荘厳すべし」とせば、これを菩薩と名づけず。何を以ての故に。如来は、「佛土を荘厳すというは、即ち、荘厳に非ず」と説けばなり。これを荘厳と名づくるなり。

《是不名菩薩》 羅什訳、流支訳、コータン本は一致して saḥ na bodhisattvaḥ vaktavyaḥ となっているが、義浄訳は欠く。笈多本には、——彼亦如是不名説応（大正蔵経八・七七〇ページ上）とあり、真諦本には、——如此菩薩説虚妄言（大正蔵経八・七六五ページ上）とあり、玄奘本には我当成辦佛土功徳荘厳亦如是説（大正蔵経七・九八四ページ上）とある。梵文について見るに、コンツェ本は、so 'pi tathaiva vaktavyaḥ を採り、異本を脚註に挙げてギルギット本、日本本、チベット本の vitathaṃ evaṃ kartavyaḥ となっていることを記す。しかしマックス・ミュラー本は sa vitathaṃ vadet となっている。これらによって原本も訳本もそれぞれ異なっていたことが知られる。今、訳としてはマックス・ミュラー校訂本にしたがった。宇井伯壽著『大乗佛典の研究』六一・六二ページ参照。

## 17・g

須菩提よ、もし菩薩が、わたしは国土荘厳を成し遂げるであろうといったとすれば、彼は非真を語るといわねばならない。なぜかというと、須菩提よ、国土荘厳、国土荘厳というのは、非荘厳であると、如来は説いた、故に国土荘厳といわれるのである。

yaḥ Subhūte bodhisattva evaṃ vaded : ahaṃ kṣetra-vyūhān niṣpādayiṣyāmi-iti, sa vitathaṃ vadet (so 'pi tathaiva vaktavyaḥ). tat kasya hetoḥ, kṣetra-vyūhā kṣetra-vyūhā iti Subhūte 'vyūhās te Tathāgatena bhāṣitāḥ, tenocyante kṣetra-vyūhā iti.

須菩提、若菩薩通達無我法者、如來說名眞是菩薩。

須菩提よ、もし菩薩にして、無我の法に通達せる者あるときは、如来は説いて真にこれ菩薩なりと名づく。

## 17・h

須菩提よ、菩薩にして諸法は無我である、諸法は無我であると信解すれば、如来・応供・正等覚者は、彼を菩薩・摩訶薩と説く。

yaḥ Subhūte bodhisattvo nirātmāno dharmā nirātmāno dharmā ity adhimucyate, sa Tathāgatena-arhatā samyaksaṃbuddhena bodhisattvo mahāsattva ity ākhyātaḥ.

この段は第一二断(17・b)、第一三断(17・c)、第一四断で、その中の第一二「断佛因是有菩薩疑」は、上の第一一疑中の実には法として菩提心を起こす者あることなしということよりきたるもので、佛因はこれ菩薩あるべきなのに、もし、発心する者がなければ菩薩はなく、菩薩なければ、いかにして然燈佛所で記を得るということがあり得ようかとの疑を断ずるものである。第一三「断無因則無佛法疑」は、上の第一二疑中の釈迦は然燈佛所に於て、実には得るものなしということからきた無因ならば佛法もなからんとの疑を断ずるものであり、第一四「断無人度生厳土疑」は、無人ならば衆生を度し国土を厳《かぎ》ることがどうしてできようかとの疑を断ぜんとするものである。

嘉祥の『疏』によると、

「意に於ていかん。如来、然燈佛の所に於て」の下は、第二章のきたる所以は、『論』の生起にいわく、もし発心の菩薩なくんば、今、那《な》んぞ受記の菩薩あるを得んやと。すでに受記の人あらば、必ず発心の者あらん。受記はこれ果、発心はこれ因なるを以て、何ぞ果あって因なきを容れんや。これ終にこの歴法、有所得我の人見を破するのみ。前にすでに発心の人の見を破し、今は受記する人の見を破するなり。

文に就いて八菩提あり。開いて二とす。初めの五菩提は、昔時に受記の菩薩なきを了悟するを引いて、以て疑を釈す。次に三菩提あり、現在の佛果は菩提を得るを引いて、以て疑を釈す。

初めの中を三とす。一は佛問い、二は須菩提答え、三は佛述成す。初めの二は文の如し。第三の佛の述釈中に三菩提の句あり、開いて四意とす。一は直かに、理としては実に無相なるが故に無所得なるを述ぶ。二は「もし法として、ありとせば」より下は、これはこれ反釈にして、もし有所得なれば則ち記を得ざるなり。三は「実には法としてあることなきを以て」の下は順釈なり。無所得を以ての故に、乃ち記を得るのみ。「何を以ての故に」の下は、第四に無所得故に記を得るの義を釈するなり。何を以ての故に、無所得は乃ち記を得るというや。釈していわく、如来とは、即ち諸法如の義なり。体如なるを以て如来と名づく。また体如なるが故に得記と名づく。如中あに法として得べきものあらんや。もし得るものあらば、則ち体如ならず。体如ならざれば如来と名づけず。また記を得ざるなり。「もし人ありていう」の下は、第二に現在得果の時を引いて、以て疑を釈するなり。疑っていう。受記を得ることなき菩薩は、今寧ろ菩提を得る佛あらんやと。実には佛果あり、菩提を得るを以て、則ち実に菩薩の受記及び発心を得ることあるなり。これ終に歴典に有所得我の人見を破するのみ。故に経に、菩提心の見、受記の見、佛の見、菩提の見、断見、常見などをいうなり。なおこれ一例の義をいうのみ。

「実には佛の菩提を得るという如きものなし」とは、初発菩提心及び受記の時、なお無所得を了悟す。況んや、佛時に至りて、なお我・人ありて菩提を得んや。

「如来の得る所の三菩提は実なく虚もなし」とは、上に有見を破し、今、無見を破するなり。佛の三菩提を得るは、得る所なきを得となすを明かす。何を以て得ざるや。肇師いわく、玄道は絶域にあり、得ざるを以てこれを得と。即ちその義なり。

「実もなく虚もなし」とは、前に各々有無の見を弾ず。これ非有非無を雙結するなり。有得の得あることなきが故に実なしといい、無得の得なきに非ざるが故に虚に非ずという。論の意爾《しか》り。

「この故に如来は一切法皆これ佛法なりと説く」とは、これ上の非実、非虚、非有なるのみ、以て一切諸法の如を体するが故に名づけて如来となすことを成ず。故に一切法の如は即ちこれ如来なり。故に一切皆これ佛法という。「即ち一切の法に非ず」とは、一切顚倒の法はこれ如来の所証に非ざるが故に、則非一切法という。一切如はこれ如来なるを以ての故に非無にして、一切顚倒は如来に非ざるを以ての故に非有なり。故に上の非有無を成ずるなり。これはなおこれ、大経の有所無、無所有の義の如きのみ。無所有を以て大涅槃と名づく、故にこれ如来なり。有所無はこれ顚倒生死なり、故に如来に非ざるなり。「これを一切法と名づく」とは、還って一切諸法の如を結ぶなり。
問う。上の両句にてすでに足れり。何を用って下にさらに結ぶや。答う。初句はただちに一切法これ如来なるを明かし、次下の両句はその有無を簡《えら》ぶ。初句は一切顛倒なきことを明かし、次句は一切法如あるを明かす。問う。上に然燈佛を明かす、今と何の異ありや。答う。上は不可取不可説の義を成ぜんがためきたる。今は菩薩の無義を成ぜんがための故にきたるなり。また上はこれ略して義を明かす。この下の八菩提はこれ広く義を明かすなり。『論』によって佛答中を釈せば、『論』の偈にいわく、——後時に受記せしを以て、然燈の行は上には非ざりきと。

ここに吉蔵が引用する流支訳『金剛般若波羅蜜経論』を挙げることにする。——このうちに疑あり。もし菩薩なければ、いかんが釈迦如来は然燈佛の所に於て、菩薩行を行ぜしや。この疑を断ぜんがために、経に、須菩提よ、意に於ていかん。如来は然燈佛の所に於て、法として阿耨多羅三藐三菩提を得たるものありしや、いなや。いなり、世尊よ、かくの如きなど、というが如し。これは何の義を明かすや。偈にいわく、

後時に授記せしを以て、然燈の行は上には非ざりき。
菩提はかの行と等し。実には非ず、有為の相なればなり。

paścādvyākaraṇān no ca caryā dīpāṃkare parā,
bodhis tac caryayā tulyā na sa (byas paḥi mtshan ñid kyis mi bden).

この義はいかん。然燈佛の時に於ては、第一の菩薩行に非ざりき。何を以ての故に。われのかの時に於て修する所の諸行は、一法として阿耨多羅三藐三菩提を得しものあることなかりき。もしわれに

してかの佛所に於て、すでに菩提を証せしならば、則ち後時に諸佛はわれに記を授けざらん。この故にわれはかの時の行に於ては、未だ成佛せざりしなり。故に後時に授記せしを以て、然燈の行は上には非ざりき、という故なり。もし菩提なくんば、即ち諸佛如来なしと、かくの如く謗ることあらば、いわく、一向に諸佛を撫みするなり。この疑を断ぜんがために、経に、何を以ての故に、須菩提よ、如来というは、即ち実には真如なりというが如くなるが故なり。実とは顚倒に非ざるの義の故に、真如とは不異不変なるが故なり。須菩提よ、もし人あり、如来は阿耨多羅三藐三菩提を得たりといわば、これは何の義を示すや。偈に、菩提はかの行と等しという故なり。この義はいかん。かの菩薩行を、もし人、実ありといわば、これは則ち虚妄なり。かくの如くにして如来は阿耨多羅三藐三菩提を得るも、もし人、得たりといわば、これもまた虚妄なり。故に菩提はかの行と等しという故なり。もしかくの如く人ありて謗っていわん、如来は阿耨多羅三藐三菩提を得ずと。この疑を断ぜんがために、経に、須菩提よ、如来所得の阿耨多羅三藐三菩提法は不実不妄語なり、というが如くなるが故なり。この義はいかん。如来はかの菩提を得たるを以ての故なり。偈に、実には非ず、有為の相なればなり、という故なり。有為の相とは、いわく、五陰の相なり。かの菩提の法は色などの相なきが故なり。

これはまたいかん。偈にいわく、

彼は即ち非相を相となし、不虚妄を以て説く、

この法は諸佛の法にして、一切の自の体相なり。

(deḥi mtshan med paḥi mtshan ñid kyis) na mṛṣā paridīpitā,

dharmās tato buddhadharmāḥ sarve 'bhāvasvalakṣaṇāḥ.

この義はいかん。彼は即ち色などに於て非相なり、色などの相なきが故なり。彼は即ち菩提の相なるが故なり。この故に、偈に、彼は即ち非相を相とし、不虚妄を以て説くという故なり。この故に、如来は一切法は佛法なり、かくの如く等しと説く。この義はいかん。如来はかくの如き法を得るを以てなり。偈に、この法は諸佛の法にして、一切の自の体相なり、という故なり。自の体相とは、体に非ざるを自体とするが故なり。これは何の義を明かすや。一切法は真如を体となすが故なり。かの法は如来の所証なり。この故に一切法は佛法なりという故なり。かの処には色などの相は住せざるが故に、かの一切の色などの諸法は法に非ざるなり。かくの如く諸法は非法なるが即ちこれ諸法の法なるなり。かの法の相なきを以て、常にかの法の相を住持せざるが故なり（大正蔵経二五・七九一ページ上―中)。

これに対して、吉蔵は『金剛仙論』を引用して論を進めている。すなわち巻第七によれば、――「然燈の行は上には非ざりき」とは、われ前の然燈佛時に於て、習種性中にあって、未だ初地の無生法忍第一上行を得ざりし故に、然燈の行は上には非ざりきというなり。故に上の句に後時を以て授記するという。後の性地中に第二の然燈佛あり、初地入地無生忍記を懸授す。後三十心満つ。また第三然燈佛あり、われに与えて無生忍の後時に記を授くと（大正蔵経二五・八四八ページ中)。

吉蔵はこれを受けて次のようにいう。

論師釈していわく、四時あり、然燈四時に受記す。いわく、習種、性種、道種及び初地なり。前の然燈はこれ習種時なり。今はこれこの性種、道種の二時の然燈なり。このうちただ名字の受記のみにして、未だ真の無生記を得ず。故に法として菩提を得るものあることなしという。もしこの時すでに真の無生記を得たりとせば、後の一然燈はさらに受記を与えざりしならん。今謂えらく、この釈出づる所なし。『論』にはただちに「後時に受記せしを以て、然燈の行は上には非ざりき」という。この言自ら解し難し。また四時の受記、四時の然燈なし。またたといこの義ありとも、文義に於て皆順わず、故に今取ること無し。

「譬えば人身の長大なるが如し」の下は第三章なり。『経論』には生起なし。この文を観るに、山王を挙げて法身に譬えしは（前出10・cの参照）、上の菩提の非有非無の義を成ずるのみ。法身は一切の患なきが故に非有にして、一切の功徳を具するが故に非無なり。然れども、菩提はすでに非有無なるが故に法身もまた非有無なり。文に二あり。初めは佛、大身を挙げて問いをなす、文の如し。次は須菩提答えていう。

「如来、人身長大なりと説く」は、『論』にいわく、佛は真如を以て身となし、二義の故に大と名づく。一には一切処に遍ねく、二には一切の功徳を具すと。今、吉蔵の言に従って流支訳『金剛般若波羅蜜経論』を見るに、――大身の譬喩は何の義を示現するや。偈にいわく、

彼は法身なるによって、佛にはことさらに大身の喩えを説く。

身は一切の障を離れ、及び一切の境に遍ずればなり。

功徳と及び大体との故に、即ち大身なりと説く。

非身が即ちこれ身なれば、この故に非有なりと説く。

dharmakāyena buddhas tu mataḥ 〔saḥ〕 puruṣopamaḥ,
nirāvaraṇato (thams cad du ni ḥgro ba daṅ).

[guṇamahā] tmyataś cāpi mahākāyaḥ sa eva hi, abhāvakāyabhāvāc ca akāyo 'sau nirucyate.

この二偈は何の義を示すや。畢竟して煩悩障と智障とを遠離し、畢竟して法身を具足するが故なり。これはまたいかん。二種の義あるなり。一に一切処に遍じ、二に功徳大なり。この故に大身と名づく。偈に、功徳と及び大体と、というが故なり。一切処に遍ずとは、真如は一切法に差別ならざるが故なり。偈に、非身が即ち身なれば、この故に非身と説く、というが故なり。経に、世尊よ、如来は人身の妙大は即ち非大身なり、この故に如来は説いて大身と名づくというが如くなるが故なり。これは何の義を説くや。非身とは諸相あることなきを、これを非身と名づくるなり。大とは真如の体あるなり。かくの如きを即ち妙大身と名づく。経に、これを妙大身と名づくというが如くなるが故なり(大正蔵経二五・七九一ページ中—下)。

吉蔵はさらに続けていう。

初めの句はただちに大身を明かし、次の句は患累なきが故に非有にして、次の句は衆徳あるが故に非無を明かすなり。問う。上の山王を明かすと何の異ありや。答う。前は前会のため、後は後会のためなり。また上は無取説の義を成ぜんがためにきたり、今は菩提の非有無の義を成ぜんがためにきたるなり。上に報佛を明かし、今は法身佛を明かすなり。上に惑える者は謂えらく、初め佛を得る時、菩提の取るべきものあるをいう故、これ報佛なり。今はただちに法身の体は非有無なるを明かす故、これ法身なり。

「菩薩もまたかくの如し」の下、この第四章のきたる所以は、『論』の生起にいう。もし上来、発心せる菩薩の記を受く者なく、菩薩また諸佛の無上菩提を得る者なきを明かし、もし因果皆不可得なれば、衆生もまたまさに涅槃に入るべからず、また浄佛国土のことなけん。菩薩は何が故に衆生をして涅槃に入り、浄土の行を修せしめんと欲するやと。これ終にこの有所得の心、歴法に疑を生ず。故に歴法は破して未だ竟らず。故にこの章を生ず。

「菩薩もまたかくの如し」とは、これはこれ衆生を成就する菩薩、浄佛土の菩薩なり。また上の発心して記を受くるが如く、菩薩は不可得なるが故に、またかくの如しというなり。これもまた、上求菩提の法身の有無は不可得なる故、菩薩を求むる有無もまた不可得なり。

故に、またかくの如しというなり。

この中に三句の経あり。一は衆生を成就する菩薩を破し、二は浄佛土の菩薩を破し、三は正しく菩薩の義を結ぶ。問う。上すでに二処に滅度の衆生を明かせり。今と何の異ありや。答う。経の初めに且《しば》らく滅度の衆生を明かし、菩提心に答うるとなす故にきたり、次の第二周の初めに菩提心を泯《ほろ》ぼすことを答うるが故にきたり、今は衆生を成就する菩薩の義を破せんがための故にきたるなり。問う。上すでに浄土を明かせり。今と何の異ありや。答う。上は無取無説の義を成ぜんとし、今は浄土の菩薩なきを明かさんとするが故に異なるなり。

「もし菩薩にして無我の法に通達する者ある時は」は、これ第三句にして、正しく菩薩の名を結ぶなり。この文意に近あり遠あり。近き者は第二周の初めよりこのかた、菩提心を発す菩薩なく、記を受くる菩薩なしといい、乃至今、衆生を成就し、佛土を浄むる菩薩なきことを明かす。人聞いて疑を生ず。もし然らばまさに都《すべ》て菩薩なからんと。故に釈していわく、無菩薩なることを了悟するによるが故に始めてこれ菩薩なるのみと。菩薩あるを見ば、則ち菩薩に非ざるなり。遠きは即ち一経を貫く。この経は始終皆無菩薩なることを明かし、我・人の見を破す。もしよく無菩薩なることを了悟せば、方《まさ》にこれ菩薩、菩薩の見あるを見ば、則ちこれ凡夫我見にして菩薩に非ざるなり。問う。無菩薩なることを了悟せば、これはこれ我あることなきを知り、二乗もまた無我を悟らんに、何故ぞ菩薩と名づけざるや。答う。『論』にいわく、二種の無我を悟るが故に菩薩と名づく。声聞はただ人無我を悟るのみ故菩薩と名づけず。また菩薩は我無我の不二を知る故菩薩と名づけ、二乗は我無我の異を見る。この二見の人は菩薩に非ざるなり。

以上、吉蔵の『疏』は流支訳『金剛般若経論』と『金剛仙論』を比較することによって判然とするであろう。今、初めに流支訳から見ることにする。

この中に疑またあり。もし菩薩なければ、諸佛もまた大菩提を成ぜず、衆生もまた大涅槃に入らず、また佛国土を清浄にすることもなからん。もしかくの如くば、何の義のための故にもろもろの菩薩・摩訶薩は発心して、衆生をして涅槃に入らしめんと欲して、起心し修行して、佛国土を清浄にせんや。自下の経文はこの疑を断ずることをなす。いかんが疑を断ずるや。偈にいわく、

真法界に達せずして、衆生を度する意を起こし、
及び国土を清浄にするに於て心を生ずるは、即ちこれ倒なり。

dharmadhātāv akuśalaḥ sattvanirvāpaṇe matiḥ,
kṣetrāṇāṃ śodhane caiva (sems, des na phyin ci log pa yin).

この義はいかん。もしかくの如き心を起こさば、即ちこれ顛倒にして、菩薩に非ざる者なり。何ら

の心を起こすを名づけて菩薩となすや。経に、須菩提よ、もし菩薩にして無我無我法に通達せば、如来は説いて、真にこれ菩薩なり、菩薩なりと名づくというが如くなるが故なり。これは何の義を示すや。偈にいわく、

衆生と及び菩薩とが諸法無我なるを知るは、
聖に非ざるは自智にて信じ、及び聖なるは有智を以てす。
〔sattvānāṃ bodhisattvā〕nāṃ dharmān yaś ca〔nairātmakān〕
buddhyā 'dhimucyate 'nārya āryo dhīmān sa kathyate.

これは何の義を明かすや。無我無我法を知るとは、いわく、衆生と及び菩薩となり。何らの衆生なりや。何らの菩薩なりや。かの法に於て、もしくはよく自智にて信じ、もしくは世間智と出世間智とにてす、いわゆる凡夫と聖人となり。この人を名づけて菩薩となす。これは世諦の菩薩と出世諦の菩薩とを摂するをいう。この故に重ねて菩薩なり、菩薩なりと説く。経に、如来は説いて、真にこれ菩薩なり、菩薩なりと名づくというが如くなるが故なり（大正蔵経二五・七九一ページ下―七九二ページ上）。

次に『金剛仙論』には次のようにいう。

この義いかん。もしかくの如き心を起こさばなどの一段は長行の論なり。先に偈を挙げて問いをなし、後に経を以て答う。これ何の義を示すや、とはまさに偈を作り、経を釈せんとするが故なり。この経に無我無我法に通達する者というは、何らの義を示すやを問うなり。故に偈に答えていわく、衆生及び菩薩らと。これは第二偈なり。衆生及び菩薩のうち、衆生とは凡夫の菩薩なり。及び菩薩と

は、いわく、初地以上の菩薩なり。諸法の無我を知るとは、この二種の菩薩、三空二無我の解を得るを明かすなり。これ地前の菩薩は髣髴として二無我を解し、登地以上は二無我を現見することを明かすなり。故に下半偈に、聖に非ざるは自智にて信じ、及び聖なるは有智を以てすという。聖に非ざるとは、地前の菩薩の未だ真如無我の解を現得せざるを明かす故、聖に非ずという。相似の解を得ざるには非ず、聞いてうちに決定の信を生ずるが故に、自智にて信ずという。及び聖は有智を以てすとは、初地以上の菩薩の三空二無我の理を現に会するを明かすが故に名づけて聖となす。何が故に聖と名づくるや。真如無漏智あるを以ての故に、及び聖は有智を以てすというなり（大正蔵経二五・八五一ページ下）。

この『金剛仙論』に於て、地前と登地の菩薩とに分かつことは、金剛経の原意にかえって見る時には、必ずしも妥当とはいえないであろう。原意にかえって見る時、そこにはいまだ地の考えは必ずしも明確なものとはなっていなかったであろうから。

## 第一五断疑

### 第一八　一体同観分

須菩提、於レ意云何。如來有二肉眼一不。
如レ是、世尊、如來有二肉眼一。

須菩提、於レ意云何。如來有二天眼一不。
如レ是、世尊、如來有二天眼一。
須菩提、於レ意云何。如來有二慧眼一不。
如レ是、世尊、如來有二慧眼一。
須菩提、於レ意云何。如來有二法眼一不。
如レ是、世尊、如來有二法眼一。
須菩提、於レ意云何。如來有二佛眼一不。
如レ是、世尊、如來有二佛眼一。

須菩提よ、意に於ていかん。如来に肉眼《にくげん》有りや、いなや。
かくの如し。世尊よ、如来に肉眼有り。
須菩提よ、意に於ていかん。如来に天眼《てんげん》有りや、いなや。
かくの如し。世尊よ、如来に天眼有り。
須菩提よ、意に於ていかん。如来に慧眼《えげん》有りや、いなや。
かくの如し。世尊よ、如来に慧眼有り。
須菩提よ、意に於ていかん。如来に法眼《ほうげん》有りや、いなや。
かくの如し。世尊よ、如来に法眼有り。
須菩提よ、意に於ていかん。如来に佛眼有りや、いなや。
かくの如し。世尊よ、如来に佛眼有り。

《肉眼》以下天眼、慧眼、法眼、佛眼を加えて、この五つを五眼という。五眼については、『大智度論』巻第三三に、『大品般若経』初品の「菩薩摩訶薩は五眼を得んと欲せば、まさに般若波羅蜜を学ぶべし」を釈し、次のようにいう。――何らか五なる。肉眼と天眼と慧眼と法眼と佛眼となり。肉眼は近きを見て遠きを見ず、前を見て後を見ず、外を見て内を見ず、昼を見て夜を見ず、上を見て下を見ず。この礙を以ての故に天眼を求む。この天眼を得れば、遠近皆見て、前後、内外、昼夜、上下悉く皆礙なし。この天眼は和合因縁生の仮名の物を見て実相を見ず。いわゆる、空・無相・無作・無生・無滅なり。前の如く、中後もまた然り。実相のための故に慧眼を求む。慧眼を得れば、衆生を見ず、尽く一異の相を滅し、諸著を捨離して一切法を受けず、智慧自ら内に滅す。これを慧眼と名づく。ただし慧眼は衆生を度すること能わず。所以はいかん。分別する所なきが故なり。ここを以ての故に法眼を生ず。法眼は、この人にはこの法を行じて、この道を得せしめんと、一切衆生の各々の方便門を知って道証を得せしむ。法眼は遍ねく衆生を度する方便道を知ること能わず。ここを以ての故に佛眼を求む。佛眼は事として知らざるはなく、覆障は密なりと雖も、見知せざることなし。余人に於ては極めて遠きも、佛に於ては至近に、余に於ては幽闇なるも佛に於ては顕明に、余に於ては疑なるも佛に於ては決定し、余に於ては微細なるも佛に於ては麁たり、余に於ては甚深なるも佛に於ては甚浅なり。この佛眼は事として聞かざるはなく、事として見ざるはなく、事として知らざるはなく、事として難しとするものなく、思惟する所なけれども、一切法の中に佛眼は常に照らす。後品の五眼の義の中に、まさに広く説くべし、と解説している（大正蔵経二五・三〇五ページ下―三〇六ページ上）。

## 18・a

師は問うた。須菩提よ、どう思うか。如来には肉眼があるだろうか。
須菩提は答えた。師よ、そのとおりです。如来には肉眼があります。
師は問うた。須菩提よ、どう思うか。如来には天眼があるだろうか。

須菩提は答えた。師よ、そのとおりです。如来には天眼があります。
師は問うた。須菩提よ、どう思うか。如来には慧眼があるだろうか。
須菩提は答えた。師よ、そのとおりです。如来には慧眼があります。
師は問うた。須菩提よ、どう思うか。如来には法眼があるだろうか。
須菩提は答えた。師よ、そのとおりです。如来には法眼があります。
師は問うた。須菩提よ、どう思うか。如来には佛眼があるだろうか。
須菩提は答えた。師よ、そのとおりです。如来には佛眼があります。

Bhagavān āha : tat kiṃ manyase Subhūte, saṃvidyate Tathāgatasya māṃsa-cakṣuḥ.
Subhūtir āha : evam etad Bhagavan, saṃvidyate Tathāgatasya māṃsa-cakṣuḥ.
Bhagavān āha : tat kiṃ manyase Subhūte, saṃvidyate Tathāgatasya divyaṃ cakṣuḥ.
Subhūtir āha : evam etad Bhagavan, saṃvidyate Tathāgatasya divyaṃ cakṣuḥ.
Bhagavān āha : tat kiṃ manyase Subhūte, saṃvidyate Tathāgatasya prajñā-cakṣuḥ.
Subhūtir āha : evam etad Bhagavan, saṃvidyate Tathāgatasya prajñā-cakṣuḥ.
Bhagavān āha : tat kiṃ manyase Subhūte, saṃvidyate Tathāgatasya dharma-cakṣuḥ.
Subhūtir āha : evam etad Bhagavan, saṃvidyate Tathāgatasya dharma-cakṣuḥ.
Bhagavān āha : tat kiṃ manyase Subhūte, saṃvidyate Tathāgatasya buddha-cakṣuḥ.
Subhūtir āha : evam etad Bhagavan, saṃvidyate Tathāgatasya buddha-cakṣuḥ.

須菩提、於レ意云何。恒河中所有沙、佛說二是沙一不。

如レ是、世尊、如來說二是沙一。

須菩提、於レ意云何。如二一恒河中所有沙一、有二如レ是等恒河一、是諸恒河所有沙數佛世界、如レ是寧爲レ多不。

甚多、世尊。

佛告二須菩提一。爾所國土中所有衆生若干種心、如來悉知。何以故。如來說二諸心一皆爲二非心一、是名爲レ心。所以者何。須菩提、過去心不可得。現在心不可得。未來心不可得。


須菩提よ、意に於ていかん。恒河の中のあらゆる沙、佛はこの沙を説けるや、いなや。

かくの如し。世尊よ、如来はこの沙を説きたまえり。

須菩提よ、意に於ていかん。一恒河の中のあらゆる沙の如き、かくの如き（沙）に等しき恒河有り。このもろもろの恒河のあらゆる沙の数に（等しき）佛の世界あらんに、かくの如きを寧ろ多しとなすや、いなや。

甚だ多し、世尊よ。

佛、須菩提に告げたもう。そこばくの国土の中のあらゆる衆生の若干種の心を、如来は悉く知る。何を以ての故に。如来は、もろもろの心を説きて、皆、非心となせばなり。これを名づけて心となす。所以はいかん。須菩提よ、過去心も不可得、現在心も不可得、未来心も不可得なればなり。

## 18・b

師は問われた。須菩提よ、大きな河、恒河にある限りの沙、その沙を如来は説いたであろうか。

須菩提は答えた。師よ、そのとおりです。善逝よ、そのとおりです。その沙を如来は説かれました。

師は問われた。須菩提よ、大きな河、恒河にある限りの沙の数だけ、恒河があり、そしてそれらの中にある沙の数だけの世界があるとすれば、その世界は多いであろうか。

須菩提は答えた。師よ、そのとおりです。善逝よ、そのとおりです。それらの世界は多いでしょう。

師はいった。須菩提よ、これらの世界にある限りの衆生の種々様々な心の流れをわたしは知っている。何となれば、心の流れ、心の流れというのは、須菩提よ、それは非流であると如来は説いた、だからこそ心の流れといわれるのである。なぜかというと、須菩提よ、過去の心は不可得であり、未来の心も不可得であり、現在の心も不可得であるからである。

Bhagavān āha : tat kiṃ manyase Subhūte, yāvantyo Gaṅgāyāṃ mahānadyāṃ vālukā, api nu tā vālukās Tathāgatena bhāṣitāḥ.

Subhūtir āha : evam etad Bhagavann, evam etad Sugata, bhāṣitās Tathāgatena vālukāḥ.

Bhagavān āha : tat kiṃ manyase Subhūte, yāvantyo Gaṅgāyāṃ mahānadyāṃ vālukās tāvantya eva Gaṅgā-nadyo bhaveyuḥ, tāsu yā vālukās tāvantaś ca lokadhātavo bhaveyuḥ, kaccid bahavas te lokadhātavo bhaveyuḥ.

Subhūtir āha : evam etad Bhagavann, evam etat Sugata, bahavas te lokadhātavo bhaveyuḥ.

Bhagavān āha : yāvantaḥ Subhūte teṣu lokadhātuṣu sattvās teṣām ahaṃ nānābhāvāṃ cittadhārāṃ prajānāmi. tat kasya hetoḥ, citta-dhārā citta-dhāreti Subhūte adhāraiṣā Tathāgatena bhāṣitās, tenocyate citta-dhāreti. tat kasya hetoḥ, atītaṃ Subhūte cittaṃ nopalabhyate, anāgataṃ cittaṃ nopalabhyate, pratyutpannaṃ cittaṃ nopalabhyate.

この段（18・a―b）は、先の第一四断疑中、すなわち菩薩は衆生の度すべく、佛土の浄むべきを見ないということへの疑よりきた第一五「断諸佛不見諸法疑」で、諸佛は諸法を見ずといえども、境を了知する眼なきに非ざることを明らかにするものである。一般的にいって、この金剛般若に同巧の文が多いことは、すでに宇井氏の『大乗佛典の研究』に指摘されているとおりであり、この一体同観分もまたその一つであろう。すなわち前の第一五持経功徳分に、「もし人ありて、よく受持し読誦して、広く人のために説かば、如来は悉くこの人を知り、悉くこの人を見る云々」とあるが、これを流支訳について見ると「如来は佛智慧を以て悉くこの人を知り、悉くこの人を見、悉くこの人を覚る」とあり、玄奘訳には「如来は佛智を以て悉く知り、その佛眼を以て悉く見る」となっている。これらによって、この段の五眼の説明は、前の悉くこの人を知り、悉くこの人を見るを詳しく解説したものと見ることができよう。このことは、「恒河中のあらゆる沙の如き」は、第一無為福勝分の文と全く同じであるし、またこの段の「あらゆる衆生の若干種の心を如来は悉く知る。……未来心も不可得なればなり」は、第六正信希有分の「如来はこの諸衆生の、かくの如き無量の福徳を得んことを悉く知り、悉く見るなり。何を以ての故に、この諸衆生には、また我相・人相・衆生相・寿者相なく、法相もなく、また非法相もなければなり云々」と同巧の文であることが判る。これらについては、次に挙げる吉蔵の疏にも指摘しているものである。したがって、吉蔵の疏に沿って、この段を見ることにする。

「五眼」の下は、第五章の経文きたるに、二つあり。一は近生なり。還って上の四章より生ず。前来の四章は並びに菩薩を見ず。時会即ち疑うらく、もし如来は無所見なりといわば、則ちまさに眼なかるべく、もし眼あらば、何が故に見ざるやと。故に五眼を挙げて答う。今いわく、見ざることは、眼なきが故に見ざるに非ず。五眼の見は宛然として、しかも無所見なり。『浄名』の阿那律章にいうが如し。佛、世尊のみあり、真の天眼を得て常に諸法を見るに、二相を以てせずと。『大品』にまたいう。わが五眼すらなお諸法を見ず、況んや、凡夫の目なくして、しかも菩提を得といわんやと。二は遠生なり。経の初めよりこのかた、皆無得無見を明かす。故に今の文あり。また上は有見を破するが故に無見という。今は無見を破するが故に、有見は未だかつて見不見ならずというなり。五眼の義は別に釈すべし。

「須菩提よ、恒河中のあらゆる沙」とは、この章は五眼を成ず。論師の生起によらば、――「須菩提よ、意に於ていかん。如来に肉眼ありや、いなや」など、これはこれ断疑分中の第五段の経文にして、このきたる所以は疑あるが故にきたるなり。いかんが疑うや。上の第三段経にいう。「菩薩は、彼是の衆生を（見ず、また）われを菩薩となすを見ず」と。即ちこれ断疑分中の前の第四経にいう。「菩薩は、衆生を見ず、また国土を清浄にすることを見ず」（17・g—h参照）と。また校量分中にもまた、衆生などの法を見ざるを以て、名づけて諸佛如来となすと。しかも、この菩薩と衆生と佛と浄土などの四は、前に了々解釈す。この四は名は異なると雖も、皆真如によるが故にあるを明かす。もし、真如法界を離れて、有為虚妄法中に於て、さらにこの四法の見るべきものありといわば、これ菩薩に非ず、もし、真如に異ならざるを解してこの四法を見るものは、真の菩薩と名づくるなり。しかく有無の義を了々として解釈すと雖も、しかも衆生は、また無生に乗じて、あるいはいわん。諸佛の法身は、これ身によるを以ての故に五眼あり。もし、法身なければ、則ちまさに五眼なかるべし。もし、五眼なければ、則ち諸法を見ずと。未だ知らず、今、不見というは、五眼あるが故に不見となし、五眼なきが故に不見となすことを。この疑を断ぜんがための故に、この五眼を以ては経答うるなり。……故に佛眼と名づく。この眼の如来に五眼あり、故に境の見あり。すでにこの眼あるが故に、佛に身あり眼ありて不見をいうを知る。身なく眼なくして不見をいうに非ず。故に次にこの五眼の経文を明かすなり。五眼の経文に乗じて、またさらに疑を生ず。疑っていわく、十方の世界は無量無辺なり。直かに三千世界中のあらゆる種々なる諸法すらなお知り尽すべからず、況んや、無辺なる世界中にまた種々なる諸法あり。何故ぞ、ただこの五眼のみを明かすや。もし、正しくこの五眼あり、これを如来となさば、則ち法として尽さざるを知り、境として周ねからざるを見ん。故に恒河沙の喩えを引いて以てこの疑に答え、如来にただ五眼のみありと雖も、しかも所知を照らして皆尽さざるなきを明かさんと欲するなり（『金剛仙論』巻第八、大正蔵経二五、八五二ページ上—下。）——五眼すでに少なくして境多きを明かす。何ぞ少眼を以て多境を知るを得んや。境すでに多なれば、眼もまた多なるべし。しかも今すでに眼少なり。何ぞよく多境を知り尽さんや。この疑をなすが故に、今、眼少なりと雖も、しかもよく一切の境に遍ずるを明かすなり。『論』にはすでに文なし。今明かすもまた妨げなし。ただ前にすでに五眼を弁じ、今、所照の境を出だすを知るのみ。

問う。前に恒河を挙げ、今また恒河を明かす、何の異ありや。答う。前には四句の偈を格量するを成ぜんとするが故に恒河を挙げ、今は五眼の所照の境のための故に恒河を挙ぐるなり。問う。境すでに多し。何ぞ独り心を知るとのみいうや。答う。二意あり。一は広略なり。前には能照の眼の広きを明かすが故に、具さに五眼を明かす。今は所照の境の略を弁ずるが故に心をいうに止むるなり。二は心は無形の触にて最も知り難し。今その知り難きを挙ぐ。

「如来はもろもろの心を説きて」は、如来、一切衆生の心を見るに、ただ顛倒の中にあって行ずるを明かす。則ち「非心となす」は、正観中にあらざる行なればなり。「これを心となす」は顛倒の心を結ぶなり。「三世の心」のきたるは、顛倒の心の義を釈成す。何が故に顛倒の心と名づくるや。三世を以て心を求むるに不可得なり。しかも衆生は心有りと見る。これはこれ無なるに、しかも有りという。故に顛倒と名づくるなり。

この吉蔵の疏の論拠として『金剛仙論』を挙げたが、さらに流支訳の『論経』と比較することによって、三者の関係の緊密さはもっとはっきりと知ることができよう。すなわち、

また疑あり。前に、菩薩は彼是（彼此《ひし》）の衆生を見ず（宇井伯寿著『大乗佛典の研究』三八〇ページには、「前には菩薩は、彼は是れ衆生なり、とは見ず、我が菩薩たりしを見ず」と国訳しているが、前掲の『金剛仙論』に徴するも、また経文よりするも、そう読むのでは意味が通じないと考えられる）。われを菩薩となすを見ず、佛国土を清浄にするを見ずと。何を以ての故に、諸法を見ざるを名づけて諸佛、如来となすを以てなり、と説きたり。もしかくの如くば、あるいは諸佛、如来は諸法を見ずといわん。自下の経文はこの疑を断ずるとなす。故に五種の眼を説く。偈にいわく、

諸法を見ずと雖も、境を了する眼なきには非ず。

諸佛の五種は実なり、かの顛倒を見るを以てなり。

nopalambhe 'pi dharmāṇāṃ cakṣur na hi na vidyate,
buddhānāṃ pañcadhā t [ac ca vitathārthasya darśanāt].

何が故に彼は顛倒に非ずと説くや。疑を断ずる譬喩を顕わさんがために、この故に、われはかの種々の心の住を知ると、かくの如きなどと説く。これは何の義を示すや。彼は顛倒なるに非ず、顛倒を見るを以てなり。何者かこれ顛倒なる。偈にいわく、

種々なる顛倒の識が実念より離れて
かの実智に住せざるを以て、この故に顛倒なりと説く。
[nānāvitathavi] jñapteḥ smṛtyupasthānavarjanāt,
nirādhāraprabandho 'syā vitathā 'to nirucyate.

この義はいかん。種々なる顛倒とは、かの種々なる心縁の住なり。これを種々なる識と名づく。六種の識の差別の顛倒なるを以てなり。何故にかの心の住を名づけて顛倒となすや。偈に、実念より離れてかの実智に住せざるを以ての故に、顛倒なりと説くという故なり。如来はもろもろの心の住は皆非心性となすと説くは、この句が四念処を遠離することを示現するが故なり。これは何の義を以てなりや。心の住とは、かの念処に住するなり。かの念処を離れたるを以ての故に、不住というなり。

また不動の根本に住すと名は異なるも、義は一なり。もしかくの如く不住ならば、この故に、心住と説く。これは不住相続不断行の因を明かす。この故に、不住はかの相続の顛倒を示す。経に、何を以ての故に、須菩提よ、過去心も不可得なり、現在心も不可得なり、未来心も不可得なり、というが如くなるが如し。過去未来なるを以ての故に不可得なり、現在心は虚妄分別なるが故に不可得なり。

かくの如くにかの心住の顚倒、諸識の虚妄なるを示す。三世の観なきを以ての故なり、という。

次に、この段を終るにあたって、衆生心などについて、他の経典を引用することによって、金剛経の問題の所在を探って行く縁《よすが》としたい。

「そこばくの国土の中のあらゆる衆生の若干種の心を、如来は悉く知る」は、今、『小品般若経』によると、——佛いわく、五陰はこれ世間なりと。世尊よ、いかんが般若波羅蜜は五陰を示すや。佛いわく、般若波羅蜜は五陰の不壊相を示す。何を以ての故に。須菩提よ、空はこれ不壊相、無相・無作はこれ不壊相なればなり。般若波羅蜜はかくの如く世間を示す。また次に須菩提よ、佛は無量無辺の衆生性に随うが故に、如実にその心を知る。かくの如く、須菩提よ、般若波羅蜜は諸佛と世間を示す。また次に、須菩提よ、衆生乱心もしくは摂心せば、この乱心摂心を、佛は如実に知る。須菩提よ、いかんが如来はもろもろの衆生の乱心摂心を知るや。法相を以ての故に知るなり。須菩提よ、法相を以ての故に、心の非乱を知る。かくの如く乱心を知る。いかんが如来は摂心を知るや。須菩提よ、如来は心の尽相を知り、如実に尽相を知る。かくの如く摂心を知る。……また次に、須菩提よ、如来は般若波羅蜜によって衆生の（心数の）もろもろの出没し（屈伸することを如実に）知る（大正蔵経八・五五七ページ下—五五八ページ上。『大品般若経』は大正蔵経八・三二三ページ中—三二四ページ中を参照）、といわれている、

ついで、「過去心も不可得、現在心も不可得、未来心も不可得」は、『大品般若』に、——須菩提よ、汝がいう所のこの摩訶衍（大乗）は前際得べからず、後際得べからず、中際（現在）得べからず、この衍三世等しと名づく。これを以ての故に、説いて摩訶衍と名づくるは、かくの如し、かくの

如し。須菩提よ、この摩訶衍は前際得べからず、後際得べからず、中際得べからず、この衍は三世等と名づく、これを以ての故に、説いて摩訶衍と名づく、何を以ての故に。須菩提よ、過去世は過去世空なり、未来世は未来世空なり、現在世は現在世空なり、三世等は三世等空なり、摩訶衍は摩訶衍空なり、菩薩は菩薩空なり、何を以ての故に。須菩提よ、この空は一に非ず、二に非ず、三に非ず、四に非ず、五に非ず、異に非ず。ここを以ての故に説いて三世等と名づく。これ菩薩摩訶薩の摩訶衍なり、この衍の中に等不等の相不可得なるが故なり（大正蔵経八・二六五ページ上）、といっている。これは、溯っては、中阿含の『温泉林天経』『釈中禅室尊経』や『阿難説経』などと対比することができよう。今、その一節を見るに、――慎しんで過去を念ずることなかれ、また未来を願うことなかれ、過去の事はすでに滅し、未来はまた未だ至らず、現在のあらゆる法、彼もまたまさに思いをなし、堅強あることなきを念ずべし、慧者の覚ることかくの如し、もし聖人の行をなさば、孰れか知らん、死を愁《うれ》え、われ要《かな》らず彼に会せず、大苦災患を終らんと、かくの如く行じて、精勤に、昼夜懈怠なし、この故に常にまさに跋地羅帝（一夜賢者 Bhaddekaratta）の偈を説くべし。

強耆（盧夷強耆 Lomasakaṅgiya）よ、いかんが比丘、過去を念ずるや、もし比丘、過去の色を楽しみ欲し、著して住し、過去の覚・想・行・識を楽しみ欲し、著して住す。かくの如き比丘は過去を念ず。強耆よ、いかんが比丘、過去を念ぜざるや。もし比丘、過去の色を楽しまず欲せず、著せず住せず。過去の覚・想・行・識を楽しまず欲せず、著せず住せず。かくの如き比丘は過去を念ぜず。

強耆《カンギヤ》よ、いかんが比丘未来を願うや、もし比丘、未来の色を楽しみ欲し、著して住す。かくの如き比丘は未来を願う。強耆よ、いかんが比丘、未来を願わざるや。もし比丘、未来の色を楽しまず欲せず、著せず住せず、未来の覚・想・行・識を楽しまず欲せず、著せず住せず、かくの如き比丘は未来を願わず。

強者よ、いかんが比丘、現在の法を受くるや、もし比丘、現在の法を楽しみ欲し、著して住し、現在の覚・想・行・識を楽しみ欲し、著して住す。かくの如き比丘は現在の法を受く。強者よ、いかんが比丘、現在の法を受けざるや。もし比丘、現在の法を楽しまず欲せず、著せず住せず、現在の覚・想・行・識を楽しまず欲せず、著せず住せず。かくの如き比丘は現在の法を受けず（大正蔵経一・六九九ページ下、MN. 134. Lomasakaṅgiya-bhaddekaratta-sutta など参照）。

さらに「如来はもろもろの心を説いて皆非心となす、これを名づけて心となす」は、『小品般若』によれば――また次に、世尊よ、菩薩、般若波羅蜜を行ずる時、まさにかくの如く学ぶべし――（われは）これ菩薩なりと心に念ぜず。所以はいかん。この心、心に非ず、心相本浄なるが故なり、その時、舎利弗、須菩提に語る。この非心の心ありや、いなやと。須菩提、舎利弗に語る。非心の心の得べきもの、もしくはあり、もしくはなきやいなやと。舎利弗いわく、いななりと。須菩提、舎利弗に語る。もし非心の心は、有無を得べからずば、まさに有心無心なりや（をいうべからず）。舎利弗いわく、何らの法を非心となすやと。須菩提いわく、（諸法）壊せず、分別せず、（これを非心となす）（大正蔵経八・五三七ページ中）、というている。これによって見ても、金剛般若と小品般若とは、提起される問題とその解答を等しくしていることが判る。したがって、――この経（金剛般若）は般若経でありながら、般若皆空説のやかましかった雰囲気の圏外で作られ、しかも小部のものであるために、古くは諸論師に引用せられず、存したことの知られる記録ものこらなかったのであろう（宇井伯寿著『大乗佛典の研究』九九ページ）とは領くことができない。しかし、これらのことは結論で触れることにしたい。

# 第一六断疑

## 第一九　法界通化分

須菩提、於レ意云何。若有レ人満二三千大千世界一七寶以用布施、是人以二是因縁一得レ福多不。

如レ是、世尊、此人以二是因縁一得レ福甚多。

須菩提、若福徳有レ實、如來不レ説下得二福徳一多上。以二福徳無一故、如來説下得二福徳一多上。

須菩提よ、意に於ていかん。もし人有りて、三千大千世界を満たすに七宝を以てし、用いて布施せんに、この人は、この因縁を以て、福を得ること多きや、いなや。

かくの如し。世尊よ、この人は、この因縁を以て福を得ること甚だ多し。

須菩提よ、もし、福徳、実に有らば、如来は、福徳を得ること多しとは説かず。福徳無きを以ての故に、如来は、福徳を得ること多しと説けり。

## 19

須菩薩よ、どう思うか。善男善女がこの三千大千世界を七宝で満たして、如来・応供・正等覚に布施したとすると、その善男善女は、それによって多くの福聚を積んだことになるであろうか。

須菩薩は答えた。師よ、多いですとも、善逝よ、多いですとも。

師はいった。そのとおりだ。須菩提よ、そのとおりだ。かの善男善女はそれによって、多くの福聚を積むことになるであろう。なぜかというと、福聚、福聚（を積む）であるということは、須菩提よ、それは非聚であると如来は説く、故に福聚といわれるからである。もし、須菩提よ、福聚があるとすれば、福聚、福聚であるとは、如来は説かなかったであろう。

tat kiṃ manyase Subhūte, yaḥ kaścit kulaputro vā kuladuhitā vemaṃ trisāhasramahāsāhasraṃ laka-dhātuṃ sapta-ratna-paripūrṇaṃ kṛtvā Tathāgatebhyo 'rhadbhyaḥ samyaksaṃbuddhebhyo dānaṃ dadyāt, api nu sa kulaputro vā kuladuhitā vā tato-nidānaṃ bahu puṇya-skandhaṃ prasunuyāt.

Subhūtir āha : bahu Bhagavan bahu Sugata.

Bhagavān āha : evam etat Subhūte evam etat, bahu sa kulaputro vā kuladuhitā vā tato-nidānaṃ puṇya-skandhaṃ prasunuyād (aprameya-asaṃkhyeyam). tat kasya hetoḥ, puṇya-skandhaḥ puṇya-skandha iti Subhūte askandhaḥ sa Tathāgatena bhāṣitaḥ, tenocyate puṇya-skandha iti, sacet Subhūte puṇya-skandho 'bhaviṣyan, na Tathāgato 'bhāṣiṣyat puṇya-skandhaḥ puṇyaskanadha iti.

この段は、第一六「断福徳例心顛倒疑」で、先の第一五段の心顛倒に住するよりきたもので、福徳も心を例として顛倒ならんとの疑を断ぜんとするものである。

「須菩提よ、三千世界を満たすに七宝を以てし」の文きたるは疑を釈《と》かんがためなり。上に佛は衆生の心皆顛倒せるをいう。則ち顛倒の心のなす所の布施などの衆行は皆これ顛倒せるなり。もし然らば、まさに佛因なかるべし。すでに佛因なければ、まさに佛果もなかるべし。故にこの疑を釈し明かす。無所得の布施などは則ちこれ佛因なり。すでに佛因あれば、則ち佛果あり。

問うていわく、何によりて不顛倒あり、顛倒より不顛倒を得るとなし、不顛倒よりして不顛倒を得るとなすや。二つ倶に過あり。もし顛倒より不顛倒を生ぜば、則ち倒は不倒の因なく、もし不顛倒より不顛倒を生ぜば、則ち不顛倒は因なからん。答う。『大品』三慧品（大正蔵経八・三七四ページ上）に、佛この問いに答う。有（所）得より無（所）得を生ずるにあらず、無得より無得を生ずるにあらず、得と無得と平等なる故、これを無所得というとは、即ちその事なり。問う。前にすでに三千世界の七宝を明かす。今と何の異ありや。答う。前の七宝は四句の偈を格し、今の七宝は成佛の因なり。「もし福徳実にあらば」は、これ即ち疑を釈す。疑っていわく、上もまた三千七宝、今も然り。何故これ佛因なりや。故に釈していう。もし福徳実にあらば、これ有得の福徳を明かし、「福徳なきを以ての故に」は、これ無得の福徳を明かすが故に、これ佛因なり。

流支訳の『金剛般若経論』には次のようにいう。

何故に福徳によって、重ねて譬喩を説くや。偈にいわく、佛の智慧の根本は、顛倒に非ざる功徳なり。
この福徳の相を以ての故に、重ねて譬喩を説くなり。
jñānasyādhārato jñeyā puṇye vitathatā na ca,
tataḥ puṇyanimittaṃ hi puna[r dṛṣṭāntakīrtanam].
これは何の義を説くや。また疑あり。先には心住の顛倒を説く。もしかくの如くならば、福徳もまた顛倒ならん。もしこれ顛倒ならば、何故ぞ善法と名づけんや。この疑を断ぜんがために、心住は顛倒なりと雖も、福徳は顛倒に非ざることを示現す。何を以ての故に、偈に、佛の智慧の根本というが故なり。いかんが根本なるを示現するや。経に、須菩提よ、もし福徳、実にあらば、如来は則ち福徳聚なり、福徳聚なりとは説かずというが如くなるが故なり。この義はいかん。有漏の福徳聚はこれその顛倒なるを明かす。この福徳聚はこれ有漏なるを以ての故なり。故に如来は福徳聚とは説かざるなり。また福徳聚は福徳聚なり。何を以ての故に。もし福徳聚に非ずんば、如来は則ち説いて智慧の根本とはなさず。この故に福徳聚は即ち福徳聚なり。

さらに佛智の根本と福徳との関係は、『金剛仙論』に詳しい。すなわち、第三偈の「佛の智慧の根本」とは、上に難じて、心顛倒を以ての故に、この福徳もまたまさにこれ顛倒なるべしといい、今、佛の智慧の根本という。これ初地以上の相を取らざる布施は、これ無漏の福徳なるを明かす。乃ち佛果種智のため勝因となるを以ての故に、佛の智慧の根本という。また第二句に顛倒に非ざる功徳というは、この菩薩の布施の福徳は取相顛倒心に非ざるを知るを明かすなり。これを以て、福徳の根は佛智慧根本の福徳の根なるなり（大正蔵経二五・八五四ページ下）、といっている。したがって、宇井博士の『大乗佛典の研究』の三八四ページの五十一の文「佛の智慧は根本なり」は、厳密には読み替らるべきであろう。

## 第一七断疑

### 第二〇 離色離相分

須菩提、於レ意云何。佛可下以レ具二足色身一見上不。不也、世尊。如來不レ應下以レ具二足色身一見上。何以故。如來説下具二足色身一、即非中具一足色身上。是名三具二足色身一。

須菩提よ、意に於ていかん。佛は色身《しきしん》を具足せることを以て見るべきや、いなや。いなり、世尊よ、如来は、まさに色身を具足せることを以て見るべからず。何を以ての故に。如来は、「色身を具足すというは、即ち、色身を具足するに非ず」と説かれたればなり。これを色身を具足すと名づくるなり。

20・a

須菩提よ、どう思うか。如来を色身を具足成就している者として見るべきであろうか。

須菩提は答えた。師よ、そうではありません。如来を色身を具足成就している者として見るべきではありません。なぜかというと、師よ、色身を具足成就している、色身を具足成就しているというのは、実は具足成就していないということであると、如来が説かれているからです。だからこそ、色身を具足成就しているといわれるのです。

tat kiṃ manyase Subhūte, rūpa-kāya-pariniṣpattyā Tathāgato draṣṭavyaḥ.
Subhūtir āha : no hīdaṃ Bhagavan, na rūpa-kāya-pariniṣpattyā Tathāgato draṣṭavyaḥ. tat kasya hetoḥ, rūpa-kāya-pariniṣpattī rūpa-kāya-pairniṣpattir iti Bhagavan apariniṣpattir eṣā Tathāgatena bhāṣitā, tenocyate rūpa-kāya-pariniṣpattir iti.

須菩提、於レ意云何。如來可下以レ具二足諸相一見上不。不也、世尊。如來不レ應下以レ具二足諸相一見上。何以故。如來說二諸相具足、卽非二具足一。是名二諸相具足一。

須菩提よ、意に於ていかん。如来は、もろもろの相を具足せることを以て見るべきや、いなや。いななり。世尊よ、如来は、まさに、もろもろの相を具足せることを以て見るべからず。何を以ての故に。如来は、「もろもろの相を具足す、というは、具足するに非ず、」と説かれたればなり。これを、もろもろの相を具足すと名づくるなり。

20・b

師は問うた。須菩提よ、どう思うか。如来は相好を具足した者と見るべきであろうか。
須菩提は答えた。師よ、そうではありません。如来は相好を具足した者と見るべきではありません。なぜかというと、師よ、相好を具足していると、如来が説かれたことは、実は相好を具足していないことだといわれたからです。それだからこそ、相好を具足しているといわれるのです。

Bhagavān āha : tat kiṃ manyase Subhūte, lakṣaṇa-saṃpadā Tathāgato draṣṭavyaḥ, Subhūtir āha : no hidaṃ Bhagavan, na lakṣaṇa-saṃpadā Tathāgato draṣṭavyaḥ, tat kasya hetoḥ, yaiṣā Bhagavaṃl lakṣaṇa-saṃpat Tathāgatena bhāṣitā, alakṣaṇa-saṃpad eṣā Tathāgatena bhāṣitā, tenocyate lakṣaṇa-saṃpad iti.

この段（20・a―b）は、第一七「断無為何有相好疑」で、この疑は第三断疑中の無為得名よりきたもので、如来とは諸法如の義であるならば、無為にして何ぞ相好あらんやとの疑を断ぜんとするものである。

嘉祥大師は次のようにいう。

「須菩提よ、意に於ていかん。佛は色身を具足せることを以て見るべきや」の下は第六章の経なり。上来ここに至るまでに三処に明かす色身に、何の異ありや。答う。初めは相好身の法身と異なるを明かすとなす。相好身に三相あり、法身には三相なし。次の文は両因の優劣の義を成ずるとなす。二身の両果はすでに優劣あり、二身の両因もまたまさに優劣あるべしと、格量の経の義を成ずるが故にきたる。今の文は二身の一異の見を破せんがための故にきたる。上の両処は二身の異を明かせり。尋語の流《たぐい》は即ちいう。相好身と法身と異なるあり。従来の本迹の異、三佛の異の義の如し。故にこの章の経は一異の見を破するなりと。『論』に二偈あり。――また疑あり。もし諸佛、無為法を以て名を得ば、いかんが諸佛は八十種好、三十二相を成就して名づけて佛となすや。この疑を断たんがため、この故に色身を成就するに非ず、諸相を成就するに非ざれば、如来を見るを得と説く。また色身は八十種好、三十二相を摂得す。経に、何を以ての故に、如来は色身を具足すというは、即ち色身を具足するに非ず、この故に如来は説いて色身を具足すと名づくというが如し。何を以ての故に、如来は、諸相を具足すというは、即ち具足するに非ずと説かれたればなり。この故に如来は説いて、諸相の具足と名づくが故なり。何故にかくの如く説くや（以上『大乗佛典の研究』三八五ページに脱落す）。

法身の畢竟の体はかの相好身には非ず。
相成就に非ざるを以て、かの法身に非ざるが故なり。
[na dharmakāyaniṣpattir anu] vyañjanam ucyate,
**na ca lakṣaṇasaṃpattis tad akāyatvato matā.**
法身を離れざれば、かの二は佛ならざるに非ず。
故に重ねて成就を説き、また二無きも、及び有なり。
**dharmakāyāvinirbhāgān na dvayaṃ na tathāgataḥ,**
**saṃpattir ucyate bhūyo dvayaṃ nāsty astitā tataḥ.**

この二偈は何の義を説くや。かの法身の畢竟の体は色身の成就に非ず、また諸相の成就にも非ず、かの身に非ざるを以ての故なり。かの身に非ずとは、かの法身の相に非ざるを以ての故なり。この二は佛ならざるには非ず、かの如来の身は有なるが故なり。いずれかこれ有なる。一に色身の成就、二に諸相の成就なり。この二法は法身を離れざるを以て、この故にかの如来の身の成就せる相好もまた有なりと説くを得るなり。いかんが有なりと説くや。経に、色身成就、諸相成就というが故なり。この故に偈に、かの二は佛ならざるに非ずというが故なり。この故にこの二もまた無というを得るが故に身成就に非ず、相成就に非ずと説く。また有ともいうを得るが故に、色身成就、諸相成就と説くが故に、偈にまた二もなく及び有なりというが故なり。何が故にかくの如く説くや。かの法身の中には無なるを以て、即ちこの義に於て如来は色身成就、諸相成就と説く。かの身を離れざるを以ての故なり。しかも法身はかくの如くには説かず。法身はかの体に非ざるを以ての故なり（流支訳『金剛般若波羅蜜経論』巻下、大正蔵経二五・七九二ページ下—七九三ページ上）。

上半に、法身の畢竟の体はかの相好身には非ずという。これ即ちその二身の一見を破して、相好身に相好あり、法身に相好なきを明かす。二身異あり、何ぞ一を得んや。

次の偈の上半に、法身を離れざれば、この二は佛ならざるに非ずという。これ異見を破するなり。何処に相好を離れて別に法身ありや。故にこの二は佛ならざるに非ずというなり。問う。二身は定んで一、定んで異、あるいは非一、非異なるや。答う。諸法は定相あることとなし、しかも三句を具有すと。昔日、相好身もまた生滅し、五分法身もまた生滅するが故に、二身同じく生滅するを明かすは、則ちこれ一義なり。次にこの経は、上来、両処に二身の異を開き、相好身は生滅あり、法身は無為無生滅なりと。これはこれ異義なり。今、この一章は一異を双破す。故に佛は三種の方便を具有す。問う。昔、何故に一方便を説き、乃至今は何故に不一不異を説くや。答う。昔、常見を破せんとするが故に佛の二身は皆生滅無常なるを明かせり。故に二身はこれ一なり。小乗の人は便ち一解を作す故、経の初めに二身の生と不生の異を開く。時会は便ちいう、小乗の二身はこれ一にして、大乗の二身はこれ異なりと。故に今具さに一異を破す。意を得る者は三倶に道に会し物を利し、達せざる者は皆これ顚倒戯論なり。二身の一異の見を破することすでに爾《しか》り。法身の有色無色を破することもまた然り。『論』(流支訳『金剛般若経論』)にいわく、これもまた無、また有なり。法身は相を絶して相好ありというべからず。相好を離れて別に法身なく、法身は相好なしというべからざるなりと。いう所の「色身を具足する」とは、ただ佛一人のみ形相の美を尽す。故に具足といい、余人乃至輪王の相は明了ならざるが故に不具足という。

「如来は、具足するというは即ち具足するに非ず、と説く」とは、一見を破し、色身は法身に非ざるを明かす。何ぞ得て一となさん。「これを具足と名づく」とは、これは異見を破す。何処に相好を離れて別に法身あらんや。

「諸相を(具足せることを)以て見るべきや、いなや」の下は、意前と同じ。ただ身の総相別相の異たるのみ。

## 第一八断疑

### 第二一　非説所説分

須菩提、汝勿レ謂下如來作二是念一、我當レ有レ所レ説レ法。莫レ作二是念一。何以故。若人言三如來有二所レ説法一、即爲レ謗レ佛。不レ能レ解二我所上レ説故。須菩提、説レ法者無二法可一レ説。是名レ説レ法。

須菩提よ、汝は、如来はこの念いを作して、「われ、まさに法を説く所有るべし」とす、と謂うことなかれ。この念いを作すことなかれ。何を以ての故に。もし、人、「如来には説く所の法有り」と言わば、即ち、佛を誇《そし》ることとなればなり。わが説く所を解《げ》すること能わざるが故なり。須菩提よ、法を説く、（法を説く）というも、法として説くべきもの無ければなり。これを法を説くと名づくるなり。

《説法者》羅什本以外は、流支本も真諦本も玄奘本も義浄本も、そして梵本も「法を説くとは、法を説くとは」と重説され、その意味で解釈されている。本文参照。

21・a

師は問うた。須菩提よ、どう思うか。わたしが法を教示したというような考えが如来にあるだろうか。

須菩提は答えた。師よ、そうではありません。わたしが法を教示したというような考えは如来にはありません。

師はいうた。須菩提よ、如来は法を教示したと説く者があれば、彼は誤りを説くことになる。須菩提よ、彼は不実に執着してわたしを誇る者である。なぜかというと、須菩提よ、法の教示、法の教示というが、法の教示として得られるような法はどこにも存在しないからである。

Bhagavān āha : tat kiṃ manyase Subhūte, api nu Tathāgatasyaivaṃ bhavati : mayā dharmo deśita iti.

Subhūtir āha : no hīdaṃ Bhagavan, na Tathāgatasyaivaṃ bhavat i : mayā dharmo deśita iti.

Bhagavān āha : yaḥ Subhūte evaṃ vadet : Tathāgatena dharmo deśita iti, sa vitathaṃ vadet, abhyācakṣīta māṃ sa Subhūte 'satodgṛhītena. tat kasya hetoḥ, dharma-deśanā dharma-deśaneti Subhūte, nāsti sa kaścid dharmo yo dharma-deśanā nāmopalabhyate.

この段（21・a—b）は第一八「断無身何以説法疑」で、先の第一〇断疑中の「即非身相」を受けて、無身ならば何を以て説法せんやという疑を生ず。法身は無説、相好身は説といわば、これ然らず。相好身を離れて外に法身はないからである。嘉祥大師は次のようにいう。

「意に於ていかん。如来所説の法ありや、いなや」の下、この第七章のきたるは、これ法身に説く所の法ありの疑を破す。疑っていう。もし色身を具足するも法身に非ざれば、いかんが如来に所説の法ありといわんやと。故に佛は破して、「須菩提よ、汝、如来の法身に説く所ありということなかれ。もし如来の法身に説く所ありといわば、則ち法身を謗るなり」という。法身は色に非ざるが故に法身は説に非ざるなり。何を以ての故にこの一句を説いて、法身は説くことなきの疑を破するや。もし法身は説かず、相好身は説くといわば、これまた然らず。上に相好身を離れて別に法身あるべからず。便ち法身は相好なしという。また相好身の説くを離れて別に法身の説くことあるべからず。しかも法身は無説という。問う。何を以て経文かくの如きを知るや。答う。『論』の偈にいわく、——また疑あり。もし如来にして色身成就を具足するも、見ることを得べからず。もしくは相成就するも、見ることを得べからざれば、いかんが如来は法を説くといわん。自下の経文はこの疑を断ぜんとす。経に、もし人、如来に所説の法ありといわば、則ち佛を謗るとなす、わが所説を解すること能わず、というが如くなるが故なり。この義はいかん。偈にいわく、

佛の如く、法もまた然り。所説の二は差別なり。

法界を離れざれば、説法は無自相なり。

(saṅs rgyas bshin du bstan med phyin, bstan pa rnam pa gñis las) [ka]lpitā.

dharmakāyāvinirbhāgād deśanāpy asvalakṣaṇā.

何が故に重ねて法を説く、法を説くと、いうは、偈に、所説の二は差別なりというが故なり。いずれかこれ二なる。一に所説の法、二に所有の義なり。何が故に法として説くべきものなきを、これを法を説くと名づくるというや、といわば、偈に、法界を離れざれば、説法は無自相なりというが故なり。これは何の義を以てなりや。所説の法は、真法界を離れて(外に)は、自相の見(「説法無自相者、既如証如説。離於真如法界、更無言教自相可説。」『金剛仙論』巻第八、大正蔵経二五・八五七ページ上—中参照)を得べからざればなり(流支訳『金剛般若波羅蜜経論』巻下、大正蔵経二五・七九三ページ中)。

「佛の如く法もまた然り」と。故に佛の例法をあぐ。「法として説くべきものなし、これを法を説くと名づくるなり」は、これさらに疑を破す。人、法身の説くことあるを聞いて、便ち法として説くべきものありという。故に会釈して、また法を説くと雖も、法として説くべきものなし、仮名説法なるのみと。

この吉蔵の『疏』には、重説に触れていないが、流支訳の経には「如来説法説法者」と重ねて説き、偈もこれに基づいて、所説の二は差別なりといっている。したがって羅什本には重説がなく、明らかに流支本とは違っていたということができる（『金剛仙論』巻第八、大正蔵経二五・八五七ページ中――次の第二句に所説の二は差別なりという。この、経中に「法を説くは」、「法を説くは」の二つの差別を釈するは、理と教との殊（別）なり云々、を参照）。

（爾時慧命須菩提白レ佛言。世尊、頗有二衆生一、於二未來世一聞レ説二是法一、生二信心一不。佛言。須菩提、彼非二衆生一、非レ不二衆生一。何以故。須菩提、衆生、衆生者、如來説レ非二衆生一。是名二衆生一。）

（その時、慧命須菩提、佛に白して言う。世尊よ、頗《も》し衆生有りて、未来世に於て、この法を説くを聞きて信心を生ずるや、いなや。佛言いたもう。須菩提よ、彼は、衆生にも非ず、衆生ならざるものにも非ず。何を以ての故に。須菩提よ、衆生、衆生とは、如来は、これを衆生に非ずと説きたればなり、これを衆生と名づくるなり）。

《慧命》 āyuṣmat（長寿の、健康の）という形容詞であるが、通常、呼びかけの敬語として用いられ、具寿、長老、浄命、大徳、尊者などに訳されている。慧命については、長水の『金剛経疏記科会』第二には、「色身は食を以て命となし、法身は慧を以て命となす」という。これは、法身の智慧を寿命に譬えたものである。故に『金剛経五十三家註』巻四には、「陳雄曰く、慧命須菩提は法華経信解品に見ゆ。慧とは徳を以ていい、命とは寿を以ていう。即ち長老の異名なり」、という。『大毘婆沙論』巻第一八二（大正蔵経二七・九一四ページ中）には、次のようにいっている。――世尊は漸次に行きて婆羅痆斯（鹿苑）に到りしに、その時、五人は忽ち遙かに佛を見、遂に共に制を立てていう、「彼、ゴータマは懈慢多求にして狂乱し失志して空しく所獲なくして、しかも今また、きたりて相呼誘せんとす。われらはよろしく各々共に言談し恭敬し問訊することなかるべく、ただ一常座を敷きてその坐するやいなやを任せん」と。その時、世尊は漸く行き、彼らに近づくに、威徳の逼る所、本期を捨てて、覚り得ず一時に座より起って趣き走り迎え、遂に合掌して帰命せしむ。……時に佛は座に就き、安詳にして坐す。威光奇特なること妙高山の如し。この時、五人もまた、恭敬すと雖も、しかもなお、佛を呼ぶに具寿（āyuṣmat）となし、あるいはまた、佛を称するに、ゴータマとなす。佛は即ち告げていわく、「汝らは如来を呼ぶに具寿となすことなかれ。また触姓の名を称することなかれ云々と。これによると、āyuṣmat という呼びかけは同輩またはそれ以下の者に使われていたことが知られる。《爾時慧命須菩提白佛言》以下の六十二字はもともと羅什訳にはなく、後に補ったという。本文参照。

## 21・b

このようにいわれた時、須菩提長老は、師に対して次のように問うた。師よ、これから先、後の世、第二の五百年代に、正法の破滅が起こる時、このような法を聞いて信ずるような人々があるであろうか。

師は答えられた。須菩提よ、彼らは衆生でもなければ、衆生でないものでもない。何となれば、須菩提よ、衆生、衆生というのは、すべて衆生ではないと如来が説かれているから、それだから、衆生といわれるのである。

evam ukta āyuṣmān Subhūtir Bhagavantam etad avocat : asti Bhagavan kecit sattvā bhaviṣyanty anāgate 'dhvani paścime kāle paścime samaye paścimāyāṃ pañca-śatyāṃ saddharma-vipralope vartmāne ya imān evaṃrūpān dharmāñ śrutvā-abhiśraddadhāsyanti (abhiśraddhāsyanti).

Bhagavān āha : na te Subhūte sattvā na-asattvāḥ. tat kasya hetoḥ, satvāḥ sattvā iti Subhūte sarve te Subhūte asattvās Tathāgatena bhāṣitāḥ, tenocyante sattvā iti.

『論』には、この章について、後長く信受の一章経あり、と吉蔵はいって、次のように論を進めている。

問う。上の信と今の信と何の異ありや。答う。上には信の因果の深き義を信ずるを明かし、今は信を明かし、上、如来は説くと雖も、所説のなきを信ずるなり。問う。何らの人よくこの法を信ずるや。答う。『論』の偈にいわく、――また疑あり。もし諸佛の説者には、これ所説の法なく、法身(法界)を離れざれば、またこれその無なるをいわば、何らの人ありて、よくかくの如き甚深の法界を信ずるや(論曰、復有疑。若言諸佛説者、是無所説法。不離於法界、亦是其無者、牒前有色相無色相有説法無説法二処深経也。有何等人、能信此甚深法界者、作疑問之意也。『金剛仙論』巻第八、大正蔵経二五・八五八ページ上を参照することによって、上の流支訳『金剛般若波羅蜜経論』の文を国訳した。試みに、理解し易く『金剛仙論』の文はそのままの原文を出すことにした。したがって、宇井博士著『大乗佛典の研究』の読み方とは違っている。『大乗佛典の研究』三八八ページ参照)。

自下の経文はこの疑を断ぜんとす。偈にいわく、

所説と説者とは深きも、能信者なきには非ず。

非衆生と衆生とは、非聖と非不聖となり。

deśyadaiśikagāmbhīryaśraddhā na ca na santi hi,
na sattvā nāpi cāsattvās te'nāryārya (ldan phyir).

何故、須菩提よ、(彼は)衆生にも非ず、衆生ならざる者にも非ずとは、偈に、非衆生と衆生とは、非聖と非不聖となり、というが故なり。これは何の義を以てなりや。

「もしこの経を信ずる者あらば、かの人は非衆生なり。非衆生とは、聖体なきに非ざるなり。聖体なきに非ずは、凡夫体に非ざるが故なり。不衆生に非ずとは、聖体あるを以ての故なり。かの人は凡夫衆生には非ず、これ聖体の衆生ならざるに非ざるなり。経に、何を以ての故に、須菩提よ、衆生なり衆生なりとは、如来は衆生に非ずと説く、これを衆生と名づくというが如くなるが故なり。如来が衆生に非ずと説くは、凡夫衆生に非ず、この故に、衆生なり衆生なりと説く、聖人衆生なるを以て、この故に衆生に非ずと説くなり(流支訳『金剛般若経論』巻下、大正蔵経二五・七九三ページ中)。

非衆生と衆生とは、非聖と非不聖となりと。この人は凡夫衆生に非ざるが故に衆生に非ずという。しかもこれは聖体ある衆生故、衆生というなり。衆生に非ざるが故に聖に非ず。これ聖体ある衆生故、聖ならざるには非ざるなり。

問う。もし凡夫は信ぜざるも、凡となすべからず、聖人はよく信ずるも、聖となすを須いずといわば、今この経は竟《つい》に何人のために説くや。答う。この論意を観るに、顚倒を具足せる有所得の凡夫はよく了せず。これはこれ、無所得観を習する衆生なれば、則ちよく信ず。これ衆生の有所得の人に望めての故に衆生に非ず、未だ具足了悟せざるが故に衆生ならざるには非ざるなり。

さて、「爾時慧命須菩提、白佛言」以下の経段は、上掲のように、吉蔵は「長く信受の一章経あり」と、流支訳の『金剛般若経論』と彼の依用した羅什本とを比較することによって、羅什本になく、流支本にのみあることを指摘している。また慈恩の『金剛般若経賛述』巻下、大正蔵経三三・一四九ページ下には、「述曰、舎衛漏此文」といっているし、子璿録『金剛経纂要刊定記』巻第六には、「今秦経既無其文」といい、また「此上経文魏訳則有、秦本則無。既二論皆釈此文、後人添入亦無所失。況有冥報之縁。宜亦可信」（大正蔵経三三・二二〇ページ中―下）ともいっている。

さらに明の元賢述『金剛経略疏』には、「この六十二言はもと魏本より出で、秦本にはなき所なり。今二論を考うるに皆釈文あり、また添入に放《よ》る」といっている（大日本続蔵経、第一輯、第三九套、第二冊、一六三枚表の上）。

そして『金剛経註解』すなわち『金剛経五十三家註』巻四には、「霊幽法師、この慧命須菩提よりの六十二字を加う。これ唐の長慶二年にして、今、濠州鍾離寺の石碑上記にあり。六祖の解は前にある故、解なし、今もまたこれを存す。李文会曰く、これは則ち魏訳の偈なり。長慶中、僧霊幽が冥所に入れしもの、魏訳を指さば則ち存し、秦訳には則ちなきが故なり、といっている（大日本続蔵経、第一輯、第三八套、第五冊、四七一枚表の下）。

これらによって、羅什訳だけに欠けていた爾時慧命須菩提以下の六十二字が流支訳本によって追補されたことが判る。その六十二字は全く流支訳と一致していることによってもまた領可することができよう（菅原時保著『金剛経講義』二五一ページ参照）。

# 第一九断疑

## 第二二　無法可得分

須菩提、白レ佛言。世尊、佛得二阿耨多羅三藐三菩提一、爲レ無レ所レ得耶。如レ是、如レ是。須菩提、我於二阿耨多羅三藐三菩提一、乃至無レ有二少法可一レ得。是名二阿耨多羅三藐三菩提一。

須菩提、佛に白して言う。世尊よ、佛の、阿耨多羅三藐三菩提を得たもうは、得る所無しとせんや。かくの如し、かくの如し。須菩提よ、われ、阿耨多羅三藐三菩提に於て、乃至、少しの法も、得べきもの有ること無し。これを阿耨多羅三藐三菩提と名づくるなり。

《佛言》以下の句は、羅什訳と流支訳と異なる。しかし、意味に違いはない。流支訳を示せば、「佛言、須菩提、於意云何。如来得阿耨多羅三藐三菩提耶。須菩提言、不也。世尊、世尊無有少法如来得阿耨多羅三藐三菩提。佛言、如是、如是。須菩提、我於阿耨多羅三藐三菩提、乃至無有少法可得。是名阿耨多羅三藐三菩提」と。したがって、吉蔵の『疏』は、流支本経文を挙げて解釈している。文三。初佛牒、疑情反問善吉。次善吉奉答。云々を参照。

須菩提よ、どう思うか。如来が無上正等覚を現に覚ったというような法が何かあるであろうか。

須菩提は答えた。師よ、そのようなことはありません。如来が無上正等覚を現に覚ったというような法は何もありません。

師はいわれた。そのとおり、須菩提よ、そのとおりだ。微塵ほどの法もそこにはないし、取得されはしない、それだから、無上の正等覚といわれるのである。

tat kiṃ manyase Subhūte, api nv asti sa kaścid dharmo yas Tathāgatena-anuttarāṃ samyaksaṃbodhim abhisaṃbuddhaḥ.
āyuṣmān Subhūtir āha: no hīdaṃ Bhagavan, nāsti sa Bhagavan kaścid dharmo yas Tathāgatena-anuttarāṃ samyaksaṃbodhim abhisaṃbuddhaḥ.
Bhagavān āha: evam etat Subhūte evam etat, aṇur api tatra dharmo na saṃvidyate nopalabhyate, tenocyate 'nuttarā samyaksaṃbodhir iti.

## 第二三　浄心行善分

復次須菩提、是法平等無レ有二高下一。是名二阿耨多羅三藐三菩提一。以下無レ我、無レ人、無二衆生一、無中壽者上、修二一切善法一、則得二阿耨多羅三藐三菩提一。須菩提、所レ言善法者、如來說レ非二善法一、是名二善法一。

また次に、須菩提よ、この法は平等にして、高下有ること無し。これを阿耨多羅三藐三菩提と名づくるなり。我も無く、人も無く、衆生も無く、寿者も無きを以て、一切の善法を修むれば、則ち、阿耨多羅三藐三菩提を得るなり。須菩提よ、言う所の善法とは、如来は（これを）善法に非ずと説きたればなり。これを善法と名づくるなり。

23

またさらに、須菩提よ、実にこの法は平等である、その中には何らの差別も存しない。故に無上正等覚といわれるのである。この無上正等覚は、無我性により、無衆生性により、無寿者性により、無人性により平等であり、あらゆる善法によって現に覚られるのである。なぜかというと、須菩提よ、善法、善法というのは、法ではない、と如来は説いているから、だから善法といわれるのである。

api tu khalu punaḥ Subhūte samaḥ sa dharmo na tatra kiṃcid viṣamam, tenocyate 'nuttarā samyaksaṃbodhir iti. nirātmatvena niḥsattvatvena nirjīvatvena niṣpudgalatvena samā sānuttarā samyaksaṃbodhiḥ sarvaiḥ kuśalair dharmair abhisaṃbudhyate. tat kasya hetoḥ, kuśalā dharmāḥ kuśalā dharmā iti Subhūte adharmāś caiva te Tathāgatena bhāṣitāḥ, tenocyante kuśalā dharmā iti.

この段(22—23)は第一九「断無法如何修証疑」で、先の第一二、一三断疑中の法として無上正等覚を得るというものなしというよりきたり、法の証すべきものなければ、いかにして菩薩の行を修し、

証するやの疑難を断ぜんとするものである。吉蔵の『疏』によると、

「意に於ていかん」の下は第八章の経なり。生起を論ぜば、上の第二章の経より生ず。上の第二章の経に、佛は菩提として得べきものなしという。今、いかんが階級位行ありや。謂ゆる十信より十住に至り、十住より十行に至り、十行より十廻向十地に至るなどの如き、すでに進行階級あれば、則ち佛果もまさに所得あるべきなり。近文より生ずるは、相好、身業を論じ、無所説、口業を弁ぜり。今、菩提を得るの意業を明かす。佛すでに無所説なれば、まさに無所得なるべし。今、実に所得あらば、まさに実に所説あるべきなり。

問う。初周の中にすでに佛は無所説にして菩提を得ることなきを明かせり。今と何の異ありや。答う。前後の両会に利鈍の両縁あり。この二義は十五章に通貫す。ただ、今の文と上とには開合の別及び来意の不同あり。来意の不同とは、上に釈迦はこれ化佛として実説の疑を破するを明かせり。今は法身は有説というべからず、無説というべからざるを明かし、法身の有説、法身の無説の義の疑を破す。上に無得の菩提を明かして実得の疑を破し、今は因行を挙げて階級証果実得の疑を破するなり。また上に、如来は所得ありや、菩提の得べきものありや、とこの得説の合論をいう。今は則ち得説を開いて二章の経となす。前章の経に無所説を明かし、この章は無所得を明かす。文に三あり。初めは佛牒し、善吉に疑情もて反問す。次に善吉奉答す。「佛、少しの法も菩提として得るものなしと明かす」は、もし一豪も得るあらば、則ち道を得ず。畢竟無得なるを以て爾《しか》く、乃ち道を得るのみ。得果実には一法も得べきものなく、行因実には一行も行ずべきものなく、無所得なるを以ての故に始めて果を得。無所行なるが故に、乃ちこれ行因なり。

次に佛、四義を述べ、無上菩提を釈す。初めは即ち述べ、無所得なるを以ての故に無上と名づく。二には法界平等の義を体悟するを以ての故に無上菩提と名づく。我なく人なきを以ての故に菩提を得るとは第三義にして、かの菩提の体に二種の我なきを無上と名づくればなり。上の二義は得門に就いて無上の菩提を釈し、今は離門に就いて釈す。菩提の体に我・人ありといわば、則ち無上に非ず、体に我・人あることなきを以ての故に無上の菩提と名づくるなり。

「一切の善法を修むれば」は、上の三門は果に就いて無上を釈し、この第四義は因門に就いて無上を釈す。無上の方便あるを以て一切の衆行を修し満足するが故に、これ無上なり。余の菩薩は因行を修し満たざるが故に無上に非ざるなり。

「如来の善法と説くは則ち善法に非ず」とは、上に善法を修するの義を簡《えら》び、今はこれ無所得の善法を明かすのみ。これ有所(得)の善法に非ざるを得るが故に、則ち「善法に非ず」という。「これを善法と名づく」とは、還って無所得の善法を結び取るなり。

以上の吉蔵の疏に対して、流支訳『金剛経論』の文を比較のために、次に挙げることにする。

また疑あり。もし如来にして一法も阿耨多羅三藐三菩提を得るや。自下の経文は、この疑を断ぜんがために、いかんが上々の証を離れ、転々に阿耨多羅三藐三菩提と名づくるものを得ざれば、いかんが上々の証法の名づけて阿耨多羅三藐三菩提を得るとなすに非ざることを示現す。この義はいかん。偈にいわく、

彼処には少法もなければ、菩提は無上なりと知る。

法界は増減せず、浄平等にして自相あり。

(chos rnams rdul tsam med phyir daṅ) jñeyā bodhir anuttarā,

na vṛddhyā dharmadhātau hi śuddhisāmyāt svala[kṣa]ṇāt.

無上の方便あり、及び漏法を離れたり、

この故に浄法に非ず、即ちこれ清浄性なり。

upāyānuttaratvāc ca sāsravatvād adharmataḥ

śubhā na dharmā (de phyir de ñid dge baḥi chos).

これは何の義を明かすや。かの菩提の処には、一法として、証し名づけて阿耨多羅三藐三菩提となすべきものあることなし。経に、世尊よ、少法も如来の阿耨多羅三藐三菩提法を得るものあることなし、というが如くなるが故なり。

「彼はまた何の義ありや。偈に、法界は増減せずという。増減せずとは、この法は平等なればなり。この故に無上と名づくるなり。さらに上々なるものなきを以ての故なり。経に、また次に須菩提よ、この法は平等にして高下あることなきを、これを阿耨多羅三藐三菩提と名づく、というが如くなるが故なり。また諸佛如来の清浄法身は平等無差別にして、彼処に於ては勝れたる者あることなし、この故に無上なりと説く。経に、衆生もなく、人もなく、寿者もなきを以て、平等なる阿耨多羅三藐三菩提を得というが如くなるが故なり。またかの法は無我にして、自体は真実なり、さらに上々なるものなきが故に、阿耨多羅三藐三菩提と名づくるが故なり。

またかの法には無上の方便あり、一切の善法が満足するを以ての故に、阿耨多羅三藐三菩提と説く。余の菩提は善法が満足せずして、さらに上方便あり。経に、一切の善法は阿耨多羅三藐三菩提を得、というが如くなるが故なり。須菩提よ、いうところの善法なり、善法なりとは、如来は非善法なりと説く。これを善法と名づくとは、何が故にかくの如く説くや。偈に、及び漏法を離れたりと。この故にかの漏はこれ浄法なるには非ず、これは即ちこれ清浄法なり、というが故なり。
これは何の義を以てなりや。かの法には有漏法なきが故に、非善法と名づく、有漏法なきを以ての故に、この故に名づけて善法となす、決定の無漏の善法なるを以ての故なり。

## 第二〇断疑

### 第二四　福智無比分

須菩提、若三千大千世界中所有諸須彌山王、如レ是等七寶聚、有レ人持用布施、若人以二此般若波羅蜜經乃至四句偈等一、受持讀誦、爲二他人一説。於レ前福德百分不レ及レ一、百千萬億分、乃至算數譬喩所レ不レ能レ及。

須菩提よ、もし、三千大千世界の中の、あらゆる、もろもろの須弥《しゅみ》山《せん》王の、かくの如きに等しき（数の）七宝の聚《あつ》まりを、人ありて、持《も》用《ち》いて布施したりとせん。（また）もし、人ありて、この般若波羅蜜経の、乃至、四句の偈等を以て、受持し、読誦し、他人のために説きたりとせん。前に於ける福徳は、（後の福徳の）百分の一にも及ばず、百千万億分、乃至、算数譬喩の及ぶ能わざる所なり。

また実に、須菩提よ、一人の女もしくは男があって、この三千大千世界にある限りの、山々の王須弥山の数だけの七宝を集めて持っていて、それを如来・応供・正等覚者に布施するとしても、もしまた、善男善女があって、この般若波羅蜜の法門から、四行詩の一つでも取って、他の人々に説いたとすれば、須菩提よ、かの前の方の福聚は、後者の福聚の百分の一にも及ばないし、ないし類似にさえも堪えることができない。

yaś ca khalu punaḥ Subhūte strī vā puruṣo vā yāvantas trisāhasramahāsāhasre loka-dhātau Sumeravaḥ parvata-rājānas tāvato rāśīn saptānāṃ ratnānāṃ abhisaṃhṛtya Tathāgatebhyo 'rhadbhyaḥ samyaksaṃbuddhebhyo dānaṃ dadyāt, yaś ca kulaputro vā kuladuhitā vetaḥ prajñāpāramitāyā dharma-paryāyād antaśaś catuṣpādikām api gāthām udgṛhya parebhyo deśayed, asya Subhūte puṇyaskandhasya-asau paurvakaḥ puṇyaskandhaḥ 'satatamīm api kalāṃ nopaiti yāvad upaniṣadam api na kṣamate.

この段は第二〇「断所説無記非因疑」で、前段に一切の善法を修して菩提を得るというも、所説の法は無記法であるから、菩提を得ざるべしという疑難が生ずる、これを断たんとするものである。吉蔵は上の善法を修して菩提を得とするの文より生ずという。すなわち、

「三千世界の中の須弥の七宝」の下はこれ第九章なり。問う。前周すでに内外の両施を挙げて格量を明かし竟んぬ。今何が故にさらに説くや。答う。上にすでに前後の説は両会の衆のためなるを明か

す。応問にあらざるなり。また上来、般若の体門及び信受門を明かし竟る。今、経を説くは、これ功徳門なり。また『論』の生起によらば、上の一切善法を修して菩提を得とするの文より生ず。――また疑あり。もし一切の善法満足して、阿耨多羅三藐三菩提を得れば、則ち所説の法は大菩提を得ること能わざらん。何を以ての故に、所説の法は無記法なるを以ての故なり。この疑を断ぜんがために、重ねて勝福の譬喩を説く。何の義を示現するや。偈にいわく、

無記法なりというと雖も、しかもこれかの因なり。

この故に一の法宝は無量の珍宝に勝る。

〔naiva ?〕 cāvyākṛtatve 'pi deśanā 'prāptaye matā,
dharmaratnaṃ tataś caikaṃ ratnād anyād viśiṣyate.

この義はいかん。所説の法はこれ無記なりというと雖も、しかもよく大菩提を得。何を以ての故に、所説の法を遠離しては、大菩提を得ること能わざるを以て、この義を以ての故に、この法はよく菩提の因となるなり。

また無記というは、この義は然らず。何を以ての故に、汝の法はこれ無記なるも、しかもわが法はこれ記なればなり。偈に、この故に一の法宝は無量の珍宝に勝るというが故なり。この故にこの所説の法はかの阿僧祇の須弥に等しき珍宝に勝るが故なり。経に、もし人この般若波羅蜜経、乃至一の四句偈などを以て受持し読誦して、他人のために説かば、前の福徳は、(後の福徳の)百分の一にも及ばずと、かくの如きなどというが如くなるが故なり。これは何の義を示すや。偈にいわく、

数と力と無似とにて勝る、無似の因もまた然り。

一切の世間の法は喩えとなすを得べからず。

saṃkhyāprabhavajātīnāṃ saṃbandhasya viśeṣaṇe,

(brtags kyaṅ ḥjig rten thams cad na, dpe byar ruṅ ba mi)〔labh〕yate.

これは何の義を説くや。前の福徳よりも、この福を勝となすことを示す。いかんが勝となすや。一に数の勝、二に力の勝、三に不相似の勝、四に因の勝なり。この故に偈に、一切世間の法は喩えとなすを得べからずというが故なり。数の勝とは、経に、百分するも一にだも及ばず、乃至算数、譬喩も及ぶ能わざる所なり、というが如くなるが故なり。数は限斉なきを以ての故に、余数を摂得するなり、まさに知るべし。

力の勝とは、経に、一歌羅分にも及ばず、というが如くなるが故なり。

無似の勝とは、この福徳の中の数が相似せざるなり、この福徳は数得べからざるを以ての故なり。経に、数も及ぶこと能わず、というが如くなるが故なり。

因の勝とは、因果が相似せざるなり。この因果はかの因果に勝るを以ての故なり。経に、乃至優波尼沙陀分するも一にだも及ばず、というが如くなるが故なり。

またこの法は最勝にして世間法のこの法に喩うべきものあることなきが故に、偈に、一切の世間法は喩えとなすを得べからず、という故なり。かくの如くこの福徳の中にてはかの福は微少なり、この故に法の喩うべきものなきなり（流支訳『金剛般若波羅蜜経論』巻下、大正蔵経二五・七九四ページ上—中）。

もし善法を修して菩提を得といわば、この経の章句を受持するも菩提を得ず。何を以ての故に、薩婆多などの諸部の人は、名字句はこれ無記法なりというが故なり。この疑を破せんがための故に重ねて挙ぐるなり。名字句はこれ無記なりと雖も、よく実相を表わすが故に、四句を受持する功徳は無辺なりと明かす。

また汝が法の中には、これ無記なりというも、わが法の中には、これはこれ般若の名字句なりと明かす。あにこれ無記ならんや。四句を受持するは大千の広施に勝れり。問う。何が故に、恒沙の七宝及び恒沙（に等しき）身命を挙げざるや。答う。三千の宝はこれ最初に格せるが故に初章に挙げしのみ。また後会の人のため須らく漸次に格すべし。頓に恒沙を格し、超えて説くことを得ず。また今、三千の財と上とは異なるとなす。上はただ三千の財を明かして経の四句を持するに及ばず。今は万分の一にも及ばずなどを明かすなり。『論経』によるに、四種の勝あり。一には百分の一にも及ばず、乃至百千分の一にも及ばざるを明かす。これはこれ数の勝にして、経を持するの福は数えるべからざるなり。二には歌羅分の一にも及ばず。これはこれ力用の勝にして、経の力用が七宝施の力用に勝るを明かす。三には優婆尼沙陀分の一にも及ばず。これは不相似数の勝るをいう。これはこれ数中の微細の数、乃至持経の少し許りの福徳の数はこの数と相似ることあるなし。故に数の勝るをいう。四には因果の勝。この経の因果が余の因果に勝るなり。

以上によって、この経段は吉蔵の依用した羅什本と流支訳の経論とでは明らかに違ったものであったことが知られる。したがって流支本は真諦、笈多、義浄などの諸本と軌を一にするものである。

# 第二一断疑

## 第二五　化無所化分

須菩提、於レ意云何。汝等勿レ謂下如來作二是念一、我當中レ度衆生上。須菩提、莫レ作二是念一。何以故。實無レ有二衆生如來度者一。若有二衆生如來度者一、如來則有二我人衆生壽者一。須菩提、如來說二有レ我者則非一レ有レ我。而凡夫之人以二爲有一レ我。須菩提、凡夫者如來說二則非一凡夫一。

須菩提よ、意に於ていかん。汝等は、如来はこの念いを作して、「われ、まさに衆生を度すべし」とす、と謂うことなかれ。須菩提よ、この念いを作すことなかれ。何を以ての故に。実に、衆生として、如来の度すべき者有ること無ければなり。もし、衆生として、如来の度すべき者有りとせば、如来には、則ち、我・人・衆生・寿者有らん。須菩提よ、如来は、「我有りというは、則ち、我有るに非ず」と説けり。しかも、凡夫の人は、我有りとおもえり。須菩提よ、凡夫というは、如来は、則ち、(これを)凡夫に非ずと説けり。

25

須菩提よ、どう思うか。わたしは衆生を解脱せしめた、というような考えが、如来に起こるだろうか。しかし、須菩提よ、実にこのように見てはならない。なぜかというと、如来が解脱せしめたというような衆生はないからである。須菩提よ、もし如来が解脱せしめたというような衆生があるとすれば、如来には、かの我執があるであろう。衆生（生きているものに対する）執、寿者（個体に対する）執、人（個人に対する）執があるであろう。須菩提よ、我執というのは、すなわち非執であると如来は説かれた。しかし、それはかの充分成長していない一般民衆によって執せられるのである。須菩提よ、充分成長していない一般民衆というのは、そうではないと如来は説く、だから充分成長していない一般の人たちといわれるのである。

tat kiṃ manyase Subhūte, api nu Tathāgatasyaivaṃ bhavati : mayā sattvāḥ parimocitā iti, na khalu punaḥ Subhūte evaṃ draṣṭavyam. tat kasya hetoḥ, na-asti Subhūte kaścit sattvo yas Tathāgatena parimocitaḥ. yadi punaḥ Subhūte kaścit sattvo 'bhaviṣyat yas Tathāgatena parimocitaḥ syāt, sa eva Tathāgatasya-ātma-grāho 'bhaviṣyat, sattva-grāho jīva-grāhaḥ pudgala-grāho 'bhaviṣyat, ātma-grāha iti Subhūte agrāha eṣa Tathāgatena dhāṣitaḥ. sa ca bālapṛthag-janair udgṛhītaḥ. bālapṛthag-janā iti Subhūte ajanā eva te Tathāgatena bhāṣitāḥ, tenocyante bālapṛthag-janā iti.

この段は、衆生を度するというも、能度、所度、所度者すべて不可得なるを明かす化無所化分で、また第二一「断平等云何度生疑」である。すなわち、前段の、もしこの法平等にして高下なければの文を承けて、平等ならば、いかんが衆生を度することを得んやとの疑を断ぜんとするものである。吉蔵の『疏』にいう。

「須菩提よ、意に於ていいかん」の下、第十章の経のきたるは、『論』にいう。——また疑あり。もしこの法、平等相にして、高下あることなければ、いかんが如来は衆生を度すと名づけんや。自下の経文はこの疑を断ずることをなす。いかんが疑を断ずるや。偈にいわく、

平等の真法界なれば、佛は衆生を度せず。

名と共なるを以て、かの陰は法界を離れざればなり。

samatvād dharmadhātoś ca na sattvā mocitā jinaiḥ,

sahanāmnā yataḥ skandhā dharmadhā-tvabāhirgatāḥ.

この義はいかん。衆生の仮名は五陰と共なる故、かの名は陰と共に法界を離れず。偈に、法界を離れざればなり、という故なり。かの法界は無差別なるが故なり。偈に、平等の真法界なれば、というが故なり。この故に如来は一衆生をも度せざるなり。偈に、佛は衆生を度せず、という故なり。経に、何を以ての故に、実に衆生にして如来の度する者あることなし、というが如くなるが故なり。佛はいわく、須菩提よ、もし実に衆生にして如来の度する者あらば、如来は則ち我・人・衆生・寿者の相ありとは、これは何の義を明かすや。偈にいわく、

我は度すと取するを過となす。かの法はこれなりと取するを以てなり。

衆生を度すと取するが故に、不取の取なり。まさに知るべし。

ātmagrāhasamo doṣas ta (de la chos su ḥdsin ḥgyur te),

(bkrol byaḥi sems can) grāhe hi agrāhagrāhatā matā.

この義はいかん。もし如来にしてかくの如き心あり、五陰の中に衆生の度すべきものありとせば、これはこれ相を取する過なり。かの法に著するを以ての故なり。偈に、我は度すと取するを過となす

という故なり。かの法はこれなりと取するを以てなり、とは五陰の中にて、これが衆生なりと取するを以ての故なり。衆生を度すと取するが故にとは、衆生をして解脱を得しめんと欲して、かくの如き相あるが故なり。経に、また須菩提よ、如来は我ありというは、則ち我あるに非ずと説けり。しかも毛道凡夫生の者は以て我ありとなすというは、この義はいかん。偈に、不取の取なり、まさに知るべし、という故なり。これは何の義を以てなりや。彼は実義ならざるを以て、この故に彼は不取なり。不取なるを以てとは、即ちこれ毛道凡夫なり。取してしかも即ちこれ不取なるが故に、不取の取なりという故なり。また須菩提よ、毛道凡夫生とは、如来は説いて非生と名づくとは、聖人を生ぜざるが故に、非生というなり（流支訳『金剛般若波羅蜜経論』巻下、大正蔵経二五・七九四ページ中―下）。

上の菩提は高下なきより生ずるは、高なければ、則ち諸佛も高ならず、佛も能度にあらず。もし下あることなくんば、衆生も下に非ず。下ならざれども衆生を度す。しかも佛はこれ能度なる故、佛を高とす。衆生はこれ所度なる故、衆生を下となす。まさに高下なかるべからざるなり。

また上の他のために四句を説くより生ずるとは、時会すでに聞いて、他のために四句の功徳無辺を説き、便ち衆生の度（為）すべきものありと謂《おも》う。故に今これを破するなり。

前文は疑念を止め、次に何を以ての故に疑念を止むかの所以を釈し、実には衆生の度すべきものなく、汝まさに佛の衆生を度するを念ずべからざるを明かす。

「もし衆生として、如来の度せる者ありとせば」は、これはこれ反釈なり。もし衆生の度すべきものあるを見んか、佛は則ち我を取するの過ありとす。衆生は衆生を見るを以て、衆生は衆生と名づく。自ら度すること能わず、何ぞよく衆生を度せんやと。佛もまた衆生を見るを以て、佛もまた衆生と名づく。自ら度すること能わず、何ぞよく衆生を度せんやと。佛もし衆生を見て、佛よく衆生を度するとせば、衆生もまた衆生を見て、衆生は能度の佛に応ずと。かくの如き大過あるが故に、佛はまさに衆生ありと見るべからざるなり。

「如来は我ありというは、則ち、我あるに非ずと説けり」はまた疑を釈す。疑っていわく、もし衆生の度すべきものなくば、佛口の中、何が故に自ら我と称するや。われもと菩提道を行ぜし時などというが如し。故に我ありと知ると。答えていわく、如来は俗に随って我ありと説くのみ、実には我の説くべきものあることなし、しかも凡夫の人は謂えらく、我ありと。さらに疑うらく、もし我なければ、何故世間は皆、われ来たり、われ去り、われ生まれ、われ死すなどというやと。即ち釈していわく、これはこれ、凡夫の人、我なき中に於て横《よこしま》に我ありと計するのみと。故に「凡夫は以て我ありとなす」というなり。

「凡夫とは、如来は、凡夫に非ずと説けり」とは、『論経』に具足していう。須菩提よ、凡夫生とは、如来は非生と説く、これを毛道凡夫生と名づくと。この語のきたる所以は、上にすでに、凡夫の人は以て我ありとなすという。故に今凡夫の義を釈するなり。凡夫生という所以は、如来は非生と説く。聖観を生ぜざるを以ての故に非生と名づけ、凡夫の顚倒心を生ずるが故に、これを凡夫生と名づくるなり。

問う。『論経』に何が故に毛道凡夫というや。答う。愚癡にて一毛端の聖法だに解せざるが故なり。数人別に凡夫法と凡夫性あり。凡夫性とは、これ非色非心の不相応行無記法なり。凡夫法とは、通五陰、通三性なりと。論の義を成ぜば、凡夫の性と法とを別つことなし。ただ無漏の聖法なきが故に凡夫法と名づくるのみ。

## 第二二断疑

### 第二六　法身非相分

須菩提、於レ意云何。可下以二三十二相一觀中如來上不。

須菩提言、如レ是、如レ是。以二三十二相一觀二如來一。

佛言。須菩提、若以二三十二相一觀二如來一者、轉輪聖王則是如來。

須菩提白レ佛言。世尊、如三我解二佛所レ説義一、不レ應下以二三十二相一觀中如來上。

爾時世尊、而説レ偈言。

若以レ色見レ我　以二音聲一求レ我
是人行二邪道一　不レ能レ見二如來一

須菩提よ、意に於ていかん。三十二相を以て、如来を観《み》るべきや、いなや。

須菩提言う。かくの如し、かくの如し。三十二相を以て、如来を観たてまつらん。

佛、言いたもう。須菩提よ、もし、三十二相を以て、如来を観るといわば、転輪聖王《てんりんじょうおう》も、則ち、これ如来ならん。

須菩提、佛に白して言う。世尊よ、われ、佛の説きたもう所の義を解するが如くんば、まさに、三十二相を以て、如来を観たてまつるべからず。

その時、世尊は偈を説いて言いたもう。

もし色を以てわれを見、
音声《おんじょう》を以てわれを求むるときは、
この人は邪道を行ずるもの、
如来を見ること能わざるなり。

〈三十二相〉は、流支本によれば、――「相成就を以て如来を見ることを得べきや、いなや。須菩提いわく、われの、如来所説の義を解するが如くば、相成就を以て如来を見ることを得ず。佛いわく、かくの如し、かくの如し。須菩提よ、相成就を以て如来を見ることを得ず。佛いわく、須菩提よ、もし相成就を以て如来を観ずれば、転輪聖王もまさにこれ如来なるべし。この故に相成就を以て如来を見るを得ず」となって、三十二相の語はない。しかし文意に違いはない。三十二相は、『大智度論』巻第二九には、三十二相について、次のようにいう。――摩訶衍の中の三十二相の業因縁とは、問うていわく、十方の諸佛及び三世の諸法は皆無相の相なり。今、何を以ての故に三十二相を説くや。一相すらなお不実なり、いかに況んや三十二をや。答えていわく、佛法に二諦あり、一には世諦、二には第一義諦なり。世諦の故に三十二相を説き、第一義諦の故に無相を説く。二種の道あり、一には衆生をして福を修せしむるの道、二には慧道なり。福道の故に三十二相を説き、慧道の故に無相を説く。生身のための故に三十二相を説き、法身のための故に無相を説く。……二種の因縁あり。一には福徳の因縁、二には智慧の因縁なり。福徳の因縁を以て、衆生を引導せんと欲するが故に、三十二相の身を用い、智慧の因縁を以て、衆生を引導せんと欲するが故に、法身を用う。二種の衆生あり。一には諸法の仮名を知り、二には名字に著す。名字に著する衆生のための故に、無相を説き、諸法の仮名を知る衆生のための故に、三十二相を説く（大正蔵経二五・二七四ぺージ上)。なお転輪聖王と佛の三十二相の相違は13・dの註を参照。《若以色見我》以下の詩は、『長老偈』のラクンタカの偈(四六九)と同じ。ye mām rūpena pāmiṃsu　ye ca ghosena anvagū　chanda-rāga-vasūpetā na maṃ jananti te janā. (Thera-gāthā, 469.) また、AN. part 2, 65, p.71. に上と同文のものがある。また梵文としては Prasannapadā publiée par Louis de al Vallée Poussin の四四八ページに同文のものがある。漢訳文としては、同文の詩が『離垢施女経』(大正蔵経一二・九二ページ下)に、また『阿闍貰王女阿術達菩薩経』(大正蔵経一二・八六ページ下)及び『得無垢女経』(大正蔵経一二・一〇一ページ下)に見ることができる。なお拙著『原始般若経の研究』六五九ページ参照。この第二偈は羅什本にも中亜梵本にもない。がしかし、『阿闍貰王女阿術達菩薩経』(大正蔵経一二・八六ページ下)には――「われを色もて見るもの、われを声もて聞くもの、(この)愚癡なるもの、この人は見ず。法を以て佛を見る(べし)、佛とは法身(なればなり)、法は暁り難し、ここを以て見ることなし」とあって、原文と対応せられる。

## 26・a

須菩提よ、どう思うか。如来は諸相を具足しているものとして見らるべきであろうか。

須菩提は答えた。師よ、そうではありません。わたしが師の所説の意味を理解している所によると、如来は諸相を具足しているものとして見てはならないのです。

師はいうた。実に、そのとおりだ。須菩提よ、いうとおりだ。如来は諸相の具足によって見らるべきではない。なぜなら、須菩提よ、如来が諸相の具足によって見られるとすると、転輪聖王もまた如来であるということになるであろう。だから、如来は諸相の具足によって見らるべきではない。

須菩提長老は、師に対して次のようにいった。師よ、わたしが師の所説の意義を理解している所によると、如来は諸相具足を以て見らるべきではないのです。
この時、師は、次のような詩を説かれた。

誰でも、わたしを色によって見、
声によってわたしを求める者は、
間違った努力に耽る者であって、
これらの人々はわたしを見得ないであろう。

tat kiṃ manyase Subhūte, lakṣaṇa-saṃpadā Tathāgato draṣṭavyaḥ.

Subhūtir āha : no hīdaṃ Bhagavan, yathā-ahaṃ Bhagavato bhāṣitasya-artham ājānāmi na lakṣaṇa-saṃpadā Tathāgato draṣṭavyaḥ.

Bhagavān āha : sādhu sādhu Subhūte, evam etat Subhūte evam etad, yathā vadasi : na lakṣaṇa-saṃpadā Tathāgato draṣṭavyaḥ. tat kasya hetoḥ, sacet punaḥ Subhūte lakṣaṇa-saṃpadā Tathāgato draṣṭavyo 'bhaviṣyad, rājā-api cakravartī Tathāgato 'bhaviṣyat, tasmān na lakṣaṇa-saṃpadā Tathāgato draṣṭavyaḥ.

āyuṣmān Subhūtir Bhagavatam etad avocat : yathā-ahaṃ Bhagavato bhāṣitasya-artham ājānāmi, na lakṣaṇa-saṃpadā draṣṭavyaḥ.

atha khalu Bhagavāṃs tasyāṃ velāyām ime gāthe abhāṣata :

ye māṃ rūpeṇa ca-adrākṣur
ye māṃ ghoṣeṇa ca-anvaguḥ

mithyā-prahāṇa-prasṛtā
na māṃ drakṣyanti te janāḥ

26・b

佛は法によって見らるべきである。
なぜなら、もろもろの導師は、法を身とする者であるから、
そして、法性は識らるべきものではない、
識ろうとしても識るを得ないものである。

dharmato Buddho draṣṭavyo
dharmakāyā hi nāyakāḥ
dharmatā ca na vijñeyā
na sā śakyā vijānitum

この段は法身非相分であり、また第二二「断以相比知真佛疑」である。すなわち、第一七断疑中の如来は色身の具足を以て見るべからずというのに対する疑難を断ぜんとするものである。嘉祥大師はそのよってきたる所を次のようにいう。

「三十二相を以て如来を観るべきや、いなや」の下は、これ第十一章の経なり。上すでに三章のきたるに各々その義あり。今またきたるは、上の第三章中に、如来と法身との有相無相一異などの見を破すると雖も、ただ耳眼の徒の多くは、三十二相はこれ佛なりという。即ちさらにまた疑を生じ、三十

二相業などを修するを以ての故に三十二相身を得。三十二相身あるは、即ち法身あり、故に法身を知れば、まさに相好あるべしと。この疑を破せんがための故にこの章のきたるあり。

また初周に両過もて相好を明かし、後周もまた両過もて相好を明かす。二会の信もまた失うべからず。また近くは前章に接して、総じて正法平等にして高下あることなきを明かし、次章には衆生の度すべきものなきを明かし、下なき義を釈せり。今は三十二相は佛に非ざることを了し、高もなき義を釈す。この一章の経にはおよそ五句あり。一には佛、疑いの情《こころ》を牒して問い、二には須菩提、迷いに同じて答え、三には佛、輪王を挙げて並び破し、四には須菩提悟解し、五には偈を説いてこれを呵す。

問う。観佛三昧経（『観佛三昧海経』巻第三、大正蔵経一五・六五六ページ中―下）にいう。もし佛の色声を観ぜば皆重罪を滅せんと。今いかんが色を見、声を聞いて邪道を行ずるや。答う。もし般若方便の用を得ば、色を見、声を聞くもまたこれ佛、色声に非ざるもまたこれ佛、乃至非非色声もまたこれ佛なり。もし般若方便の用を得ざれば、五句皆佛に非ずと。故に般若を讃（観）ずる偈にいわく、もし人、般若を見ば則ち解脱を得、もし般若を見ざれば、これもまた解脱を得。もし人、般若を見れば、これ則ち繋縛せられ、もし般若を見ざれば、また繋縛せらると（『大智度論』巻第一八、大正蔵経二五・一九〇ページ下）。なお註に記したように、26・bは羅什本にはない。

## 第二三断疑

## 第二七　無断無滅分

須菩提、汝若作二是念一。如來不下以レ具二足相一故、得中阿耨多羅三藐三菩提上。須菩提、莫レ作二是念一。如來不下以レ具二足相一故、得中阿耨多羅三藐三菩提上。

須菩提、若作二是念一。發二阿耨多羅三藐三菩提心一者、說二諸法斷滅相一。莫レ作二是念一。何以故。發二阿耨多羅三藐三菩提心一者、於レ法不レ說二斷滅相一。


須菩提よ、汝、もしは、この念いを作さん。「如来は相を具足するを以ての故に、阿耨多羅三藐三菩提を得るにあらず」と。須菩提よ、この念いを作すことなかれ、「如来は相を具足するを以ての故に、阿耨多羅三藐三菩提を得るにあらず」と。

須菩提よ、もしは、この念いを作さん、「阿耨多羅三藐三菩提の心を発せる者には、諸法断滅の相あり、と説かれたり」と。この念いを作すことなかれ。何を以ての故に。阿耨多羅三藐三菩提の心を発せる者には、法に於て断滅の相あり、と説かれざればなり。

### 27

須菩提よ、どう思うか。如来は諸相の具足によって無上正等覚を現に覚ったのであるか。須菩提よ、しかしあなたはそのように見てはならない。なぜかというと、須菩提よ、如来は諸相の具足によって無上正等覚を現に覚ったのではないから。また実に、須菩提よ、菩薩乗に発趣した者には、何らかの法の破あるいは断が知られると、このようにいうかも知れない。けれども、須菩提よ、このように見てはいけない。なぜかというと、菩薩乗に発趣した者には、何らの法の破あるいは滅も知られることはないからである。

tat kiṃ manyase Subhūte, lakṣaṇa-saṃpadā Tathāgatena-anuttarā samyaksaṃbodhir abhisaṃbuddhā. na khalu punas te Subhūte evaṃ draṣṭavyaṃ. tat kasya hetoḥ, na hi Subhūte lakṣaṇa-saṃpadā Tathāgatena-anuttarā samyaksaṃbuddhā, syāt khalu punas te Subhūte kaścid evaṃ vadet : bodhisattvayāna-saṃprasthitaiḥ kasyacid dharmasya vināśaḥ prajñapta ucchedo veti. na khalu punas te Subhūte evaṃ draṣṭavyaṃ. tat kasya hetoḥ, na bodhisattvayāna-saṃprasthitaiḥ kasyacid dharmasya vināśaḥ prajñapto nocchedaḥ.

## 第二八　不受不貪分

須菩提、若菩薩以下満二恒河沙等世界一七寶上持用布施。若復有レ人知二一切法無我一得レ成二於忍一。此菩薩、勝二前菩薩所レ得功徳一。須菩提、以三諸菩薩不二レ受福徳一故。
須菩提白レ佛言。世尊、云何菩薩不レ受二福徳一。
須菩提、菩薩所レ作福徳不レ應二貪著一。是故説レ不レ受二福徳一。

須菩提よ、もし、菩薩にして、恒河の沙に等しき世界を満たすに七宝を以て、持用《もち》いて布施したりとせん。もしまた、人有りて、一切の法は無我なりと知りて、忍を成ずることを得たりとせん に、この菩薩は、前の菩薩の得る所の功徳に勝れたり。須菩提よ、もろもろの菩薩は、福徳を受けざるを以ての故なり。

須菩提、佛に白して言う。世尊よ、いかんが菩薩、福徳を受けざるや。
須菩提よ、菩薩は、作す所の福徳に、まさに貪著《とんじゃく》すべからず。この故に、福徳を受けずと説く。

《忍》kṣānti この忍について、『大智度論』には、次のようにいう。——また次に、忍を行ずる人は、前に罵辱するものを視て、父母の嬰孩《ようがい》を視るが如く、その瞋《いか》り罵《ののし》るを見て、益々慈念を加え、これを愛することいよいよ深し。またまた自ら念ずらく、「かの人悪をわれに加う、この業因縁は前世に自ら造れり。今まさにこれを受くべし。もし瞋りを以て報いばさらに造って後も苦なり、いずれの時か解け已らん。もしこれを忍ばば、永く苦を離るることを得ん。この故に瞋りを起こすべからず」と。かくの如き種々の因縁もて瞋恚を呵し、慈悲を生じて衆生忍の中に入る。衆生忍の中に入り已って、この念いをなす、「十方の諸佛の説く所の法は、皆我あることなく、また我所もなし。ただ諸法和合して仮に衆生と名づく。機関木人の動くが如くよく動作すと雖も、内に主あることなし。身もまたかくの如く、ただ皮骨相持して、心風転ずるに随って念々生滅し、無常空寂にして作者あることなく、罵者なくまた受者なし。本末畢竟空なればなり。ただ顛倒虚誑の故に、凡夫の心著するのみ」と。かくの如く思惟し已れば、則ち衆生なし。衆生なければ、すでに法の属する所なし。ただ因縁の和合のみにして、自性あることなし。衆生の如きは和合を強いて衆生と名づく。法もまた然り。かくの如くにして法忍を得。この衆生忍と法忍とを得るが故に、よく阿耨多羅三藐三菩提を得、という（大正蔵経二五・二八一ページ上―中）。

## 28

また、須菩提よ、実に善男子あるいは善女人が恒河の沙の数に等しい世界を七宝で満たして、それを如来・応供・正等覚者に布施したとしよう。他方菩薩があって、無我無生の法に於て忍を得たとすれば、この方がその因縁によって、一層多くの無量無数の福聚を生ずるであろう。しかし、また実に、須菩提よ、菩薩摩訶薩は福聚を摂取してはならない。

須菩提長老は尋ねた。師よ、菩薩は福聚を摂取すべきではないのでしょうか。
師は答えた。須菩提よ、摂取しなければならないとは、執取してはならないから、摂取してはならないといわれるのである。

yaś ca khalu punaḥ Subhūte kulaputro vā kuladuhitā vā Gaṅgānadī-vālukā-samāṃl lokadhātūn saptaratna-paripūrṇān kṛtvā Tathāgatebhyo 'rhadbhyaḥ samyaksaṃbuddhebhyo dānaṃ dadyāt, yaś ca bodhisattvo nirātmakeṣv anutpattikeṣu dharmeṣu kṣāntim pratilabhate, ayaṃ eva tato-nidānaṃ bahutaraṃ puṇyaskandhaṃ prasaved aprameyam asaṃkhyeyaṃ. na khalu punaḥ Subhūte bodhisattvena mahāsattvena puṇyaskandhaḥ parigrahītavyaḥ.

āyuṣmān Subhūtir āha : parigrahītavyaḥ Subhūte nodgrahītavyaḥ, tenocyate parigrahītavya iti.

この経段（27—28）は第二三「断佛果非関福相疑」といわれるもので、前段の相を以て佛を観るべからずというよりきた疑難である。すなわち、佛果は無為無相であるならば、福徳の因を修するとも、相の果は佛果ではない。佛果は相具足によっては得られないからである。故に佛果は福相に関らないという疑を断ぜんとするのである。吉蔵の『疏』にいう。「汝、もしはこの念いを作さん」の下の第十二章の経のきたるは、『論』の生起にいわく、もし色の相好を以て法身を見るにあらずといわば、則ち相好業を修するも菩提を得ず。もし然れば、まさに福徳の因、福徳の果なからんと。この疑を破せんがための故に明かす。汝、福の因及び福の果なしということなかれ。佛に二種の荘厳あり。福の因は相好の果を得。これはこれ福の荘厳なり。智慧の因を修して智慧の果を得。これは慧の荘厳なり。

如来は福慧の二荘厳を具有す。何が故に相好の果なからんや。「汝、もしはこの念いを作さん、菩提心を発せる者には諸法断滅ありと説かれたり」と。また疑うらく、菩薩は無生忍、出世間の智慧を得、その時、肉身を捨てて法身を受くれば、則ちまさにまた福徳の因、福徳の果なかるべしと。この疑を破せんがための故に明かさく、菩薩は無生忍を得、妙智慧、妙福徳を得。あに福徳の因果を失して、断滅の中に堕せんやと。問う。この中に菩提心を発すという。何故釈して無生忍を得というや。答う。初めに無生忍を得るもまた初発心と名づくるなり。またこの中に、初発心より断滅観を習せず、また常観を起こさざるを明かす。後心皆然り。故に初と後とは不二なり。発心は畢竟じて二不別なりというが如し。前に佛果の有相に非ず無相に非ざるを明かす。今は因の断に非ず常に非ざるを明かす。因果は皆これ正観は皆断常を離るというべし。問う。もし然らば、因と果と何の異ありや。答う。晦を明かすに同じからざるが故に因と果とを開くのみと。

「恒河の沙に（等しき）世界を満たすに七宝を以て布施したりとせん」は、問う、上にすでに恒沙の格（量）竟れり、何が故に重ねて説くや。答う。前周は三千より恒沙に至る。後周もまた然り。両会の義失せざるなり。また来意に異なりあり。前は持経の四句を格量せんがためにして、今は菩薩の無我の忍を格量せんがためなり。これはこれ人も法も無我なるが故に無我の忍と名づくるなり。

「福徳を受けず」とは、有所得の福徳を受けざる故、この菩薩は前の菩薩に勝る。前の菩薩は有(所)得の福徳を受くるが故に後の菩薩に及ばざるなり。

次の問答は不受の義を料簡す。問う。菩薩はすでに福徳を作す。いかんが貪著せざるや。答う。菩薩は無受の心を以て作すが故に、貪心を生ぜず。多く福徳を作すに非ず、しかもまた貪せざるなり。

右の吉蔵の『疏』では指摘されていないが、26・aの経文は、羅什本と流支、笈多、真諦、玄奘、義浄などの諸本とは異なるものが認められる。すなわち流支本を例にとるなら、――「相の成就を以て如来を見るべきや、いなや。須菩提いう。われの如来所説の義を解するが如くんば、相の成就を以て如来を見るを得ず。佛いいたもう。かくの如し、かくの如し。須菩提よ、相の成就を以て如来を見るを得ず。佛いいたもう。須菩提よ、もし相の成就を以て如来を観ずるというならば、転輪聖王もまさにこれ如来ならん。この故に相の成就を以て如来を見るを得るに非ず」といっているのに対して、羅什本は「三十二相を以て如来を観ずべきや、いなや。須菩提いう。かくの如し、かくの如し。三十二相を以て如来を観ぜん。佛いいたもう、須菩提よ、もし三十二相を以て如来を観ずというならば、転輪聖王も、則ちこれ如来ならん。須菩提、佛に白していう、世尊よ、われの佛の所説の義を解するが如くんば、まさに三十二相を以て如来を観ずべからず」となっている。したがって吉蔵は羅什本によって、佛は疑いの情《こころ》を牒して問い、須菩提もまた迷いに同じて答えると見たのであろう。しかし流支本などによらば、初めから相成就すなわち三十二相を以て如来を観ずべきではないと決定的な解答がうかがえるのである。

しかし、それでもなお疑いが残るのである。それを流支訳の『経論』によってみよう。それによって吉蔵の理解の根拠を知ることもできよう。

また疑あり。相の成就を以て如来を見ることを得べからず、彼の体に非ざるを以て、如来は法身を以て体となすと雖も、如来の法身には相の成就を見るを以て、比知して則ち如来の法身は福徳成就たるを知る。自下の経文はこの疑を断ぜんとす。いかんが疑を断ずるや。偈にいわく、この色身の相にて如来を比知すべきに非ず。
諸佛はただ法身のみなればなり。転輪王は佛なるに非ず。
na cavia rūpakāyena so 'numeyas tathāgataḥ,
dharmakāyo yataś cakravartī mābhūt tathāgataḥ.
この義はいかん。人あり、福徳のよく成ぜるはこれ相の果報にして、この相を成ずるを以ての故に、則ち福徳の力にて大菩提を得と知るといわば、もしかくの如くならば、如来は則ち相の成就を以て阿耨多羅三藐三菩提を得るなり。これを遮せんがための故に、経に、もし相の成就を以て如来を観ずれば、転輪聖王はまさにこれ如来なるべし。この故に、相の成就を以て如来を見ることを得るに非ず、というが如くなるが故なり。この義はいかん。偈にいわく、
相好の果報は福徳によりて成就するも、
しかも、真の法身を得るには非ず、方便は異相なるが故なり。
na ca lakṣaṇavaipākyapu[ṇy] (bsod nams phun sum tshogs pa las),
[dharmakāya]sya lābho hi upāyo yad vilakṣaṇaḥ.
これは何の義を明かすや。法身とはこれ智相身にして、福徳とは、これ異相身なるが故なり。
経にいわく、(26の偈)
論じていわく、この二偈は何の義を説くや。偈にいわく、
ただ色を見、声を聞くのみにては、この人は佛を知らず、
真如法身はこれ識の境に非ざるを以ての故なり。

rūpānuśravamātreṇa na buddhajñaḥ pṛthagjanaḥ,
tathatādharmakāyo hi yato 'vijñānagocaraḥ.

これは何の義を示すや。如来の法身はまさにかくの如くに見聞すべからず。まさに見聞すべからずとは、まさにかくの如くに色を見、声を聞くべからざればなり。何らの人を以てして見ること能わざるや。いわく、凡夫は見ること能わざるが故なり。偈に、ただ色を見、声を聞くのみにては、この人は佛を知らず、というが故なり。経に、この人は邪道を行ず、如来を見ること能わず、というが如くなるが故なり。この人とは、これ凡夫にして真如法身を見ること能わざるなり。経に、かの如来の妙体は即ち法身諸佛なり、法体は見るべからず、かの識は知ること能わずというが如くなるが故なり。

経にいわく、（第二七、無断無滅分）

論じていわく、人あり、かくの如き心を起こさん、もし福徳によって大菩提を得ずんば、かくの如き諸菩薩・摩訶薩は則ち福徳を失し、及び果報を失せんと。自下の経文はこの疑を断ぜんとす。いかんが疑を断ずるや。偈にいわく、

功徳の因と及びかの勝果報とを失せず。
勝忍を得たるをも失せず、無垢の果を得たるを以てなり。

na ca puṇyas (chud zar ḥgyur ba med, de yi ḥbras buṅ ḥchad mi ḥgyur)
kṣāntilābhe 'pi nocchedo nirmalasyāsya lābhataḥ.

勝れたる福徳相を示して、この故に譬喩を説く。
この福徳は報なければ、かくの如く受くるも不取なり。

punaḥ puṇyanimittaṃ hi tasmād dṛṣṭāntadeśanā,
tat puṇyasyā 'vipākatvān nodgrahaḥ saparigrahaḥ.

この義はいかん。福徳によって真の菩提を得と雖も、しかも福徳と及びかの果報とを失せず。何を以ての故に、よく智慧荘厳と功徳荘厳とを成就するを以ての故なり。何故にかの福徳によって重ねて譬喩を説くや。偈に、勝忍を得たるをも失せず、無垢の果を得たるを以てなり、という故なり。

この義はいかん。人あり、かくの如き心を起こさん。諸菩薩・摩訶薩は無生法忍を得れば、出世間智を得るを以て、かの福徳と及び果報とを失うと。これを遮せんがための故に、福徳を失せずしてさらに清浄殊勝の功徳を得ることを示現す、この故に失せざるなり。経に、何を以ての故に、菩薩にして阿耨多羅三藐三菩提心を発せば、法に於て断滅の相を説かず、というが如くなるが故なり。もしまた菩薩ありて、一切法の無我なることを知らば、無生法忍を得とは、二種の無我あるも、二種の無我の相を生ぜず、この故に受くるも取せざるなり。経に、佛のいわく、須菩提よ、菩薩は福徳を受くるも、福徳を取せず、この故に菩薩は福徳を取す、というが如くなるが故なり。

いかんが菩薩は福徳を受くるも福徳を取せざるや。偈に、この福徳は報なければ、かくの如く受くるも不取なり、という故なり。この義はいかん。取すとは、かの福徳は有漏の果報を得るなり。有漏の果報なるを以ての故に、かの福徳は呵すべし。かくの如く取せば、これを名づけて取となす。非道を取するが如くなるが故なり。この福徳は報なし。報なしとは、かの有漏の報なきなり。この故にこの福徳は受くるも、しかも取せざるなり（大正蔵経二五・七九五ページ上―中）。

# 第二四断疑

## 第二九　威儀寂静分

須菩提、若有レ人言ニ如來若來、若去、若坐、若臥一、是人不レ解ニ我所レ説義一。何以故。如來者無レ所ニ従來一亦無レ所レ去故、名ニ如來一。

須菩提よ、もし、人有りて、「如来は、もしは来たり、もしは去り、もしは坐し、もしは臥す」と言わば、この人は、わが説く所の義を解せざるなり。何を以ての故に。如来は、従来する所も無く、また、去る所も無きが故に、如来と名づくればなり。

29

また実に、須菩提よ、誰かがもし、如来は去り、あるいは来たり、あるいは住し、あるいは坐し、あるいは臥す、とこのようにいうならば、その人は、須菩提よ、わたしの所説の意味を理解しない。なぜかというと、須菩提よ、如来といわれるものは、どこへも去らないし、どこからも来た者ではない。だから如来・応供・正等覚といわれるのである。

api tu khalu punaḥ Subhūte yaḥ kaścid evaṃ vadet : Tathāgato gacchati vā-āgacchati vā tiṣṭhati vā niṣīdati vā śayyaṃ vā kalpayati, na me saḥ Subhūte bhāṣitasya-artham ājānāti.

tat kasya hetoḥ, Tathāgata iti Subhūte ucyate na kvacid-gato na kutaścid āgataḥ, tenocyate Tathāgato 'rhan samyaksaṃbuddha iti.

この段は第二四「断化身出現受福疑」といわれるもの、すなわち、もし菩薩が福徳を受けないなら、どうして菩薩の福徳を衆生が受用するやの疑が生ずる。今、この疑を解かんとするもので、嘉祥大師は次のようにいう。

「もしは人ありて、如来はもしは来たり、もしは去り、といわば」の下の第十三章の来たるは、『論』の生起にいわく、——論じていわく、もし菩薩にしてかの果報を受けずんば、いかんが諸菩薩の福徳を衆生が受用せん。偈にいわく、

この福徳の応報はもろもろの衆生を化せんがためなり。
自然にかくの如き業を、諸佛は十方に現ず。

tan nirmāṇaphalaṃ teṣā[ṃ puṇya] (de dag gi ni bsod nams, sems can gdul),
anābhogena yat karma buddhāḥ kurvanti dikṣu ca.

この義はいかん。諸佛の化身には用あるも、かの法身の諸佛は不去、不来なることを明かす。偈に、自然にかくの如き業を諸佛は十方に現ず、というが故なり。これはまた何の義か。偈にいわく、

去来するは化身佛にして、如来は常に不動なり。
この法界に於ての処は一にも非ず、異にも非ず。

gatyādayas tu nirmāṇair buddhās tv avicalāḥ sadā,
dharmadhātau ca tatsthānaṃ naikatvānyatvato matam.

これは不去不来の義を明かすが故なり。経に、何を以ての故に、如来は至去する所なく、従来する所もなし、というが如くなるが故なり。

この義はいかん。もし如来にして去来の差別あらば、即ち常にかくの如くに住すというを得ず。常にかくの如くに住せば、不変不異なるが故なり（流支訳『金剛般若波羅蜜経論』大正蔵経二五・七九五ページ下）。

——菩薩はすでに福徳を受けざれば、則ち世間の人王・天王をも受けず。いかんが六道を往来して衆生を利益せんや。故に今釈していわく、菩薩は世間の果を受けずと雖も、しかも化身して六道を往来し、人王・天王となって衆生を利益す。法身は常住なれば、則ち去来あることなし。化身の去来して物（衆生）を利するを見て、便ち法身もまた去来ありということなかれ。法身の去来なきを見て、生身もまた去来なしということなかれと。この中には正しく化身に去来あるを明かし、法身にも去来あるの疑を破す。故にいう、もし如来の法身に去来ありといわば、法身の義を解せざるなりと。

問う。もし化身に来去あり、法身に来去なければ、還《また》これ従来の義のみと。答う。これはこれ不二の二の義なり。故に二身を開く。無去来の去来はこれ化身にして、去来の無去来はこれ法身なればなり。皆これ物（衆生）のためにこの名字を作すのみ。至論すれば、正しく般若は未だかつて二不二、去来不去来にあらざるなり。

## 第二五断疑

## 第三〇　一合相理分

須菩提、若善男子善女人、以二三千大千世界一碎爲二微塵一。於レ意云何。是微塵衆寧爲レ多不。

甚多、世尊。何以故。若是微塵衆實有者、佛則不レ說二是微塵衆一。所以者何。佛說二微塵衆則非二微塵衆一。是名二微塵衆一。

須菩提よ、もし、善男子善女人ありて、三千大千世界を以て、砕いて微塵となさんに、意に於ていかん。この微塵衆は寧ろ多しとなすや、いなや。

甚だ多し。世尊よ、何を以ての故に。もし、この微塵衆、実に有るならば、佛は、則ち、これを微塵衆とは説きたまわず。所以のものは何ぞ。佛は、微塵衆は、則ち、微塵衆に非ずと説かれたればなり。これを微塵衆と名づくるなり。

30・a

また実に、須菩提よ、善男子もしくは善女人が、三千大千世界の中にある地塵の数だけの世界を、無数の精進によって、原子の集合のような粉にした場合に、須菩提よ、どう思うか、その原子の集合は多いであろうか。

須菩提は答えた。師よ、そのとおりです。善逝よ、そのとおりです。その原子の集合は多いです。なぜかというと、師よ、もし原子の集合が実有であるなら、師は原子の集合とは説かれなかったであろうからです。何となれば、師よ、かの原子の集合なるもの、それは非集合であると如来が説いておられるからです。だから、原子の集合といわれるのです。

yaś ca khalu punaḥ Subhūte kulaputro vā kuladuhitā vā yāvantas trisāhasra-mahāsāhasre lokadhātau pṛthivirajāṃsi tāvatāṃ lokadhātūnām evaṃrūpaṃ maṣiṃ kuryāt yāvadeva-asaṃkhyeyena vīryeṇa tad-yathāpi nāma paramāṇu-saṃcayaḥ, tat kiṃ manyase Subhūte, api nu bahuḥ sa paramāṇu-saṃcayo bhavet.

Subhūtir āha: evam etat Bhagavann, evam etat Sugata, bahuḥ sa paramāṇu-saṃcayo bhavet. tat kasya hetoḥ, saced Bhagavan paramāṇu-saṃcayo 'bhaviṣyat, na Bhagavān avakṣyat paramāṇu-saṃcaya iti. tat kasya hetoḥ, yo 'sau Bhagavan paramāṇu-saṃcayas Tathāgatena bhāṣitaḥ, asaṃcayaḥ sa Tathāgatena bhāṣitaḥ, tenocyate paramāṇu-saṃcaya iti.

この段（30—31）は、第二五「断法身化身一異疑」といわれる経段で、先の第二二、二三断疑を受けて、第二四断疑中に、法身は去来坐臥なしという。したがって真と化とは異なるか、この疑を解かんとする一節であり、嘉祥大師は次のようにいう。

「須菩提よ、三千世界を以て砕いて微塵とせんに」の下の第十四章の経は、前にすでに微塵を明かせり。今また明かす。何の異ありや。釈に同あり、異あり。同あるは同じく取って譬喩をなす。異なるものの来意は各別なり。前に挙げて、微塵を有所得の布施に譬うるあり、格量優劣の義を成ずるが故にきたる。有得の布施は、これはこれ塵染の因にして、還《また》塵染の果を得るが故に、持経の四句に及ばざるを明かす。今は微塵の喩えを挙げて、十方佛の法身の一異の疑を破す。世界を砕末して塵となすが如く、一処に住すというべからず。それ各々散ずるを以ての故なり。また異処（に住する）にも非ず。すでに聚なし、いかんが散あらんや。十方の佛の法身は一処に住すべからず、異処にも住すべからず。一処に住すべからざるを以て、これ混じて一法身を成ずるに非ず。異処に住すべからざるが故に、各々に法身あるべからず。故に『論』の偈いわく、（前節の偈参照）この法界処に於て一に非ず、また異に非ずというは、これ由来の両解、あるいは十方の佛混じて一法身を成ずといい、あるいは各々に法身の義ありというを破するなり。

問う。何故に微塵の喩えを挙げて、法身一異の疑を破するや。答う。微塵の散滅するが故に、一異処と説くべからざるが如し。かくの如く十方の佛は煩悩を尽すが故に、法身一異処に住すと説くべからず。故に『論』の偈に、——微塵に砕くの譬喩は何の義を示現するや。偈にいわく、

世界を微塵と作す、この喩えはかの義を示す。
微塵に砕いて末となすは、煩悩の尽を示現す。
rajomaṣīkriyā dhātor dṛ[ṣṭāntas tasya dyota] kaḥ,
maṣīkara[ṇa] tā kleśakṣayasyeha nidarśanam.

これは何の義を明かすや。偈に、この法界に於て処して一にも非ず、また異にも非ず、といいしが故に、かの諸佛如来は真如法界の中に於て一処に住するにも非ず、また異処に住するにも非ざるなり。この義を示さんがための故に、世界を砕いて微塵にする喩えを説くなり。この喩えは何の義を示現するや。偈に、微塵に砕いて末となすは、煩悩の尽を示現するなり、という故なり（流支訳『金剛般若波羅蜜経論』巻下、大正蔵経二五・七九六ページ上）。

――微塵に砕いて末となして煩悩を尽すことを示現すといえり。問う。何の因縁の故に、法身一異の疑を破するや。答う。上に化身には来去あり、法身には来去あることなしと明かすが故なり。時会は疑を生じて、十方の佛の法身、同じく来去なしとなすや、はた一法身を成じて同処に住すとなすや、はた各々に法身ありて異処に住すとなすやと。また上来は広く二身一異の見を破して正果を識らしめ、今は微塵世界聚散の見を破して、依果を識らしむ。故に不依不正の畢竟空の義を了悟せしむ。故に、この文のきたることあるなり。

　このうち、前にかの疑を牒し、頓に三千世界の微塵を挙ぐるは、十方の一切の佛の法身同異の義を明かさんと欲するなり。答えて「甚だ多し」というは、十方の諸佛の多きなり。微塵を説くは、微塵を挙げて喩えとなすなり。仮名の微塵無所有故、微塵に非ずというなり。「これを微塵と名づく」とは、還って正しく仮名の義を結ぶなり。

世尊、如來所レ説三千大千世界則非二世界一。是名二世界一。何以故。若世界實有者、則是一合相、如來説二一合相則非二一合相一。是名二一合相一。須菩提、一合相者則是不レ可レ説。但凡夫之人貪二著其事一。

世尊よ、如来の説きたもう所の三千大千世界は、則ち、世界に非ず。これを世界と名づくるなり。何を以ての故に。もし、世界、実に有るならば、則ち、これ、一合相にして、如来は、一合相は、則ち、一合相に非ず、と説かれたればなり。これを一合相と名づくるなり。須菩提よ、一合相は、則ち、これ、説くべからず。ただし、凡夫の人は、その事に貪著するなり。

〈一合相〉 羅什訳の相は想と同じで、執の意味である。この一合相と訳すのは羅什、流支で、真諦は聚一執、直本は摶取、玄奘は一合執、義浄は聚執としている。一性執 ekatva-grāha が一つ一つを別の実有として固執するのに対し、一合執 piṇḍa-grāha はすべてを一全体と見、それを実有として固執することをいう。

## 30・b

また、如来が三千大千世界であると説くものは、非界であると如来は説く、それ故、三千大千世界であるといわれるのです。なぜかというと、師よ、もし世界が実有であるとするなら、一合執があることになりましょう。しかも、如来が一合執と説くものは、実は非執であると如来は説いています。だから一合執といわれるのです。

師はいった。須菩提よ、一合執は不可言、不可説で、それは法でもなく、非法でもない。しかし、かの充分成長していない一般の人々はそれを執するのである。

yaś ca Tathāgatena bhāṣitas trisāhasra-mahāsāhasro lokadhātur iti, a-dhātuḥ sa Tathāgatena bhāṣitaḥ, tenocyate trisāhasra-mahāsāhasro lokadhātur iti.

tat kasya hetoḥ, saced Bhagavan lokadhātur abhaviṣyat, sa eva piṇḍa-grāho 'bhaviṣyat, yaś caiva piṇḍa-grāhas Tathāgatena bhāṣitaḥ, a-grāhaḥ sa Tathāgatena bhāṣitaḥ, tenocyate piṇḍa-grāha iti.

Bhagavān āha: piṇḍa-grāhaś caiva Subhūte 'vyavahāro 'nabhilāpyaḥ, na sa dharmo na-adharmaḥ, sa ca bālapṛthagjanair udgṛhītaḥ.

「世界は一合相」とは、もし微塵と世界とを相対せしめば、微塵は十方の法身の不一に喩え、世界は十方の法身の不異に喩う。ただ論意は微塵を用《も》って、通じて不一異に喩え、世界は偏えに不一に喩うるなり。

問う。前に微塵は通じて不一異に喩う。何が故に世界を挙げて別に不一に喩うるや。答う。人、十方の法身は皆来去大小なきを聞いて、まさにこれ一なるべしと。多には一ありとの疑を以ての故に、偏えに一を破するなり。

「一合相」というは、衆塵を合して世界を成ずるなり。

「一合相は説くべからず」というは、聖人は合に所合なしと了すなり。破合品(『中論』巻第二、観合品第十四、大正蔵経三〇・一九ページ下)にいうが如し、――この法自ら合せず、異法もまた合せず。合法及び合時、合者もまた皆無なり。故に合あることなしと。ただ凡夫は世界ありと見るが故に、貪著の心を超こして世界ありというのみ。

以上の吉蔵の『疏』に対して、明の宗泐・如玘同註の『金剛般若波羅蜜経註解』では、第二五「断法身一異疑」の条で詳しく論じている。すなわち――「須菩提よ、もし善男子善女人ありて、三千大千世界を以て砕いて微塵となさんに、意に於ていかん。この微塵衆は寧ろ多しとするや、いなや。須菩提いわく、甚だ多し、世尊よ」というは、上に応身の去来はこれ異なり、法身の去来はこれ一なることを明かすを以て、佛は善現に一異の見あらんことを恐れるが故に喩えを設けて以てこれを釈するなり。釈のうち、初めに世界の微塵の一異を挙げて疑を断じ、次に言説を挙げて、わが法は見を離るることを示す。初めの釈のうち、文に三科あり。一に界と塵との一異を標して以て無性を顕わす。世界というは法身に喩う。微塵というは応身に喩う。世界は一なり。微塵は異なり。界を砕いて塵と作す時には、塵に異性なし。塵を合して界となせば、界に一性なし。法（身）を全うして応（身）を起こせば、応に異性なし、応を全うするは即ち法なれば、法に一性なきことに喩う。故に『論』の偈には、去来は化身佛なり、法身は常にして動ぜず、この法界処に於ては、一に非ず、また異に非ずといえり。然れば如来の体用は互融す。所以に一よく異にして、一に非ず異に非ず、自在無礙なり。煩悩浄尽するによるが故なり。「何を以ての故に。もしこの微塵衆、実にあらば、佛は則ちこれを微塵衆とは説きたまわず。所以はいかん。佛は微塵衆は則ち微塵衆に非ずと説かれたればなり。これを微塵衆と名づくるなり」と。これは微塵を釈して、応身の異性なきに喩う。もし世界を砕いて微塵となさば、微塵を全うするは、即ちこれ世界なるを以て、世界と塵とは皆実性なし。故に「即非微塵是名微塵」という。この喩えの意を得る時は則ち応身はこれ法を全うするの応なり。何の異性かこれあらんや。

「世尊よ、如来の説きたもう所の三千大千世界は、則ち世界に非ず、これを世界と名づくるなり。何を以ての故に、もし世界、実にあるあらば、則ちこれ一合相にして、如来は、一合相は則ち一合相に非ずと説かれたればなり、これを一合相と名づくるなり。須菩提よ、一合相は則ちこれ説くべからず。ただ凡夫の人はその事に貪著するなり」とは、これは世界を釈して、法身の一性なきに喩う。前には世界はこれ一なるを以て、法身のこれ一なるに喩えたり。世界もし定んでこれ一ならば、世尊は、何が故に三千大千世界はこれ則ち世界の実性の了として不可得なるを説きたまいしや。故に「則非世界是名世界」という。一合相というは、乃ち衆塵和合して一世界となるなり。非一合相というは、性執の一合に非ず、乃ち性を離るるの一合なるが故に、これを一合相と名づくという。この一合相は不可思議なり。しかも凡夫は了せず、自ら著を生ずるのみ。良《まこと》に以て応に即するはこれ法なり。法は得がたし、何ぞ一性これあらんや（大正蔵経三三・二三七ページ中―下）。

また『金剛経五家解』には次の如くいう。――六祖――佛は三千大世界を説いて、以て一々の衆生性の上の妄念の微塵の数に喩う。三千大千世界の中のあらゆる微塵の如くなる一切衆生性の妄念の微塵は、即ち微塵に非ず。経を聞いて道を悟れば、覚慧常に照らして、菩提に趣向して念々に住せず、常に清浄にあり。かくの如くなる清浄の微塵を、これを微塵衆と名づく。三千は理に約していう時は、即ち貪瞋癡の妄念に各一千数を具するなり。心は善悪の本なり、よく凡となり聖となる。その動静は測度すべからず。広大無辺なるが故に大千世界と名づく。心中の明了なること悲智の二法に過ぐるはなし。この二法によって菩提を得。一合相と説くは、心に所得あるが故に、即ち一合相に非ず、心に所得なければ、これを一合相と名づく。一合相とは、仮名を壊せずして実相を談ずるなり。悲智の二法によって佛果菩提を成就す。説いて尽すべからず、妙にしていうべからず。凡夫の人は、文字事業に貪著して悲智の二法を行ぜず。もし悲智の二法を行ぜずして、無上菩提を求めば、何によってか得べけんや（『金剛般若波羅蜜経五家解』朝鮮・宝蓮閣利本四一五ページ―四二二ページ）。

以上吉蔵の『疏』と『註解』と及び『五家解』とをそれぞれ挙げた。対照に便なるため、次に流支訳『金剛般若波羅蜜経論』を挙げることにする。すなわち、

これは聚集に非ざる微塵衆に喩え、非一の喩えを示現す。この義はいかん。偈にいわく、

聚と集とに非ざるが故に、ただこれ一のみに非ざるの喩えなり。

聚集処が彼に非ざるは、これ差別に非ざるの喩えなり。
asaṃcayatvā piṇḍatvam anekatvanidarśanam,
saṃhatasthānatā tasmin nānyatve ca nidarśanam.

この義はいかん。微塵を砕いて末となさば、一処に住するには非ざるが如し、聚集物あることなきを以ての故に、差別は住せざるを以ての故なり。また異処の差別にも非ず、聚集の微塵の差別は不可得なるを以ての故なり。かくの如く、諸佛如来は煩悩障を遠離してかの法界の中に住するに、一処に住するにも非ず、また異処に住するにも非ざるなり。かくの如く、三千世界の一合相の喩えは聚集に非ざるが故なり。

これは何の義を以てなりや。経に、如来の一合相と説くは、則ち非一合相なり。この故に、如来は一合相と説く、というのが如くなるが故なり。もし実に一物ありて聚集せば、如来は則ち微塵の聚集を説かず。かくの如く、もし実に一世界あらば、如来は則ち三千大千世界を説かず。経に、もし世界にして実有ならば、則ちこれ一合相なりというが如くなるが故なり。ただ凡夫の人はその事に貪著すとは、かの聚集は物として取すべきなきに、虚妄分別するを以て、この故に、凡夫は妄取するなり。もし実有ならば、即ちこれ正見なるが故に、妄取なるを知るなり。何故に凡夫は物なくして物を取するや。経に、佛はいわく、須菩提よ、一合相とは則ちこれ説くべからず、ただ凡夫の人のみその事に貪著す、かくの如きなどというが如し（大正蔵経二五・七九六ページ上—中）。

右の対照によって、われわれは金剛般若の理解の上に、時と処とを異にするにしたがって微妙な変化をあらわに示していることに気づくであろう。ことに流支訳『経論』の金剛般若に対する立場は、われわれが金剛般若の成立した原状況に立とうとする立場からはかなり自由なあり方をとっていると考えられるが、それは今、問わないことにして、この『経論』を依用する吉蔵の『疏』は、世界、微塵、一合相（摶取《たんしゅ》）、法身などの理解に対して『中論』の観合品をも援用している。そしてその世界や微塵の説明は、あくまで譬喩ではあるが、それはなお客観的なものの説明に終始して、それがどのようにしてわれわれにかかわり合うかに一合相（摶取）が見られ、ひるがえって法身として目指す当のものが否定的に標掲されていると考えられるのである。もしそうだとするなら、『五家解』は、世界も微塵もそれを主観の内に摂取して、目指す当のものは、肯定的に顕に示されている。そこにわれわれは時と処とを異にして金剛経に対する理解への姿勢の変化を看取することができるであろう。

## 第三一　知見不生分

須菩提、若人言㆔佛説㆓我見人見衆生見壽者見㆒、須菩提、於㆑意云何。是人解㆓我所㆑説義㆒不。

世尊、是人不㆑解㆓如來所㆑説義㆒。何以故。世尊説㆔我見人見衆生見壽者見即非㆓我見人見衆生見壽者見㆒。是名㆓我見人見衆生見壽者見㆒。

須菩提よ、もし、人、「佛は、我見・人見・衆生見・寿者見を説きたもう」と言わば、須菩提よ、意に於ていかん。この人は、わが説く所の義を解せるや、いなや。

世尊よ、この人は、如来の説きたもう所の義を解せざるなり。何を以ての故に。世尊は、我見・人見・衆生見・寿者見は、即ち、我見・人見・衆生見・寿者見に非ずと説かれたればなり。これを、我見・人見・衆生見・寿者見と名づくるなり。

## 31・a

須菩提よ、実に誰かが、如来は我見を説き、衆生見、寿者見、人見を説くといったとしよう。須菩提よ、彼は正しく説いたということになるであろうか。

須菩提は答えた。師よ、そうではありません。善逝よ、そうではありません。彼は正しく説いたことにはなりません。なぜなら、師よ、如来の説かれた、かの我見は非見であると如来が説かれているからです。だから我見といわれるのです。

[tat kasya hetoḥ] yo hi kaścit Subhūta evaṃ vaded: ātma-dṛṣṭis Tathāgatena bhāṣitā sattva-dṛṣṭir jīva-dṛṣṭiḥ pudgala-dṛṣṭis Tathāgatena bhāṣitā, api nu sa Subhūte samyagvadamāno vadet. Subhūtir āha: no hīdaṃ Bhagavan, no hīdaṃ Sugata, na samyagvadamāno vadet. tat kasya hetoḥ, yā sā Bhagavann ātma-dṛṣṭis Tathāgatena bhāṣitā, a-dṛṣṭiḥ sā Tathāgatena bhāṣitā, tenocyata ātma-dṛṣṭir iti.

須菩提、發阿耨多羅三藐三菩提心者、於一切法、應如是知、如是見、如是信解、不生法相。須菩提、所言法相者、如來說即非法相。是名法相。

須菩提よ、阿耨多羅三藐三菩提の心を発す者は、一切の法に於て、まさに、かくの如く知り、かくの如く見、かくの如く信解して、法相を生ぜざるべし。言う所の法相とは、如来は、即ち、法相に非ずと説けり。これを法相と名づくるなり。

## 31・b

師はいうた。須菩提よ、実に、菩薩乗に発趣したものは、一切法を知らなければならないし、見なければならないし、信解しなければならない。しかも、彼は法想にすらも住しないように、知らなければならないし、見なければならないし、信解しなければならない。なぜなら、法想である、法想であるというのは、須菩提よ、それは非法想であると如来は説く、故に法想といわれるのである。

Bhagavān āha: evaṃ hi Subhūte bodhisattvayāna-saṃprasthitena sarva-dharmā jñātavyā draṣṭavyā adhimoktavyāḥ. tathā ca jñātavyā draṣṭavyā adhimoktavyā yathā na dharma-saṃjñā-api pratyupatiṣṭhet. tat kasya hetoḥ, dharma-saṃjñā dharma-saṃjñeti Subhūte a-saṃjñaiṣā Tathāgatena bhāṣitā, tenocyate dharma-saṃjñeti.

「もし、人、佛は我見を説きたもうといわば」というは、この文は近くは前に接して生じ、凡夫その事《じ》に貪著して生ずることを明かす。凡夫の貪著は我見による。我見すでに無なり、貪著何によりてかあらんや。また遠くは一経を釈す。上来処々に無我、無人を歎ず。ただ凡夫は顚倒して我見、人見を起こすのみと説けり。時会便ち疑うらく、佛は凡夫我見を起こすと説く。故に知りぬ、我見の起こすべきあり。もし我見なくんば、佛はまさに凡夫我見を起こすとは説かざるべしと。これはこれ一の疑なり。また二乗の人のいわく、先に我見あるが故に、我見を断じて無我智を得る、これを得道と名づくと。これはこれ二の疑なり。初めの疑を破していう、もし人、我見を説き、便ち我見の説くべきものありといわば、則ち佛の所説の義を解せざるなり。佛は我見はこれ無なりと明かさんがための故に我見を説くのみ。我見を説くは、便ち我見の説くべきものありというには非ず。故に『中論』の最後の偈には、一切諸法は空なり、世間の常などの見、いずれの時にか、誰かこの諸見を起こさんといえり。ただ正見のみ不可得なるに非ず、邪見もまた不可得なり。故に知りぬ、道門は未だかつて邪正ならずと。この経は将に竟らんとす。上には昔の有所得を破して正見は不可得なりといい、今はその邪見を破するもまた無得なりという。正しき般若は未だかつて邪正ならざるを顕わすなり。即ちこれ、二乗の人もまた、先に我見あり、我見を断ずるが故に無我智を得るというを得ざることを答う。今は乃ち我は本来畢竟不可得なり、いずれにか所断あるが故に無我をいわんやと明かすなり。

「まさにかくの如く知るべし」とは、上に我見は本来不可得なるを明かし、今は法見もまた本来不可得なるを明かす。故に我の列法を挙ぐ。故にまさにかくの如く知り、見、信解して、法相に在らざるべしという。

「いう所の法相とは、則ち法相に非ず」というは、また我の義は、佛、我はすでに我に非ずと説き、法相もまた法相に非ずと説くが如きなり。

問う。かくの如く知り、見、信解するは、何の異ありや。答う。『論』の偈に、二智と及び三昧にてという。この世諦智を知り、この第一義諦智を見るなり。信解するとは、この二智と所依の三昧にして、三昧によるが故に二智を発生するなり。

問う。何故二智を明かすや。答う。菩薩は人法空を了し、二智を具足す。また始行の菩薩は未だ無生を得ず、了悟浅き故世諦智と名づけ、深行の菩薩は無生忍を得、二空を了悟する故、第一義諦智と名づけ、三昧は通じてこの二人の智の所依なり。

以上の吉蔵の『疏』は流支訳『経論』による。したがって以下に『経論』を見ることにする。

これは何の義を示すや。偈にいわく、

ただ音声のみに随って、凡夫は顚倒に取す。

二なきにて得道するには非ず。我法を遠離すればなり。

vyavahāramātratāyā [bālā]nām udgraho 'nyathā,
dvayābhāvān na bodhyāptiḥ prahāṇād ātmadharmayoḥ.

経に、何を以ての故に、須菩提よ、もし人かくの如くいわば、佛は我見、人見、衆生見、寿者見を説くと、かくの如く、乃至これを我見、人見、衆生見、寿者見と名づくいうが如くなるが故なり。

これはまた何の義なりや。偈に、二なきにて得道するには非ず、我法を遠離すればなり、というが故なり。この義はいかん。我もなく、法もなく、この二事を離れて菩提を得るには非ざればなり。いかんが菩提を得るや。かの二見を遠離するが故に、菩提を得るなり。偈に、我法を遠離すればなり、というが故なり。これはまた何の義ぞ。偈にいわく、

我を見るは即ち見ざることなり。無実にして虚妄の見なればなり。

これはこれ微細の障なれば、真如を見れば遠離す。

tasmād dṛṣṭir adṛṣṭiś ca nairarthyābhūtakalpataḥ,
sūkṣmam āvaraṇaṃ hy etat tathā jñānāt pra[hīyate].

この故に、見は即ち無見にして、その実義なく虚妄分別なるを以てなり。これ無我なるを以て、この故に、如来はかの我見は即ちこれ不見なりと説く。その実なきを以ての故なり。実なし、とは即ち物なきなり。この義を以ての故に、我見は即ちこれ虚妄の見なりと説く。かくの如く我見の不見なるを示現する故なり。法を見るとは、またこれも不見なり。経に、須菩提よ、菩薩にして阿耨多羅三藐三菩提心を発さば、一切法に於て、まさにかくの如く知り、かくの如く見、かくの如く信じ、かくの如く法相に住せざるべしというが如くなるが故なり。

これはまた何の義なりや。法相を見るは、即ち相を見ざるを以てなり。かの我見の如きは即ち見に非ざるが故なり。何が故にこの見を説いて不見と名づくるや。偈に、これはこれ微細の障なれば、真如を見れば、遠離すという故なり。

これはまたいかん。かの我を見、法を見るは、これはこれ微細の障なり、かの二を見ざるを以ての故に、これ法を見れば、遠離を得るを以てなり。偈に、真如を見れば遠離す、という故なり。

またかくの如く知り、かくの如く見、かくの如く信ずとは、これは何の義を示すや。偈にいわく、

二智と及び三昧とにて、かくの如きは遠離することを得。
化身が福を示現すれば、無尽の福なきには非ず。

jñānadvayasamādhānaprahеyaṃ tac ca deśitam,
nirmāṇaiḥ kaśaṇāt puṇyaṃ tad buddhānāṃ na [nākṣayam].

この義はいかん。世智と第一義智と及び依止の三昧とにて、かの障を遠離することを得るを示現す。この故に重ねて勝福の譬喩を説くなり。

これは何の義を示すや。偈に、化身は福を示現すれば、無尽の福なきには非ず、という故なり。これはまた何の義なりや。諸佛の自然の化身は業をなすと雖も、かの諸佛の化身の説法には無量無尽の無漏の功徳あるが故なり（大正蔵経二五・七九六ページ中―下）。

さらに明の宗泐・如玘同註の『金剛般若波羅蜜経註解』によれば、――この一段の文は、これ降住正行の総結なり。経によるに、初めに善現請問し、もし人ありて無上菩提の心を発す者は、まさにいかんが住し、いかんがその心を降伏すべきやと。如来は答えていわく、まさにかくの如く住し、かくの如くその心を降伏すべしと。故に今結んでいわく、菩提の心を発す者は、一切法に於て、かくの如く知り、見、信解すべしと。これかくの如く住すべしを結ぶなり。法相を生ぜざれば、これ妄心を降伏するを結ぶなり、といっている（大正蔵経三三・二二八ページ上）。

## 第二六・二七断疑

### 第三二　応化非真分

須菩提、若有レ人、以下滿二無量阿僧祇世界一七寶上、持用布施。若有下善男子善女人發二菩提心一者上、持下於二此經一、乃至四句偈等上、受持、讀誦、爲レ人演說、其福勝レ彼。云何爲レ人演說。不レ取二於相一、如如不動。何以故。

一切有爲法　如二夢幻泡影一
如レ露亦如レ電　應レ作二如レ是觀一

須菩提よ、もし、人有りて、無量阿僧祇世界を満たすに七宝を以てし、持用《もち》いて布施したりとせん。もし、善男子善女人にして、菩提の心を発せる者あり。この経に於て、乃至、四句の偈等を持して、受持し、読誦し、人のために演説したりとせんに、その福は彼に勝れたり。いかにして人のために演説するや。相を取らざれば、如の如く動ぜざるなり。何を以ての故に。

一切の有為法は、夢・幻・泡・影の如く、
露の如く、また、電の如く、
まさに、かくの如き観をなすべし。

〈一切有為法　如夢・幻・泡・影〉以下の偈は、『大般若波羅蜜多経』巻第五七六、第八会那伽室利分の終りにも同じものが出ている（大正蔵経七・九七九ページ中）。〈菩薩心〉流支訳は菩薩心とするが、菩提心とした方がよい。なお菩薩心とするものは、『賛述』巻下（大正蔵経三三・一五四ページ上）、『纂要』巻下（大正蔵経三三・一六九ページ上）、『刊定記』巻第七（大正蔵経三三・二二五ページ上）。〈如如〉『賛述』巻下（大正蔵経三三・一五四ページ中）には、「如如不動者、下の一如字はこれ真如にして、上の一如字はこれ比喩なるをいう。化身の説法する時、有為相を取らざること、なお真如の湛然として不動なるが如きをいう、とする。吉蔵も同様に、「下の如の字は、則ちこれ法性の如の如し。勧行者は、まさに法性の如の如くにして、しかも心に動念を生ずることなかれと説くべきなり、といっている（『金剛般若疏』巻第四、大正蔵経三三・一二三ページ下）。なお本文参照。

## 32・a

また実に、須菩提よ、菩薩・摩訶薩が無量無数の世界を七宝で満たして、もろもろの如来・応供・正等覚者に布施したとしよう。また他方で善男子あるいは善女人が、この般若波羅蜜の法門から四行詩の一つでも取り挙げて、受持し、読誦し、学修し、他の人々に詳しく説いて聞かせたとすれば、この方が、その因縁によって、一層多くの無量無数の福聚を生ずるであろう。ではどのように説いて聞かせるか。説いて聞かせないようにする。それだから説いて聞かせるといわれるのである。

現象界は、星、翳《かげ》、
燈、幻、露、泡《うたかた》、
夢、電《いなづま》、雲のように、
このように見らるべきである。

yaś ca khalu punaḥ Subhūte bodhisattvo mahāsattvo 'prameyān asaṃkhyeyāṃl lokadhātūn saptaratna-paripūrṇaṃ kṛtvā Tathāgatebhyo 'rhadbhyaḥ samyaksaṃbuddhebhyo dānaṃ dadyāt, yaś ca kulaputro vā kuladuhitā vetaḥ prajñāpāramitāyā dharma-paryāyād antaśaś catuṣpādikām api gāthām udgṛhya dhārayed deśayed vācayet paryavāpnuyāt parebhyaś ca vistareṇa saṃprakāśayed, ayam eva tato-nidānaṃ bahutaraṃ puṇyaskandhaṃ prasunuyād aprameyam asaṃkhyeyaṃ. kathaṃ ca saṃprakāśayet. yathā na prakāśayet, tenocyate saṃprakāśayed iti.

tārakā timiraṃ dīpo
māyā-avaśyāya budbudaṃ
supinaṃ vidyud abhraṃ ca
evaṃ draṣṭavyaṃ saṃskṛtam.

この経段（須菩提から如々不動まで）は、第二六「断化身説法無福疑」といわれるもので、もし真・化非一とすれば、化身は虚仮に、もし真・化非異とすれば、法身は化身であって、法身と化身との独自性はなくなってしまう。もしそうならば、法を受持し演説するも、福徳はなかるべしという疑を断ぜんとするものである。また第二七「断入寂如何説法疑」は、諸佛は常に法を説いて止まないとせば、何故涅槃に入るやの疑を断ぜんとするものである。これらについて、嘉祥大師の『疏』を見ることとする。

「もし人ありて、無量……を満たすに」の下は、これ第十五章の経なり。上に如来は所従無くしてきたり、総じて二身を明かし、微塵の譬喩は別して法身を料簡せり。今この一章の経は別して化身を料簡す。

疑っていわく、化佛すでに去来あり、化佛を供養し、化佛の所説を持するも、何ぞ真佛に如かんと。故に今明かさく、もしよく化佛の所に於て発心し、化佛の四句の偈を受持せば、その功徳は、無量阿僧祇の世界の七宝の施に勝れりと。

「いかんが人のために演説するや」は、他のために釈して義を説くなり。上来数々《しばしば》人のために法を説くことを勧む。今、経の竟らんとするに説法の方を示す。
「まさに如の如くにして説くべし」の下の如の字は、則ちこれ、法性の如の如し。勧行者は、まさに法性如の如くにして、しかも心に動念を生ずるなかれと説くべきなり。
下の偈は、即ち説法の辞を明かす。また十喩の説の如し。故に居士経にいわく、説法は、説なく示もなし、譬えば幻士の幻人のために法を説くが如しと。什法師いわく、十喩は空に喩うるを以て、空は必ずこの喩えを持すと。言を借りて以て意を会す。意尽きるも会する処なし。すでに長羅を出づるを得て、この無所住に住するなり。もし『論』の経によってこれを明かさば、経に曰く、「いかんが人のために演説して、しかも説くと名づけず、これを名づけて説くとなすや」と（この句は羅什本にはないから吉蔵が流支本を指摘したのである）。これは化佛の説法の義を釈するなり。化佛の説法は、自らこれ化なりと称せず。もし自らこれ化なりと称さば、則ち衆生は信敬を生ぜざらん。故に名づけて説くとなさずという。これを名づけて説くとなす、というは直《ただ》しく化佛の説法なるなり。一切有為法の偈のきたるは、――（いかんが人のために演説して、しかも説くと名づけず、これを説くと名づくとは、何が故にかくの如くに説くや。偈にいわく、
諸佛は説法する時、これ化身なりとはいわず。
かくの如く説かざるを以て、この故にかの説は正し。
nirmito 'smīti cātmānaṃ kāśayantas tathāgatāḥ,
prakāśayanti nā[tmānaṃ] tasmāt sā kāśanā satī.
この義はいかん。もし化身の諸佛にして説法する時にも、われはこれ化身なりとはいわず、この故

に、かの所説はこれ正説なり。もしかくの如く説かざれば、化すべき衆生は敬心を生ぜず。何を以ての故に、衆生を利益すること能わずんば、即ちかの説はこれ正説ならざるを以てなり。この故に、われはこれ化佛なりとは説かざるなり。
また疑あり。もし諸佛如来にして常に衆生のために説法せば、いかんが如来は涅槃に入るというや。この疑を断ずることをなす。この故に、如来はかの偈の喩えを説く。この義はいかん。偈にいわく、

有為にも非ず、離るるにも非ざるはもろもろの如来の涅槃なり。
九種の有為法は妙智の正観なるが故なり。

saṃskāro na tathā nānyaṃ nirvāṇaṃ hi tathāgate,
navadhā saṃbhūtasyeha samyagjñānaparīkṣaṇāt.

この義はいかん。諸佛の涅槃は有為法にも非ず、また有為法を離れず。何を以ての故に、諸佛は涅槃を得るも、化身は説法し、世間行を示現して衆生を利益することをなすを以ての故なり。これは諸佛が以て涅槃に住せず、以て世間にも住せざるを明かすが故なり。何が故に諸佛は世間行を示現してしかも有為法の中に住せざるや。偈に、九種の有為法は妙智の正観なるが故なり、という。これは何の義を以てなりや。星宿などの如き相対法は九種の正観なるが故なり。この九種の正観は九種の境界に於てす、まさに知るべし。
いずれの境界を観ずるや。偈にいわく、
見と相と及び識と器と身と受用の事と、

過去と現在との法を、また未来世をも観ずるなり。

dṛṣṭir nimittaṃ vijñānaṃ pratiṣṭhādehabhogatā,
atītaṃ vartamānaṃ ca parīkṣyam cāpy anāgatam.

いかんが九種の法を観ずるや。譬えば、星宿の日のために映ぜらるれば、有なるも現ぜざるが如く、能見の心法もまたかくの如し。また目に翳あらば、則ち毛輪などの色を見るが如く、有為法を観るもまたかくの如し。顛倒の見なるを以ての故なり。また燈の如く、識もまたかくの如し。貪愛法に依止して住するが故なり。また幻の如く、所依の住処もまたかくの如し。器世間の種々なる差別は一の体実だになきが故なり。また露の如く、身もまたかくの如し。少時住するのみなるを以ての故なり。また泡の如く、所受用の事もまたかくの如し。受想因の三法は不定なるを以ての故なり。また夢の如く、過去の法もまたかくの如し。ただ念いのみなるを以ての故なり。また電の如く、現在の法もまたかくの如し。刹那も住せざるを以ての故なり。また雲の如く、未来の法もまたかくの如し。ここに於ては阿黎耶識が一切法のために種子根本となるを以ての故なり。

かくの如き九種の法を観じて何らの功徳を得、何の智を成就するや。偈にいわく、

相と及び受用とを観じ、三世の事を観じて、
有為法の中に於て、無垢の自在を得るなり。

lakṣaṇasyopabhogasya pravṛtteś ca parīkṣaṇāt,
nirmalāṃ [teṣu] vaśitāṃ saṃskāreṣu samāpnute.

この義はいかん。有為法を観ずるに三種あり。一に有為法を観ずるに、見、相、識を観ずるを以て

す。二に受用を観ずるに、器世間などはいずれの処に住するを以て、何らの身を以て、何らの受用するやを観ずるを以てす。三に有為行は何らの法を以て、三世に転じて差別するやを観ず。かくの如くに一切法を観ずれば、世間法の中に於て自在を得るが故なり。偈に、有為法の中に於て、無垢の自在を得という故なり。流支訳『金剛般若波羅蜜経論』巻下、大正蔵経二五・七九六ページ下―七九七ページ上）――さらに疑を釈す。疑っていわく、諸佛は常に衆生のために法を説くに、何が故にまた涅槃に入るやと。故に諸佛如来は涅槃に住せず、有為に住せず、以て諸佛は衆生を利せんがため化身説法するが故に涅槃に住せざるを明かす。有為は夢幻の如しと観ずるが故に世間に住せざるなり。『論』の経には広く九喩あり。一切の有為法は星・翳・燈・幻・露・泡・夢・電・雲の如しという。一は星の如し、日未だ出でざるときは用あり、日出づれば則ち用なし。未だ正観あらずば、日出でては、則ち妄心用あり、正観あらば、日出でては、則ち妄想得べからず。第二は翳の喩えにして、眼に翳あるが如し、故に空に毛輪あるが故に翳を得べきを見る。慧眼あるが故に、六塵に妄りに六塵を見ることなし。第三は燈の如し。還《また》喩えはよく識法を見る。油炷器あり、三法の（和）合するが故に燈あるが如し。根塵と及び貪受くるが故に識の生ずるあり。燈は和合してある故無所有、法もまた和合してある故無所有なり。燈は念々に滅す、識もまた然り。第四は幻の喩えの如し。幻師、種々の物を作るも、しかも実なきが如し。衆生の業も幻なる故、種々の国土もまた実なきを見るなり。第五は露の喩えなり。露は少時住す、身もまた然り。第六は泡の喩えにして、天雨の滴、泡と成るが如し。小児はこれをいって、即ち珠となして、心に貪著を生ず。衆生の三受もまた然り。根塵より識生ずるもまた実なきなり。第七は夢の喩えなり。過去の法も昨夜の夢の如く、了悟あれば則ち無なるを見るなり。

八は電の喩えの如し。纔かに現われて即ち滅す。現在の法もまた然り。第九は雲の喩えなり。空中の浄も忽然として雲生ずれば、即時に便ち滅す。未来の法もまた然り。忽然として起こり、即時に散滅するなり。委曲は講釈にまち、今は略して示すのみ。

# 第三編　流通分

佛説二是經一已。長老須菩提及諸比丘比丘尼優婆塞優婆夷一切世間天人阿修羅聞二佛所一レ説、皆大歡喜、信二受奉一行金剛般若波羅蜜經一。

眞言

那謨婆伽跋帝　鉢喇壞　波羅弭多曳　唵伊利底　伊室利　輸盧馱　毘舍耶　毘舍耶　莎婆訶

佛は、この経を説き已りたまえり。長老須菩提、及び、もろもろの比丘・比丘尼・優婆塞・優婆夷、一切の世間の天・人・阿修羅は、佛の説きたもう所を聞きて、皆、大いに歓喜し、金剛般若波羅蜜経を信受し、奉行せり。

真言

那《な》謨《も》婆《ば》伽《ぎゃ》跋《ば》帝《てい》　鉢《は》喇《ら》壞《じゃ》　波《は》羅《ら》弭《み》多《た》曳《えい》　唵《おん》伊《い》利《り》底《てい》　伊《い》室《し》利《り》　輸《しゅ》盧《ろ》馱《た》　毘《び》舍《しゃ》耶《や》　毘《び》舍《しゃ》耶《や》　莎《そ》婆《わ》訶《か》

《te ca bodhisattvāḥ》は、ギルギット本、パージター校訂本、日本本及び義浄訳以外の漢訳本にはない。ない方が古いものと見られよう。《真言》この真言のあるのは羅什訳だけであるが、チベット文には、次の文が載っている。—— namo Bhagavate, Prajñāpāramitāye, oṃ na tad ti ta, i li śi, i li śi, mi li śi, mi li śi, bhi na yan, bhi na yan, namo Bhagavate, prad tyaṃ pra ti, i ri ti, i ri ti, mi ri ti, mi ri ti, śu ri ti, śu ri ti, u śu ri, u śu ri, bhu yu ye, bhu yu ye, svā-ha, となっている (Vajracchedikā Prajñāpāramitā ed. by E. Conze, p.62)。

32・b

このように師は説いた。須菩提長老は歓喜し、そしてこれらの比丘、比丘尼、在家の信者や信女たち、また、天、人、阿修羅、乾闥婆と共なる世界が師の所説に歓喜したという。

聖なる、金剛の能断なる、佛母としての、金剛波羅蜜　終る

idam avocad Bhagavān. āttamanāḥ sthavira Subhūtis, te ca bhikṣu-bhikṣuṇy-upāsakopāsikās (te ca bodhisattvāḥ) sa-deva-mānuṣa-asura-gandharvaś ca loko Bhagavato bhāṣitam abhyanandann iti.

ārya-Vajracchedikā Bhagavatī Prajñāpāramitā samāptā.

Gilgit Ms : Vajracchedikā Prajñāpāramitā samāptā.

MM's Japanese Ms : Vajracchedikā-prajñāpāramitā-sūtraṃ samāptam.

# 総結

以上の『金剛般若経』は、主として大正新修大蔵経の羅什訳により、かねて随時流支訳を参照し、その他は必要に応じて参考とした。無論、その原典に溯って、意味・内容を吟味するため、能う限り梵本を参照したことはいうまでもないが、場合によってはチベット訳をも参照した。

すでに序論で述べたように、羅什がこの経を訳すや、僧肇が註一巻を撰したのを初めとして、多くの註釈書が著わされ、唐代には解註する者八百余家ありともいわれた。

そのうちで、天台智者大師の疏一巻は後人の偽撰ともいわれているが、この系統に多くの撰著が存するし、法相系統には、慈恩大師窺基に賛述二巻があり、この系統にも多くの撰著が存する。また華厳系統には至相寺の智儼に略疏二巻、終南山宗密に纂要二巻、その他、この門流にも多くの撰著が存する。しかし、これらの系統の中で、この経典を重要視したものに達摩門下の系統がある。敦煌で発見された写本の中で金剛般若に関するものが最も多く存する。おそらく唐代に至って、この経は盛んに読まれたものと考えられる。こうした状況の下に、六祖慧能は金剛般若の「まさに住する所無くして、しかも、その心を生ずべし」(『金剛般若経』10・c、第六断疑参照)に至って開悟したと伝えられており、この六祖に至って禅宗は根を下すことになり、無念を以て宗となし、無相を体とし、無住を本となすという。

このように金剛般若は各系統に講説註釈されていった。そして、その中で特色のあるものは禅系統であるが、筆者はこの書の中で、それらを参照しつつも、溯って、この経典の成立当初の状況下に帰って、いわば原点に立ち、そのような視座から、この経を見ようとした。それがため、嘉祥大師吉蔵の疏により、さらに、インドに溯って無著や世親の註釈を参照しながら、この経の成立時の原初に立ち帰り、初めてこの経が現実化したその実現の過程の中に、その意味を認識しようとつとめた。しかし、それは一つの要請にすぎなかったであろう。というのは、この経と他の経典、例えば般若部類などとの比較もいまだ充分にはなされていない、いわば大乗興起の状況が決して判然としたものとなってはいないからである。しかし、このような姿勢がやがては、この金剛般若の根本的な理解へとつながることの必然性を思う時、この叢書の中にあって、その使命の一端を果たすことになるでもあろうことを願って、筆を取ることにした。

しかし、紙幅も終りに近く、多くを触れることのできないのが残念であるが、まず第一に、この経が善男女を対象とし、それを誘導し、かくて菩提の心を発して菩薩たらんとする者、すなわち新学の菩薩に向けられていることはいうまでもない。このような姿勢は全く大品・小品系の般若と軌を一にすることはすでに序論に述べたとおりである。しかも、その小品系の般若では、まず善男女の種姓を説き、ついで新発意の菩薩に進み、久発意の菩薩から不退転の菩薩、最後に一生補処の菩薩に至ることを説いている(1)。このような菩薩の四つの階梯は大品系の般若も同様であるが、ただ、大品系に於ては菩薩たるべき種姓に最も意が注がれ、それは『大般若経』六百巻の初分校量功徳品第三〇に於ては六十六章に増広されている。さらにチベット訳八千頌般若経では、波羅蜜と制底とを恭敬する無量の功徳執持品 (Pha-rol-tu phyin-pa daṅ mchod-rten-la bkur-stir-byed-pa gshal-tu med-pahi yon-tan ḥdsin-pa.)(2)と名づけられて、経の重要な部分であることを指し示している。

このことは、大乗興起時の般若経にとっては、最も重要な意味をもつものと考えられる。何となれば、善男女が種姓に住する (gotra-stha)、このことが発心し、そして菩薩としての実践階梯へ進む必然的な前提条件であったからである。しからば、果して種姓に住し菩薩として発心していくことができるかどうか、それは大乗が具体的に生成発展していくか否かにかかる、いわばその全存在の存立にかかわる問題なのである。すでに阿含経のうちには、佛の三念住が説かれている。それは、佛陀が法を説く場合、(一)すべては皆よく聞いて如説に修行しようとする、(二)あるもはそのようであり、あるものは全くそれに背を向ける、(三)そしてすべては皆背を向けて聞こうともしない、この三様に処しても、佛陀は常に正念正知に住し、法を説いてやまないというのである。般若の経が常に要請としてのみ語られてはいるが、そのうちに三念住の如き反応の事実を知り得るし、さらに佛教内外の抵抗を類推することもできるが、特に菩薩が在家をも含むものである以上、一般の人々、あるいは凡夫の反応が顧慮せられたことはいうまでもないことである。だから、菩薩としての実践への要請が、決して平坦なものではなかったことだけは確かである。それは社会の生々しい具体的な応答のうちに開かれてくるかどうかの問題であって、決して理想の指標だけで誘導しおおせるような綺麗ごととして具体化されてくるものではなかったに違いない。それ故にこそ、そこに大品の存在理由があったであろうし、また大般若の増広が必然的なものであったであろう。しかし、それは経典の量の問題としてより、いわば質の問題として、衆生凡夫の生活の具体的なあり方のうちに種姓住のあり方が対置されてこなければならなかった。そこに方便が必須のものとして考えられたのである。

かくて大小両品系一致の部分は新発意菩薩から一生補処の菩薩に至って終るのであるが、次に続く大品系独自の分は、ひるがえって新発意菩薩だけを対象にした方便を説いている。しかもこの菩薩は出家というよりも、むしろ在家の菩薩に向けられている。例えば、四摂品第七八には(3)、――「須菩提よ、菩薩は二種の施を以て衆生を摂取す、財施と法施なり。何らの財施か衆生を摂する。須菩提よ、菩薩・摩訶薩は金・銀・瑠璃・玻瓈・真珠・珂貝・珊瑚などのもろもろの宝物を以てし、あるいは飲食・衣服・臥具・房舎・燈燭・華香・瓔珞・もしくは男、もしくは女、もしくは牛・羊・象・馬・車乗を以てし、もしくは己身を以て、衆生に給施し、衆生に語っていわく、汝らもし所須あらばおのおのきたってこれを取れ、おのれの物を取るが如くにして疑難を得ることなかれと。この菩薩は施し竟って教えて三帰依、帰依佛・帰依法・帰依僧せしむ。あるいは教えて五戒を受けしめ、あるいは教えて一日戒を受けしめ……かくの如く須菩提よ、菩薩・摩訶薩は般若波羅蜜を行じ、方便力を以て衆生に教え、財施しおわって、また教えて無上安穏涅槃を得しむ……。

須菩提よ、菩薩はいかんが法施を以て衆生を摂取する。須菩提よ、法施に二種あり、一には世間、二には出世間なり。何らをか世間の法施となす。不浄観、安那般那念、四禅、四無量心、四無色定、かくの如きなどの世間法及び諸余の凡夫と共に行ずる所の法、これを世間の法施と名づく。この菩薩はかくの如き世間法を施し竟って、種々の因縁を以て教化して世間法を遠離せしむ。世間法を遠離し竟って方便力を以て聖無漏法及び聖無漏法果を得しむ……。

須菩提よ、菩薩・摩訶薩は衆生を教えて世間法を得しめ、方便力を以て教えて出世間法を得しむ。須菩提よ、何らかこれ菩薩の出世間法となす。凡夫法と共に同ぜざるいわゆる四念処、四正勤、四如意足、五根、五力、七覚分、八聖道分、三解脱門、八背捨、九次第定、佛十力、四無所畏、四無礙智、十八不共法、三十二相、八十随形好、五百陀羅尼門、これを出世間法と名づく」といっている。

ここには菩薩の財施の内容として金・銀などの宝物、その他男女・牛・馬・象などが挙げられている。それはすでに阿含経(4)では、出家者にとって遠離すべきものとされており、『大般涅槃経』邪正品第九には(5)、「比丘はそれらのものを受くるべからず、それらを受くる者が比丘の中にあるを許さず、もしあらば、道をやめて俗に還って役使すべし」といい、さらに『瑜伽論』本地分中声聞地第一三初瑜伽処出離地第三の四には(6)、「それらのものを以て恵施するは、もろもろの菩薩の現行する所の事であり、この義の中（声聞地）にて許す所の施にあらず」といっている。これらによって考えるなら、先の大品系の般若の説く所は在家の菩薩に向けられていることが判る。しかもそこでは世間法から出世間法へ、すなわち在家から出家への菩薩が志向されていることが看取されるであろう。

以上によって、もし小品系の般若が大品系のものより先在の経典であったと考えるなら、小品系のものは、まず菩薩としての種姓を説き、ついでその菩薩が新学菩薩として、久行菩薩として、不退転菩薩として、一生補処の菩薩として、その実践を前後相承、承前起後し、次第増上していく過程を説いたものと考えることができよう(7)。その承前起後、次第増上に反省の時間を要したことは、われわれの純粋定本の認識によってその証しを得ることができよう。しかし今はそれには触れない。大品系はこれに対して、小品系と一致の部分に於ける菩薩としての種姓をさらに力説すると共に、大品系独自の部分としての般若経の後半に於ては、一貫して新発意の菩薩を対象にしている。無論、この後半に説かれる一般的呼称としての菩薩の中には、上述のように在家と出家の二菩薩の含まれることが看取されはするが、それにもかかわらず、新発意菩薩のために「諸法は本《もと》有りて今無きや」と結んでいる。——このことは金剛般若と対応するものとして、すでに序論に述べたとおりである。これらのことから、次のようにいうことができよう。——小品系の成立に伴って、大品系はそのうちにひるがえり、内に反省と充実を、外に拡大が計られていったと。

その反省とは、例えば、小品を受けて「何を以ての故に」から大品が始まっており(8)、充実とは、六波羅蜜について、小品はその名を列挙するに止まるに反して、大品はその内容を細説し、かつ久発意、久行の菩薩に関して、六波羅蜜の実践に、小品は全く触れていないが、大品はそれを必修課目として規定している。爾来、この大品の立場は一貫して大乗の歴史の中に流れていった。『瑜伽論』巻第三五の本地分中菩薩地第一五初持瑜伽処種姓品第一には、次のようにいう(9)。——「もしもろもろの菩薩は種姓を成就するすらなお一切の声聞、独覚に過ぐ、いかに況んや、その余の一切の有情をや。まさに知るべし、菩薩の種姓は無上最勝なりと。……またもろもろの菩薩には六波羅蜜多種姓の相あり。この相によるが故に他をして真にこれ菩薩なりと了知せしむ。いわく、施波羅蜜多種姓の相、戒・忍・精進・静慮・慧波羅蜜多種姓の相なり。いかんが菩薩の施波羅蜜多種姓の相なる。……その種々なる末尼、真珠、瑠璃、螺貝、璧玉、珊瑚、金、銀などの宝、資生の具の中に於て心迷倒する者にはよく正に開悟せしめ、なお他をして欺罔せしめず、況んや、まさに自らなすべけんや。その性となり広大なる財位を好楽し(prakṛtyā codārabhogādhimukto bhavati)、かの一切の広大なる資財に於て心に好んで愛用し(udāreṣv asya sarvabhogaparibhogeṣu cittaṃ krāmati)、大事業を楽い、狭小なる門には非ず、もろもろの世間の酒色(madya-vyasanaṃ)、博戯(dyūta-vyasanaṃ)、歌舞(naṭa-)、娼妓(nartaka-)、種々変現して耽著せしむる事(hāsaka-lāsakādi-saṃdarśana-vyasanam)の中に於て速疾に厭捨し、深く慚愧を生じ、大財宝を得るもなお貪著せず、いかに況んや小利をや（vipule 'pi bhoga-pratilambhe nādhimātra-lolupo bhavati, prag evālpe.）。かくの如きなどの類を名づけて菩薩の施波羅蜜多種姓の相となす。

いかんが菩薩の戒波羅蜜多種姓の相なる。いわく、……もろもろの衆生に於て性となり常に慈愛にして、敬すべき所に於ては時に起って奉迎し、合掌し、問訊し、現前に礼拝し、和敬の業を修し、所作、機捷にして愚鈍なることをするに非ず、よく他の心に順じ、常に先に笑を含み、顔を舒べ、平視して顰蹙を遠離し、先にいいて問訊し、恩ある有情に於て恩を知り報ずることを知り、きたりて求むる者に於ては常に質直を行じ、諂誑を以てこれを推謝せず、如法に財を求めて、非法を以てせず、性となり常に喜楽にしてもろもろの福業を修め、他の福を修むる者に於てすらなおよく奨助す、況んや自らなさざらんや。……他のまさになすべき所の事、いわゆる商農（kṛṣi-vaṇijyā-）、放牧（gaurakṣya-）、事王（rājapauraṣya-）、書印（lipi-gaṇana-）、算数に於て（nyasanasaṃkhyāmudrāyāṃ）よく諍訟を和し（bhartṛ-prasādane kula-prasadane mitrāmitra-rāja-prasādane）、財宝を追求し（bhogānām arjane）、儲積を守護し（rakṣane saṃnidhau）、方便出息し及び捨施し（prayoge visarge）、婚姻し集会する（āvāha-vivāh 'ābhakṣaṇa-saṃbhakṣaṇeṣv）、この一切の如法なる事の中に於て悉く共に事を同じうし（evaṃ bhāgīyeṣu sahāyībhāvaṃ gacchati）、他の種々なる闘訟、諍競、あるいは余のあらゆる、互いに、悩害してよく自他をして、義なく益なく、もろもろの苦悩を受くる、かくの如き一切の非法の事の中に於て、共に事を同じうせず、よくまさになすべからざる所、いわゆる十種の悪不善業道を制止し、……かくの如きなどの類をまさに知るべし、名づけて菩薩の戒波羅蜜多の種姓となす」と。

これらはすでに阿含経のうちに、法の如く財を求むべしと説き[10]、あるいは財を得る五因を挙げ[11]、ないし、既得の財を増殖する三法を明かし[12]、さらに起策具足(uṭṭhāna-sampadā)、守護具足(ārakkha-sampadā)などの四法を説いている[13]ものを受けていることは明瞭である。それは阿含の中に説かれた経験の事実を歴史の事実として、大乗ではそれを菩薩の実践の要請として語るに至っている。しかもこれらは勝れて在家の菩薩に対するものであることが明瞭である。かくして小品系般若は善男女が発心して初発意(prathamacittotpāda, navayānasamprasthita)の菩薩となり、それが久行あるいは久発意(cirayānasamprasthita, caritāvin)を経て、不退転(avaivartika)、一生補処(ekajātipratibaddha)の菩薩に至る実践を説いたことは、すでに『原始般若経の研究』で実証(同書第四編第二章内容の検討、三、総摂の項)した。それはさらに、『小品般若経』では「もし人、初発心菩薩に於て随喜し、もしくは六波羅蜜を行ずるものに於て(『大品般若経』系は久発意菩薩とする)、もしくは阿毘跋致に於て、もしくは一生補処に於て随喜せば、この人いくばくの福徳を得るや」(大正蔵経八・五七五ページ上)と経典自身が総摂しているのでも判る。このような般若の実践階梯は、『瑜伽論』巻第四六(大正蔵経三〇・五四九ページ上)の文とを比較する時、そこに一貫した思想の流れを見る。すなわち、「何らの菩薩か勤めて修学し竟って、よく無上正等菩提を証するや。まさに知るべし、菩薩に略して十種ありと。一には種姓に住す(gotra-sthaḥ)、二にはすでに趣入す(avatīrṇaḥ)、三には未だ意楽を浄めず(aśuddhāśayaḥ)、四にはすでに意楽を浄む(śuddhāśayaḥ)、五には未だ成熟せず(aparipakvaḥ)、六にはすでに成熟す(paripakvaḥ)、七には未だ決定に堕せず

（aniyati-patitaḥ）、八にはすでに決定に堕す（niyati-patitaḥ）、九には一生所繫（ekajātipratibaddhaḥ）、十には最後有に住するなり（caramabhavikaś ceti）と」（Bodhisattva-bhūmi. ed. by U. Wogihara., pp. 290, 298.）これに対して、大品系般若は、ひるがえって、小品系般若の思想に根拠づけをなすと共に、広く善男女の発心して菩薩となるよう、その誘導に意を注いだ。そこに小品系にはない大品系後分の存在理由がある。それは大小品両系一致の部分の大品の立場と呼応するものであり、したがって、後分は一貫して新発意の菩薩を対象とし、一切の諸法は畢竟、性空であり、ないし涅槃もまた化の如しと聞かば驚愕するであろう、いかにして性空を知らしむべきか。蓋し一切縁生の諸行は皆これ本《もと》無くして、今有り、有り已って滅（本無今有、已有還無）せざることなし、果して諸法は本有りて今無きや、と結んでいる(14)のである。

以上によって金剛般若と大品系般若とは、新発意の菩薩を対象とするという点に於て、同一の立場に立つものということができる。しかし、このように、小品系般若の反省としての大品系般若と対応する金剛般若を見るということは、ただちにわれわれの金剛般若に先行するものとして、そこに小品系般若を位置づけることにはならない。ここに第二に小品系般若と金剛般若との関連性が、その発生時に溯って問われるであろう。それについては、まず両経共に問題提起を同じうすることである。例えば、『大品般若経』天王品第二七（『小品般若経』釈提桓因品第二、大正蔵経八・五四〇ページ上）には、菩薩はいかに般若の中に住すべきや。（『佛母出生三法蔵般若経』帝釈天王品第二、――云何安住、云何修学、云何相応。大正蔵経八・五九二ページ上）。さらに『小品般若経』阿惟越致相品第一六（大正蔵経八・五六四ページ下）に、云何応住、云何応行を説く(15)。（『佛母出生三法蔵般若経』

大正蔵経八・六四二ページ中。『道行般若経』大正蔵経八・四五五ページ上。これと対応する『大品般若経』不退転品第五五、大正蔵経八・三四〇ページ下を参照)。色・受・想・行・識の五蘊に住すべからず、須陀洹、斯陀含、阿那含、阿羅漢にも住すべからず、かくの如く、諸佛の諸法の中に住するが如く、住に非ず、不住に非ず、まさに不住法に住すべしという。この不住法に住することは、『無著論』、すなわち『金剛般若論』にいう「行所住処」に対応するものである。そして大品系般若は説かるべき内容として五蘊、対象として四向四果→辟支佛→初発意菩薩→不退転菩薩を挙げている(十善品第三八)。これに対して小品系は四向四果の人を挙げ、不退転菩薩を指向しているに止まる。大品系では、これは定型化して、例えば金剛品第一三には――「菩薩は必定衆の中に於て上首となる。必定衆とは性地人、八人、須陀洹、斯陀含、阿那含、阿羅漢、辟支佛、初発心菩薩、乃至不退転地までの菩薩なり。これを必定衆となし、菩薩は上首たり」といい、小品系はただ菩薩は大衆のために上首となるとのみいう。この大品系の定型は、『佛説須達経』(大正蔵経一・八七九ページ)、あるいは『佛説長者施報経』(大正蔵経一・八八〇ページ)の構想と軌を一にするものであろう。がこれらによって、金剛般若と小品系般若とは、その発生時の状況に於て、より密接な親近関係に立ち、これに対して大品系の般若は、小品系の反省として、菩薩の地位も著しく高められていることが看取される。

のみならず、小品系の般若に於ては、菩薩とは何か、摩訶薩とは何かを問い、我見・衆生見・寿者見・人見を断ずる者をいうと説き、否、われも説こう、大荘厳を起こす者をいう、あるいは大乗に発趣する者をいう(『小品般若経』初品第一、大正蔵経八・五三八ページ下)と諸説を挙げている。それは発生時の活潑な具体的な状況を髣髴せしめるものであろうか。『智度論』(16)には、「六足阿毘曇及びその論議の諸法の相を分別するは、即ちこれ般若波羅蜜なり。八十部律は、即ちこれ尸羅波羅蜜なり。阿毘曇の中に諸禅、解脱、もろもろの三昧などを分別するは、これ禅波羅蜜なり。三蔵の本生(経)中に解脱を讃歎する布施、忍辱、精進は、即ち三波羅蜜なり」と声聞の人々の説を挙げている。この中で般若が阿毘達磨(17)であることはいうまでもないし、本生経中に勝れて布施、忍辱、精進が説かれていることも事実である(18)。ことに般若経全体の構成要素としての善男女(菩薩種姓 bodhisattva-gotra)、初発意菩薩、久発意菩薩、不退転菩薩の四種行が『佛本行集経』や『マハーヴァスツ』に説く佛菩薩の四種行、すなわち自性行(prakṛti-caryā)、願行(praṇidhāna-caryā)随順行(anuloma-caryā)、不退転行(anivartana-caryā)と密接な連関の存することは、すでに指摘したとおりである(19)。いわば「脱佛本生」として般若経の成立を見ることもできよう。かく考えるなら、佛本生(経)を中心に説かれる菩薩が、いかなる者であり、それと共に摩訶薩として、大乗に発趣する者として問われてきたところに、発生時の歴史的状況を物語っているとも見ることができよう。しかし、一方、小品系の般若は初発意から不退転の菩薩へとその実践は深め高められていった。その過程は幾周かの承前起後の経過を辿っている。他方、金剛般若は第二周に至るも初発意菩薩に終始した。また、小品系般若のモデルは『佛本行集経』や『マハーヴァスツ』などの本生経(Jātaka)にも見出された。したがって、小品系の般若と金剛般若とは、共にその発生時に於て、問題提起を等しうしながらも、その目指す姿勢に於て異なるものがあったと考えられよう。金剛般若が初発意菩薩に終始したことは、すでに小品系般若を含む、いわば複合としての大品系般若(20)の後分と対応するものであることは、すでに述べたとおりである。

それにもかかわらず、大品系の般若は小品系の般若を反省し根拠づける立場に立つものでもあった。というのは、小品系にあっては、例えば、新学の菩薩に般若は説かれても、六波羅蜜は必ずしも不可欠な実践課目として挙げられてはいない（『小品般若経』大正蔵経八・五四七ページ下――五四八ページ上、五五〇ページ下、五五四ページ中などを参照）。したがって、大品系の般若では、新学の菩薩は驚きおののくのであるが、善知識はために六波羅蜜の義を開示し教授して般若を離れないようにすべきである（『大品般若経』随喜品第三九）。かくて彼は久発意、あるいは久行菩薩として久しく六波羅蜜を行じ善根をうえ、善知識に相随う（『大品般若経』経耳聞持品第四五、善知識品第五二）と。これに対して、小品系には六波羅蜜行に全く触れていない（『小品般若経』大正蔵経八・五五四ページ下、五六一ページ下）。無論、小品系に於ても、六波羅蜜の名を挙げてはいる。例えば、大品般若経滅諍品第三一の初めには、この般若波羅蜜を受くれば、すでに五波羅蜜ないし一切種智を総摂すとなすといい、続いて布施以下の波羅蜜の実践を説く。これに対して、小品系は般若波羅蜜を受持せば悉く六波羅蜜を受くるとなすといっている（大正蔵経八・五四二ページ上）。しかし、ここは今世の功徳を説くところで、前文の無量の般若、無辺の般若を説く文を承けて経典在所の尊貴性を説くところである。例えば、薬あり、その気力の故に蛇は虫を見て食わんとするも、進む能わずして還り去るが如く、般若経のあるところ、その威力によって悪や賊を退くと説く。一般に小品系は経巻の功徳、受持、書写、読誦、経巻化他、如説修行と順序立って説くのに対して、大品系は功徳のところに修行を、受持のところにも修行を、修行のところに功徳を受持をというように複雑なものになっている。したがって、五波羅蜜の総摂も実践体得の説明となって展開される。しかし、そこにはすでに意味の転化が行なわれ、もし原意に立ち帰って見るとすれば、この経典を受持さえすれば六波羅蜜も悉く受持することになると、この経巻の在所についての尊貴性を説いたものと見ることができよう。かくて小品般若経、不可思議品第一〇では、善男女が精進して怠らないなら、当来の世に、般若は求めずして得られる。すなわち余の甚深にして、不可得、空に相応し、六波羅蜜に相応する諸経も求めずして得られる (gambhīrā anuplambha-pratisaṃyuktāḥ śūnyatā-pratisaṃyuktāḥ ṣaṭ-pāramitā-pratisaṃyuktāś ca sūtrāntāḥ svayam evopagamiṣyanti)(21)と説く(大正蔵経八・五五五ページ下)。『大毘婆沙論』(22)による限り、菩薩の四波羅蜜を挙げ、布施、持戒、忍辱、精進、禅、般若の六波羅蜜の体系は、佛教の中では必ずしも普遍化したものではなく、異説もあった。この小品系般若の成立過程に於ては、『婆沙論』のいう外国師説の六波羅蜜が顧慮せられる。しかし、それは指示したに止まり、内容の細説には至っていない。その指示する六波羅蜜が本生経の如きものであったかどうかは必ずしも明らかではないが、大品系般若はこの六波羅蜜を詳かに、かつ思想的に説いている。

　このように、小品系が六波羅蜜の名を指し示しているのに対して、金剛般若はただ布施と持戒と忍辱の名を挙げるにすぎない。『智度論』巻第九一には(23)、――「諸佛、菩薩の法は初あり、後あり、初法はいわゆる布施、持戒なり。受戒施の果報は天上の福楽を得。……さらに勝法あり、いわゆる四諦の勝法なり。……衆生の根因縁に随って須陀洹果を得、乃至一切種智を得しむ。この中に初めの六法(波羅蜜)を説かずと雖も、布施などを説く。まさに知るべし、すでに摂す」といっている。がしかし、金剛般若の発生時の状況からして、布施などにすでに六波羅蜜を摂していると決めてかかることはできないであろう。

さらに金剛般若に空の一字も見あたらない。それにより序説で触れたように、空を説く般若経の圏外にあって成立したとも推測されている。しかし、空を説くのは大品系で、小品系の成立過程に於ては、空の語はそれほど頻出してはいない。まして諸法の自性空を説くのは大品である。したがって、般若経は空を説くから空の語は随所に散見すべきであると即断してかかることはできない。

以上、金剛般若の成立時の歴史的状況を、問題提起やその姿勢に焦点を置いて概観してきた。それと小品系般若の成立過程とを関連せしめて考察する時、おそらくそれは並行して成立していったかも知れない。この金剛般若の平易な表現が思想の素朴を意味しないことはいうをまたない。平易ならちにも、否定的思惟をとおして、未完の、どこまでも開かれた体系と理法の体現とを指し示しているかに見える。それにもかかわらず、各時代の同本異訳間に、それほどの違いはない。小品系般若の相違とその純粋定本の認識の困難さに比べれば思いなかばにすぎるものがあろう。このことは、金剛般若の存在の意味と大品系般若の後分の初学の菩薩を対象としていったことの意味との連関に於て考察すべきであろう。おそらくそこでは、初学の菩薩を対象とし、したがって菩薩の種姓を説くというあり方が定着していったに違いない。その方向に大品系の後分の初学の菩薩を対象とするあり方も考えられよう。

しからば、その菩薩の実体はいかなるものであったか。これに関しては、すでに上に触れたし、また本文の中で挙げた（第二断疑、6を参照）ように、吉蔵は、——「什師の翻経にはただ二人を明かす。一には持戒人、二には修福人なり。持戒の人は多くこれ出家菩薩、修福は多くこれ在家菩薩ななり。『大智論』には、出家菩薩は尸羅（戒）を以て首《はじめ》となし、在家菩薩は檀（布施）を以て首となすという。この故に、今の文はただ二人を明かす。然れども、この二人は具さには大小に通ず。もしくは有所得小乗の二人は則ち波若を信ぜず、故に下の文に、もし小法を楽う者は則ちこの経に於て聴受し読誦すること能わずという。もしくは大乗の二人は無所得を楽い、乃ちこの法を信ず」(24) といっている。もしこのように考えるなら、この経の意図する対象が出家と在家、大乗と小乗をも含むということになる。しかしこの経のどこにも在家・出家を明言してはいない。同様に小品系の般若も一般的な呼称として菩薩といって、特定のものを指示していない。しかし、阿惟越致品第一五には家にいる菩薩を説く（大正蔵経八・四五五ページ中。『大品般若経』転不転品第五六、大正蔵経八・三四二ページ上）し、大品系般若は奉鉢品第二（大正蔵経八・二二一ページ中）に、婬欲を断つ出家者と、父母、妻子、親属などがあって五欲を摂受する菩薩とを挙げ、出家者を本来的なあり方とする。この姿勢は佛教史を一貫するものであるが、『法鏡経』では居家と出家の二種に分けて説き、居家の菩薩は諸苦を忍び、一切の人を棄てず、常に等心を以て衆生を救済する者で、それは出家者に勝る（『郁迦羅越問菩薩行経』大正蔵経一二・三〇ページ下参照）とも称揚し、この経を居家出家品とも呼んでいる(25)。

しからば在家の菩薩とは、具体的にはいかなる種類の人であったか。無論、これらについては他の資料から類推するより他に手立てはない。今、『瑜伽論』には、これを簡単にまとめている。すなわち「もろもろの菩薩あるいはこれ出家なるには、便ち衣鉢を営為するなどの業あり、あるいはこれ在家なるには、便ち無倒に商賈し、農を営み、王に仕うるなどの業あり」(26) といい、巻第四一には、菩薩の在家品もしくは出家品の一切の戒を説くといい、また一切の出家菩薩は、その父母、妻子、親属を摂受する過患に於て皆解脱を得るも、在家の菩薩はかくの如くならず。さらに一切の出家菩薩は、父母、親属を摂受せんがために農を営み、商估し、王に仕うるなどの種々の艱辛なる遽務の憂苦に於て解脱を得るも (punaḥ pravrajito bodhisattvaḥ parimukto bhavati tasyaiva parigrahasyārthe kṛṣivaṇijyā-rājapauruṣyādi-parikleśe vyāsaṅga-duḥkhebhyaḥ)、在家の菩薩はかくの如くならず (na tu tathā gṛhī bodhisattvaḥ)、このように出家の菩薩は在家の者より勝れていると出家を典型的なあり方としている(27)。そしてそのうちに在家の種類を挙げているが、おそらくそれは代表的なものの例示にすぎず、特に商業者とのかかわりの密接なことは、ここに例証するまでもないことである。

しからばこれらの菩薩と声聞との関係はどうであろうか。すでに金剛般若の中（15・b）で、この経は大乗を発《おこ》す者、最上乗を発す者のために説くもので、「小法を楽う者」は受持し読誦すること能わず、と説いていた。そして、その小法とは声聞乗と註釈されていた。それは小品系の般若では判然としてくる。同様の趣旨は『法華経』(28)にも見えるが、さらに『瑜伽論』(29)によると、「菩薩は声聞乗に相応する法教を受持し修学すべからずというは違越する所あり、違犯する所なしとは、一向に小法を習う者をしてかの欲を捨てしめんがためなり (anāpattiḥ aikāntikasya tat-parasya vicchandanārtham.)」といい、さらに続けて、「もし菩薩が菩薩蔵に於て、未だ詳しく研究せず、それを置いて声聞蔵に於て一向に研究したり、また未だ佛教の中に於て研めずして異道の論 (tīrthikaśāstreṣu) 及びもろもろの外論に於て (bahiḥ-śāstreṣu) 修学すれば、倶に違犯であるが、日々の中に於て、常に二分を以て佛語を修め (anāpattir …… buddhavacane yukty-upaparīkṣā-sahagatayā avicalayā buddhyā samanvāgatasya tad-dviguṇena pratyahaṃ buddhavacane yogyāṃ kurvataḥ)、一分は外論を学ばば違犯なし」という。ここにいう異道の論、あるいは外論に対する姿勢は、すでに阿含経の中にも散見する。例えばパーリ増支部には、当来の比丘、未だ戒・定・慧を修めざるに、如来の説ける文甚深、義甚深、出世、空性相応の諸経(ye te suttantā Tathāgatabhāsitā gambhīrā gambhīrattā lokuttarā suññatāpaṭisaṃyuttā,)は聞かんと欲せず、これに反して頌文、詩、美字、美文、他の弟子の所説の諸経(ye pana te suttantā kavikatā kāveyyā cittakkharā cittavyañjanā bāhirakā sāvakabhāsitā,)は聞かんと欲す。かくの如くば、法汚れ律汚るという(30)。同じ型のものは雑阿含にも存し、「当来の比丘、如来の所説の甚深明照、空相応にして縁起の法に随順せる経を受けず、崇習せず、然るに世間に於て衆雑なる異論、文辞綺飾な世俗の雑句は専心頂受す、かくの如くば如来所説の甚深明照なる空相要法の縁起に随順せる法は滅びん」(30)といっている。また『大般涅槃経』には、「われ涅槃の後、正法未滅の余の八十年、悪人かくの如き経を読むも、如来の深密要義を滅除して世間の荘厳文飾無義の語を安置す」(31)という。異曲同巧のものであろう。さらに同型のものは『瑜伽論』中にも諸所に散見する(32)。それらによって、佛語と異道の論とを対立せしめて説く姿勢の一貫して流れていることを知る。

　しかし、すでに阿含のうちに、異道外論への傾斜が、相似の佛教として戒められており、これに対して、般若経では、この経の中に於て精進して怠らないならば、余経の六波羅蜜相応の深経は求めずして得られると予言し(『小品般若経』大正蔵経八・五五五ページ下。『大品般若経』大正蔵経八・三一八ページ中)、続いて、当来の世に声聞辟支佛経の中に薩婆若(一切智)を求むるを魔事となし

(『小品般若経』大正蔵経八・五五六ページ上。『大品般若経』八・三一九ページ上―三二〇ページ中)、さらにこの般若経を、悪魔が化作沙門となってきたり、それは真の佛教ではない、皆文飾合集の作のみというに随うならば、それは魔事である(『小品般若経』大正蔵経八・五六四ページ中。『大品般若経』大正蔵経八・三四〇ページ中)と警告している。これは『大明度経』(大正蔵経八・四五五ページ上)は「余の外事」とし、『放光般若経』(大正蔵経八・八七ページ上)は「異道人所撰集」としている。同様に『法華経』(33)も、「大衆の中にあって、われらを謗らんとする故、国王、大臣、バラモン、居士及び比丘衆に向って、これ邪見の人、外道の論議を説くといわんも、われらこの諸悪を忍ばん」といっている。いずれも、その姿勢に於て異道外論とのかかわりを示している。

かくて『瑜伽論』は次のようにいう(34)。――「もろもろの菩薩は、要を以てこれをいわば、まさに一切の菩薩蔵法(bodhisattva-piṭaka)、声聞蔵法(śrāvaka-piṭaka)、一切の外論(bāhyakāni śāstrāṇi)、一切の世間工業処論(laukikāni śilpa-karma-sthānāni)を求むべし。まさに知るべし、かの十二分教に於て方広(vaipulya)の一分はただ菩薩蔵なり。所余の諸分には声聞蔵ありと。一切の外論に略して三種あり。一には因論(hetu-śāstra)、二には声論(śabda-śāstra)、三には医方論(vyādhi-cikitsā-śāstra)なり。一切の世間工業処論の非一衆多なる種々の品類は、いわく金師、末尼師などの工業智処なり(suvarṇa-kārāyas-kāra-maṇi-kāra-karma-jñāna-prabhṛtīni.)と。このように『瑜伽論』では、異道外論も必修のものとされるようになった。しかし阿含の中に見られる異道外論への傾斜に対する警告は、採って以て、新興大乗経典の存在を異道外論として難ずるに至った。けれども、今や菩薩を標榜し、その中に在家者を含めることによって、従来とは違ったあり方が要請されてこなければならなかった。それは、在家者と出家者との間に、一線が敷かれてはいたが、いわば、外なる在家者も等しく菩薩と呼ばれる限り、内なる存在となったのである。そこに佛語を二分とし、外論を一分とし、外なるものを包含する立場に至る迂余曲折を知ることができよう。

このようにして、もし溯って見ることが許されるなら、金剛般若の菩薩という一般的呼称の中にも、すでに在家者と出家者とが含まれていたといわなければならない。まして、本生経と菩薩との関係を見る時、それらの経と在家者との緊密な関係は、ここにいうをまたない。おそらく外なる在家者の内への導入は、内なる者の超克なくしては不可能であったであろう。そこに超克としての出家の菩薩があったであろう。かく考えれば、菩薩は勝れて外の在家者に対しつつも、内なる者の超克を予想する。またそれをまって、初めて経典の成立を見る。

しからば、この金剛般若（Urtext）の作者は一人か、それとも複数であろうか。この経が二周にわたっているところからも結集は複数であったであろうか。さらにいかなる種類の人であったであろうか。勿論、この簡単な経典から読み取ることは不可能に近い。したがって、最も緊密関係にある他の般若経典との比較によって類推する以外に方法はない。今、その般若部類の成立の根拠を分析し、それをここに提示する紙面はないが、それが阿含経と深くかかわり合うことの中に成立の根拠を見る時、深く伝統を知り尽し、それに棹さした人でなければ、成立を見ることは不可能であったことを知る。かりそめの在俗の信者によってできるものではないということだけは安心していい得るであろう。だから、その作者は声聞との深いかかわりの中にあった。では具体的にどのような部派と、大乗の出発点にあたって、かかわりがあったか。多くの部派とのかかわりを推測できても、ここで早急に結論を出すことはできない（平川彰著『初期大乗佛教の研究』を参照）。したがって、今一般的にいって、小品系の般若[35]によると、「菩薩乗を行ずる者と声聞道を求める者と共に争わば、一切智を距たる者となり、さらに菩薩が倶に相争わば、両つながら一切智を離れること遠い」といい、「菩薩は共に住して（evaṃ c'Ānanda bodhisattvena mahāsattvena śrāvakayānikānām api pudgalānām antike sthātavyaṃ）相視ること佛の如くであらねばならず、同じく一乗に載り、共に一道を行ずる者であって、そのように学ぶ者を同学となす」という。また『瑜伽論』[36]によらば、「菩薩は何ぞ声聞乗と相応する法教を用い、聴聞し、受持し、精勤し、修学せんやと、これを犯すことあり違越する所ありと名づく、これ染汚の違犯なり。何となれば、菩薩はなお外道の書論に於てすら精勤し、研究すればなり。況んや佛語に於てをや」といい、さらに、「出家の菩薩は声聞を護り、聖者の教誨する所を壊滅せざらしめんがために一切まさに非梵行を行ずべからず（pravrajitasya punar bodhisattvasya śrāvaka-śāsana-bhedam anurakṣamāṇasya sarvathā na kalpate abrahmacarya-niṣevaṇam）、ともいう。無論、般若経と瑜伽論との間には時代の距たりがあり、その間、声聞乗と菩薩乗との間には複雑なからみ合いが重ねられていったであろう。それにもかかわらず、両者の間の基本線は変っていない。だから瑜伽論の構成を見る時、その内容に於て声聞の学なくしては、菩薩の学は成り立ち得ないことを知るのである。そこにわれわれは、歴史の実体としての声聞乗と、いわばそれを止揚総合した姿としての菩薩乗とを知ることができよう。経典作者はこのような状況をとおして看取されるであろう。

　では経典作者の目はどこに向けられていたであろうか。その具体的な前景については、まず大小二品の般若経を見るに、そこに最も具体的に展開されてくるものは、佛舎利塔を中心にして、それとそれを取り巻く人々とである。それらについての詳しい状況は、ここでは触れない[37]。がそこでは佛舎利塔の中心に般若経が据えられ、佛もこの般若によって佛たり得たとして、経は展開する。それは『法華経』の見宝塔品[38]に、「この宝塔中に如来の全身います」というのと同じい。この佛舎利塔の礼拝供養について『瑜伽論』では次のようにいう[39]。――「もろもろの菩薩は如来の所、もしくは制多の所に於て(舎利供養 śarīra-pūjā、制多供養 caitya-pūjā などの十種供養)供養を設けんと欲して、ただ自らなすのみにあらず、また父母、妻子、奴婢、作使、朋友、僚庶、親属及び他の国王、王子、大臣、長者、居士もしは婆羅門、国邑聚落の饒財の商主(brāhmaṇair gṛhapatibhir naigama-jānapadaiḥ dhanibhiḥ śreṣṭhibhiḥ sārthavāhair)、下は一切男女・大小(antataḥ strī-puruṣa-dāraka-dārikābhiḥ)、貧匱、苦厄の旃荼羅などに至り(kṛpaṇair duḥkhitair ā-caṇḍālair)及び親教師、規範師の諸師(ācāryopādhyāyaiḥ)、共住近住の一切の弟子(sārdhaṃ-vihāry-antevāsibhiḥ)同梵行者、もろもろの出家者(sabrahmacāribhiś ca pravrajitair)、外道(anya-tīrthyaiḥ)などの衆を勧めて、如来もしくは制多の所に於て、力に随って、能に随ってもろもろの供養をなさしむ(tathāgate vā tathāgata-caitye vā pūjāṃ kārayati)。まさに知るべし、これを菩薩は自他と咸《み》な共に供養すと名づく」と。たとい、時代を距つといえども、歴史を溯ることによって、般若経、ひいては金剛般若経のうちに、菩薩にこのような具体的な実践を、われ、人共に期待したであろうことを想定することは決して不当のことではないに違いない。今『法鏡経』(大正蔵経一二・一九ページ上)あるいは『郁迦羅越問菩薩行経』(大正蔵経一二・二七ページ上)によると、――もし在家の菩薩にして廟(佛寺精舎）に入ろうとする場合、まず廟門外で五体投地（pañcamaṇḍalapraṇāma）し、入ったならば、これはこれ空廟で、ただ慈哀喜護の所、想いを去り、平等の所であると念ずべきである。そしていつの日にか、このような離垢の所におることを得んと出家学道の意を起こし、一日を祠祀のため布施し、かくて解経者に従い、あるいは持律家に従い、ないし菩薩品を持する者に従って六波羅蜜の方便行を学ばなければならないという。また『佛説四輩経』（大正蔵経一七・七〇五ページ中—下）によると、——もし末世の男子にして頭髪を除剃して出家し、志、大乗にあらば、常に慈哀喜護を主となし、想いを去り、普く一切の衆生を念じて、これを平等に見ること己れと異なることなくして、深く般若に入り方便を学ばなければならないといい、続いて女人にして除髪し出家しようとする者は、愛欲を去り、以て静処に専精すべく、出家の男子と同じ廟に止まることはできない、師の所に行く場合にも、ただ独りで往って学ぶことはできない、常に晩く出て早く帰らなければならないし、妄りに出て廟に止宿することもできないという。菩薩品を持する者は理解できるが、解経者や持律家の説くものは果していかなるものであったであろうか。これだけでは推測の域を出ない。がしかし、ここではかなり具体的に在家と出家の菩薩との接触の場が描かれている。おそらく出家者の住所は山沢中の阿蘭那（araṇā-vihārin 本経の文9・e参照）と塔廟（本経の文12参照）であったであろう(40)。しかし、先に挙げたように、般若経の中に、大乗の出発点にあたって、多くの問題提起がなされたと考えるならば、そこには多くの呼応する同志の存在が看取されるであろう。それらの人々の住所が部派所属のものであったかどうか、あるいはいかなる部派とかかわりがあったかということも、ここで性急に結論を出すことはできない。ただ『法鏡経』から溯って類推するにすぎない。あるいは「内秘菩薩行、外現是声聞」と何らかのかかわりを見ることができようか(41)。

最後に、もしそのような想定が許されるとしたなら、そこに指標されるものは何であったか。すでに金剛般若の中に説かれている「もし色を以てわれを見、音声を以てわれを求むる時は、この人は邪道を行ずる者、如来を見ること能わざるなり」という偈については、他の経典にも説かれ、それらの文献も挙げておいた。今、他の文献、すなわち『瑜伽論』の文を挙げて、その中で金剛般若の偈を考察することにする。すなわち、『瑜伽論』巻第一九(42)に、もしくは色を以てわれを量り、音声を以てわれを尋ね、欲貪に執持せらるる者は、彼、われを知ること能わず。

もしくは内に於て了知し、外に於て見ること能わず、内の果によって観察する者は、彼音声に引かる。

もしくは内に於て知ることなく、外に於てよく見、外の果によって観察する者も、また音声に引かる。

もしくは内に於て知ることなく、外に於て見ること能わざる者は、彼普《あまね》く障《さ》えらるる愚夫なり、また音声に引かる。

もしくは内に於て了知し、外に於てまたよく見る者は、英雄の出離の慧にして、音声に引かるるに非ず。

この頌に明かす処は、いわく、一あり(第一頌)、異生にして未だ虚妄分別の欲貪を断ぜざるが如き、世尊の三十二大丈夫の相を観見して遂に便ち測量すらく、この薄伽梵(佛)は定んでこれ如来応正等覚なり、その所説の法は決定して微妙なり、その弟子衆は所行必ず善なりと、彼後時に於て不善人に近づき、不正法を聞き、他論及び他の音声に随逐し、他に信順し、他に引摂せらる。他に引かるるが故に、佛・法・僧に於て還《かえ》って毀謗を生ず。かくの如きは皆実の如く如来の法身を知らざるによる。故にかくの如くなるを致す。

また異生あり（第二頌）、内の静慮の果たる天眼通によって、遠く世尊を見て、便ちこの解をなさく、この薄伽梵は定んでこれ如来応正等覚なりと、余は前説の如し。

また外の（第三頌）欲界繫の業の果報たる肉眼によって、見竟って測量するあり、まさに知るべし、彼もまた地論及び他の音声に随逐し、他に信順し、他に引摂せらると。

また（第四頌）異生あり、その所の見に於てすべて所有なく、彼普く障えられ、長時に他の音声のために引かる。

もしくは（第五頌）諸賢聖は欲貪を除断し、調伏し、超越して聖慧眼を得、彼かくの如き聖慧眼によるが故に、内に於て如来の法身を証解し、外に於て如来の色身を見、あるいは制多、あるいは図書などを見ると雖も、しかもよく第一義の応正等覚に非ずと了知す。彼かくの如く、内に於て正しく知り、外に於て正しく観ずるによって、他論及び他の音声に随わず、他に信順せず、他に引かるるに非ず、佛・法・僧に於て決定して信受す。かくの如きは皆実の如く如来の法身を了知するによるが故に、かくの如くなることを致すと。

ここに挙げる第一頌は金剛般若の偈と全く同じで、さらに、これはパーリ増支部のものとも一致する。が『瑜伽論』の頌は、その第一頌から第五頌までの解説にもあるとおり、もし、貪欲を調伏し超越するなら、慧眼によって、内に如来の法身を証解し、外に色身のいかなるものかを見、知ることができ、かくて真に如来の法身の体得に至ることを明かす。金剛般若と瑜伽論とでは、いうまでもなく、その成立の時代を距ててはいるが、歴史をうちに溯ることによって、金剛般若の偈のうちに、如来の色身と法身とを体得しようとする状況を看取することができよう。

このようにして、法身を体得した者の姿勢は、如の如くにして不動であるべしと明かされる。なぜか。すべてのものは夢の如く(43)、幻の如く、泡の如く、影の如く、露の如く、また電の如くであるから。この偈を説いて、金剛般若は終る。それはすでに触れたように、本《もと》無くして今有り、有り竟って滅せざることなきことを意味する。佛陀といえども例外ではない。われわれはこの間の状況を象徴するものとして、佛陀の入滅に於て、それを知ることができよう。パーリ『大般涅槃経』(44)によれば、佛陀の入滅にあたって、未だ欲を離れるに至らざる弟子は腕をのばして泣き、砕かれた岩の如く打ち倒れ展転したという。

また、すでに欲を離れた弟子は、正念正知にしてよく耐え、諸行は無常なり、いかで滅せざることあり得ようと (te satā sampajānā adhivāsenti : aniccā saṃkhārā, taṃ kut 'ettha labbhā ? ti.)。

その時、一人の弟子は、――やめよ、友よ、悲しむことなかれ、われらはかの大沙門より全く脱したのである。これは汝らに許す、これは汝らに許さずとて苦しめられ、また圧迫されしも、今や欲することをなし、欲せざることはなさないであろうと。大迦葉はこれを聞いて喜ばなかった(45)が、皆に告げて、――やめよ、悲しむことなかれ。友よ、師はかく説いたではないか。すべての愛しく好めるものも生別し、死別し、死後世界を異にする。友よ、このようなことがあり得べきか、かの生じ、存在し、造られたる壊の法 (yan taṃ jātaṃ bhūtaṃ saṃkhataṃ paloka-dhammaṃ,) の壊することなしというが如きこと、かかる理《ことわり》はあり得ぬと説いたという。

以上の場面のうちに、死に直面したあり方の三類別を見ることができるであろう。その第一類は泣き崩れた情緒的なあり方、第二類はよくそれを耐え忍んだあり方、第三類は非情的なあり方。この中で、第二類が佛陀の説いたあり方であったろう。そして、それは諸行無常を乗り超えたあり方を意味している。したがって、無常が情緒的にのみ捉えられるというより、そこにはそれを乗り超える知性の働きを見逃がすことはできないであろう。その知性は、先にも挙げたように、慧眼として、すなわち般若の眼として、佛教の中に一貫して流れているものなのである。かく考えるなら、金剛般若の最後に説く、夢の如く、幻の如きという偈も、これを情緒的にのみ捉えるべきではないであろう。情緒から見れば、般若の眼は、むしろ人生に対して峻厳でさえある。この眼を通して、金剛般若はこの生身を超え、理法（dharma）の世界への指向を説く。しかも、その法は身を以て体得していかなければならない。そこに法身（dharma-kāya）の意味があるであろう。

しかしすでに明らかにされたように、菩薩に在家と出家とが含まれることとなり、その出家菩薩と声聞との共住が語られてもいた。それにもかかわらず、在家と出家とでは、そのあり方に於て全く相反するものであった。等しく菩薩といわれる以上、その中に於て、この相反がいかに生活の場で解決されていくかが重大なる課題となっていったに違いない。菩薩乗を標榜したこの金剛般若のうちに、すでにこの課題は秘められていたと見ることができる。しかしそれは歴史的課題として、この金剛般若を超えたものとなっている。

(1) 拙著『原始般若経の研究』第四編先在経典、第二章、第四節の三、総摂を参照。
(2) 影印北京版西蔵大蔵経、甘殊爾、般若部一〇参照。
(3) 羅什訳『大品般若波羅蜜経』大正蔵経八・三九四ページ上―下。
(4) 金銀の収受を遠離す (jātarūparajatapaṭiggahaṇā paṭivirato hoti)、婦女童女の収受を遠離す (itthi-kumārikapaṭiggahaṇā paṭivirato hoti)、象馬牛牝馬の収受を遠離す (hatthigavassavaḷavāpaṭiggahaṇā paṭivirato hoti) など。AN. vol. V. pp. 204―206. その他、SN. part. V. pp. 471―474. さらに Brahmajāla-sutta, Sāmaññaphala-sutta, DN. vol. I. を参照。
(5) 大正蔵経一二・六四四ページ中。
(6) 大正蔵経三〇・四二一ページ上。
(7) 拙著『原始般若経の研究』第四編、第二章、第四節、品の解体の一、前後相承二、次第増上を参照。平川彰著『初期大乗佛教の研究』第四章、第二節、二八六ページ以下参照。
(8) 拙著『原始般若経の研究』第四編、第三章、第二節、複合体に於ける比較、五〇〇ページ参照。
(9) 大正蔵経三〇・四七九ページ上―中。Bodhisattvabhūmi ed. by U. Wogihara, pp.5―7.
(10) AN. vol. V. pp. 176―182.『中阿含経』巻第三〇、行欲経、大正蔵経一・六一五ページ上―下。伏婬経、大正蔵経一・八六三ページ中―八六四ページ上。
(11) AN. vol. II. pp. 67―69. AN. vol. III. pp.45―46.
(12) AN. vol. I. p. 118.
(13) AN. vol. II. p. 42.『雑阿含経』巻第四、大正蔵経二・二三ページ上―下。AN. vol. III. p. 285. 別訳『雑阿含経』巻第五、大正蔵経二・四〇四ページ下―四〇五ページ上。

（14）『大品般若経』如化品第八七、大正蔵経八・四一六ページ上。『瑜伽論』巻第二七、大正蔵経三〇・四三二ページ上、四五四ページ上。『大般涅槃経』巻第九、大正蔵経一二・六六三ページ下。

（15）『華厳経』入法界品第三四の五、大正蔵経九・七〇七ページ中を参照。

（16）『大智度論』巻第六八、大正蔵経二五・五三六ページ上。

（17）『阿毘達磨大毘婆沙論』巻第一、大正蔵経二七・三ページ上―中。

（18）干潟龍祥『本生経類の思想史的研究』参照。

（19）拙著『原始般若経の研究』第五編、第三章、原始般若経と発展体系、六五三ページ。

（20）拙著『原始般若経の研究』第四編、第三章、第二節、複合体に於ける比較を参照。

（21）Aṣṭasāhasrikāprajñāpāramitā ed. by U. Wogihara. p. 497.

（22）『大毘婆沙論』巻第一七八、大正蔵経二七・八九二ページ上―下。

（23）『大智度論』大正蔵経二五・七〇三ページ中。

（24）吉蔵『金剛般若経疏』大正蔵経三三・一〇五ページ下。

（25）『法鏡経』大正蔵経一二・二一ページ中。

（26）『瑜伽論』巻第四二、大正蔵経三〇・五二四ページ中。Bodhisattvabhūmi, p.195.

（27）『瑜伽論』巻第四七、大正蔵経三〇・五五一ページ中。Bodhisattvabhūmi, p.310.

（28）『妙法蓮華経』信解品第四、大正蔵経九・一八ページ中。――わが小を楽うを（hīna-adhimuktiṃ）知り、未だかつて説いて「汝ら作佛すべし」といわず。しかもわれらを「もろもろの無漏を得て、小乗を成就する声聞の弟子なり」と説く。佛、われらに勅して最上の道を（agrabodhiṃ）説き、「これを修習する者はまさに作佛することを得べし」と。Saddharmapuṇḍarīka-sūtra, ed. by U. Wogihara and C.

Tsuchida., p. 108.

(29)『瑜伽論』巻第四一、大正蔵経三〇・五一九ページ上。Bodhisattvabhūmi, p. 173.

(30) AN. vol. Ⅲ. p. 107. その他に AN. vol. Ⅰ. p. 73., SN. part Ⅰ. p. 267., Visuddhimagga p. 26.『雑阿含』巻第四二、大正蔵経二・三四五ページ中などを参照。

(31)『大般涅槃経』菩薩品第一六、大正蔵経一二・六六三ページ上。

(32)『瑜伽論』巻第二四、大正蔵経三〇・四一六ページ中。『瑜伽論』第二五、四二三ページ上―中。『瑜伽論』第三六、四八八ページ中。Bodhisattvabhūmi, p. 46.『瑜伽論』第四五、五四一ページ上。Bodhisattvabhūmi, p. 265.『瑜伽論』第四七、五五〇ページ上。Bodhisattvabhūmi, p. 303.『瑜伽論』第九九、八七三ページ中。

(33)『妙法蓮華経』勧持品第一三、大正蔵経九・三六ページ下。

(34)『瑜伽論』巻第三八、大正蔵経三〇・五〇〇ページ下。Bodhisattvabhūmi, p. 96.

(35)『小品般若経』恭敬菩薩品第二一、大正蔵経八・五七三ページ下―五七四ページ上。Aṣṭasāhasrikā-prajñāpāramitā. ed. by U. Wogihara. p. 814.

(36)『瑜伽論』巻第四一、大正蔵経三〇・五一七ページ中。Bodhisattvabhūmi, p.167.,『瑜伽論』、五一九ページ中。Bodhisattvabhūmi, p. 172.

(37) 拙著「波羅蜜思想と他力観」第一節の二、塔と善男女の項参照、『佛教の根本真理』所収。及び『原始般若経の研究』第四編、第二章、内容の検討を参照。

(38)『妙法蓮華経』見宝塔品第一一、大正蔵経九・三二ページ下。

(39)『瑜伽論』巻第四四、大正蔵経三〇・五三三ページ中。Bodhisattvabhūmi, p. 233.

（40） 平川彰著『初期大乗佛教の研究』五四四ページ。

（41） 『妙法蓮華経』五百弟子受記品第八、大正蔵経九・二八ページ上。及び『添品妙法蓮華経』を参照。

（42） 『瑜伽論』、大正蔵経三〇・三八二ページ中―下。この『瑜伽論』の頌と次に挙げるパーリ増一阿含の偈とはほとんど同じである。

ye ca rūpena pāmimṣu ye ca ghosena anvagū
chandarāgavasūpetā na te jānanti taṃ janaṃ
ajjhattañ ca na jānāti bahiddhā ca na passati
samantāvaraṇo bālo sa ve ghosena vuyhati
ajjhattañ ca na jānāti bahiddhā ca vipassati
bahiddhā phaladassāvī so pi ghosena vuyhati
ajjhattañ ca pajānāti bahiddhā ca vipassati
vinīvaraṇadassāvī na so ghosena vuyhatīti. (AN. vol. II. p. 71.)

（43） この譬説は、

pheṇapiṇḍūpamaṃ rūpaṃ. vedanā bubbuḷupamā.
marīcikūpamā saññā. saṅkhārā kadalūpamā.
māyūpamañca viññāṇaṃ. dīpitādiccabandhunā.

SN. part III. p. 142.（『雑阿含』巻第一〇、大正蔵経二・六九ページ上。『五陰譬喩経』、大正蔵経二・五〇一ページ中。『佛説水沫所漂経』、大正蔵経二・五〇二ページ上）と『瑜伽論』巻第一六――「諸色は聚沫の如く、諸受は浮泡に類し、諸想は陽焔に同じく、諸行は芭蕉に喩う。諸識はなお幻事の如し、とは日親（佛）の説く所なり」（大正蔵経三〇・三六三ページ中）、というのと同文である。
(44)　Mahāparinibbāna-suttanta, DN. vol. II. pp. 162—163
(45)　中村元著『ゴータマ・ブッダ』原始佛教一、四七二ページ。

## マ　行



## ヤ　行



## ラ　行

## ナ　行



## ハ　行

## タ　行

## サ　行

# 索　　引

**著者略歴**

梶 芳 光 運 かじよし こううん

明治37年8月25日 長野県松本市に生まれる。

昭和4年3月 東京大学文学部卒業。

大正大学名誉教授。文学博士。

昭和59年1月 没。

〔著訳書〕『原始般若経の研究』,『大般若波羅蜜多経』(国訳一切経),『弘賛法華伝』(国訳一切経),『実存とロゴス』(共著)ほか。


一九七二年 八 月 二五 日 初版発行
二〇〇四年 三 月 二〇 日 新装初版

《佛典講座6》

金剛般若経

検印廃止

著 者 梶 芳 光 運

発行者 石 原 大 道

印刷所 富士リプロ株式会社

〒150-0011 東京都渋谷区東二—五—三六 大泉ビル

発行所 大蔵出版株式会社

TEL〇三(六四一九)七〇七三

FAX〇三(五四六六)一四〇八

http://www.daizoshuppan.jp/

2016. 02. 230





ISBN978-4-8043-5449-1 C3315

## 仏典講座

| | |
|---|---|
| 遊行経〈上〉〈下〉 | 中村　元 |
| 律　蔵 | 佐藤密雄 |
| 金剛般若経 | 梶芳光運 |
| 法華経〈上〉〈下〉 | 田村芳朗<br>藤井教公 |
| 維摩経 | 紀野一義 |
| 金光明経 | 壬生台舜 |
| 梵網経 | 石田瑞麿 |
| 理趣経 | 宮坂宥勝<br>福田亮成 |
| 楞伽経 | 高崎直道 |
| 倶舎論 | 桜部　建 |
| 唯識三十頌 | 結城令聞 |
| 大乗起信論 | 平川　彰 |

| | |
|---|---|
| 浄土論註 | 早島鏡正<br>大谷光真 |
| 摩訶止観 | 新田雅章 |
| 法華玄義 | 多田孝正 |
| 三論玄義 | 三枝充悳 |
| 華厳五教章 | 鎌田茂雄 |
| 碧巌集 | 平田高士 |
| 臨済録 | 柳田聖山 |
| 秘蔵宝鑰<br>般若心経秘鍵 | 勝又俊教 |
| 一乗要決 | 大久保良順 |
| 観心本尊抄 | 浅井円道 |
| 八宗綱要〈上〉〈下〉 | 平川　彰 |
| 禅宗仮名法語 | 古田紹欽 |
| 観心覚夢鈔 | 太田久紀 |